MÉMOIRES

DE

MONSIEUR CLAUDE

X

IMPRIMERIE D. BARDIN ET C°, A SAINT-GERMAIN.

M. CLAUDE

MÉMOIRES

DE

MONSIEUR CLAUDE

CHEF DE LA POLICE DE SURETÉ

SOUS LE SECOND EMPIRE

—

TOME DIXIÈME

PARIS

JULES ROUFF, ÉDITEUR

14, CLOITRE SAINT-HONORÉ, 14

—

1883

Droits de traduction et de reproduction réservés

MÉMOIRES

DE

MONSIEUR CLAUDE

CHAPITRE PREMIER

LES BOULEVARDIERS.

« L'humanité entière, écrivait un boulevardier, grouille sur le ruban d'asphalte qui s'étend du boulevard Montmartre à l'Opéra. »

En une heure, en s'asseyant à la véranda d'un de ses nombreux cafés, on voit défiler tout Paris ; et Paris, c'est l'univers ; Bordeaux, Lyon, Genève, Londres, Berlin, Rome, Pétersbourg sont des rivières et des fleuves ; mais Paris, c'est la mer.

Toute l'espèce humaine, avec ses échantillons politiques et moraux, s'y roule et s'y tord en vagues furieuses.

Aussi le boulevard, depuis 1848, creuse-t-il son lit, élargit-il de plus en plus ses digues en y amassant l'engrais de son limon révolutionnaire.

Pour un policier, cette mer humaine n'est remplie que d'abîmes. Pour un artiste qui voit l'humanité à travers le prisme de l'idéal, cette mer est aussi prestigieuse, aussi variée, aussi émouvante que l'immensité océanique.

C'est du boulevard des Capucines que sortit la révolution qui fit tomber le trône de la dernière monarchie ; c'est du boulevard Montmartre que surgit l'empire, puis son effondrement. Le boulet qui fit crouler les murs de l'hôtel Sallandrouze ricocha, vingt ans après, au palais des Tuileries en passant par les cafés de *Suède* et de *Madrid !*

Sans les complots des boulevardiers politiques, peut-être n'y eût-il pas eu de guerre de Prusse. Sans les complots du *National* et de la *Réforme*, peut-être les amis de Thiers n'eussent-ils pas fait sombrer la monarchie de Juillet avec la question des *banquets*.

Ce sont encore les boulevardiers politiques de la rue Lepelletier, d'accord avec les boulevardiers politiques de Montmartre, qui ont fait les révolutions de février et de juin.

Du plus loin que me reportent mes souvenirs, je me rappelle deux types de boulevardiers. Ils sont restés dans les souvenirs des hommes de ma génération, l'un est curieux, l'autre, infâme : *Lucien de la Hodde* et *Privat d'Anglemont*.

Le premier, bohème politique, n'était, au fond, qu'un policier, trahissant ses frères... en républicanisme.

Le second, bohème littéraire, était le plus aimable de tous les pique-assiette qui, pour mieux s'inviter à toutes les tables, s'était mis aussi de l'opposition.

Tous les deux prétendaient rompre avec ce qu'on appelait alors le château; l'un, comme *Privat*, pour mieux compter avec les conservateurs; l'autre, comme de la *Hodde*, pour bien les servir contre ses frères et amis.

Lucien de la Hodde, en sa qualité de policier, possédait un logement à deux entrées; Privat d'Anglemont, en sa qualité de bohémien, n'avait que le logement de ses amis.

L'un et l'autre ne recevaient que sur le boulevard.

Un jour, un des confrères de la Hodde, rédacteur de la *Réforme*, s'avise de frapper à sa porte pour réclamer sa copie. Il ne répond pas. Un quart d'heure après, de la Hodde paraît à la *Réforme*, armé de sa rédaction. Il avoue qu'il était *chez lui*, que s'il n'a pas ouvert à son confrère, c'était parce que celui-ci s'était trompé de porte, et qu'il avait pris celle de ses créanciers.

De la Hodde mentait. Il eût été dans le vrai s'il eût dit que la porte à laquelle avait frappé le confrère était réservée aux inspecteurs de police qui, chaque matin, recevaient, des mains de ce faux frère, les délations écrites dans le même local occupé, la veille, par les conspirateurs de février.

Jusqu'à la révolution, les démocrates, chez Lucien de la Hodde, passaient par une porte, les inspecteurs par une autre. Le confrère en journalisme s'était donc trompé de porte, en prenant celle des délateurs.

Plus tard, Caussidière, préfet de police de février, apprit, par les archives de la préfecture, le double rôle qu'avait joué contre les républicains Lucien de la Hodde, un ancien employé de M. Delessert.

Pour ma part, je ne crois guère à la *Légende du Pistolet*, je ne crois pas à Caussidière présentant son pistolet à de la Hodde, lorsque ce faux républicain fut démasqué dans la préfecture envahie, devant tous ses complices *voulant son exécution*.

Il y avait déjà, à cette époque, trop de de la Hodde, dans le camp de l'opposition. En 1848, il n'y avait pas que lui qui trahissait ses amis. S'il eût fallu brûler la cervelle à tous les journalistes *coqueurs*, la moitié des têtes de colonne de l'opposition eût fait sauter l'autre moitié.

En tous les cas, je n'étais pas dans le cabinet de Delessert, lorsque les Pornin et Chenu l'envahirent en portant Caussidière sur le pavois. Ce que je sais, c'est que le sommelier de l'ex-préfet de la Royauté, fut le même pour ce nouveau préfet de la République. Après Février, ce que je sais encore, c'est que je retrouvai à son poste de police le même Lucien de la Hodde.

Il était chargé de surveiller la Bourse au moment où j'étais réintégré dans ma fonction de commissaire de police.

Lucien de la Hodde, l'*infâme*, n'était au fond qu'un bohème sans vergogne, un vaniteux et un ivrogne. La poésie ne pouvant le nourrir, il s'était décidé à boire avec l'argent de la police!

Plus inconscient qu'infâme, Lucien de la Hodde figure dans la sanglante mystification du coup d'État, préparée par Carrier, au compte de toutes les réactions, exécutée par Maupas, sous les ordres de Morny, au compte du futur empire et de son bénéficiaire : Napoléon III.

Privat d'Anglemont, l'autre bohème, que j'ai beaucoup connu, ne fut qu'un joyeux mystificateur. Il abrita toujours sa paresse sous des mensonges inoffensifs, ne faisant tort qu'à lui-même et à la bourse d'autrui.

Il se croyait l'ami des princes et le rival des écrivains de son temps.

— Si je n'arrive pas, disait-il, comme Balzac, Dumas ou mon ami Murger, c'est que j'aime mieux rêver qu'écrire. La folle du logis m'accable de ses faveurs ! Je ne veux pas les prostituer en livrant ses confidences à la publicité. Je fais à moi seul tout le journal le *Siècle;* je laisse signer les autres, je me contente de les inspirer. Je pense, c'est Dumas qui écrit !

Au physique, Privat ressemblait à Alexandre Dumas ; il était aussi nègre, aussi crépu que lui ; il en avait la jactance, sinon la fécondité.

Un jour qu'il avait besoin d'un louis, — et il avait souvent besoin d'un louis, — il rencontre un bohème qui avait à son bras un brave provincial, sollicitant un emploi auprès du ministère de l'intérieur.

Ce bohème présente à son provincial Privat comme un journaliste très influent.

Privat comprend son copain et dit à son *sujet :*

— Le ministre de l'intérieur est un de mes amis,

il n'a rien à me refuser. Si vous désirez une lettre de recommandation, je suis disposé à vous la signer.

Le provincial ouvre de grands yeux, le bohème étouffe un soupir ; il trouve la plaisanterie un peu raide, le quidam s'empresse d'offrir à dîner aux deux *lignards*.

C'était tout ce que voulait Privat qui, ce jour-là, n'avait pas trouvé un seul ami au *louis facile*.

Au dessert, Privat s'acquitta ; il signa bravement de son nom la lettre au ministre ; il recommanda chaudement le provincial qu'il ne connaissait pas plus que le ministre de l'intérieur.

Le plus comique de la chose, c'est que le ministre, pour la rareté du fait, accorda la place au provincial.

Le plus étonné du protégé et du protecteur, ce fut son protecteur sans le savoir, Privat d'Anglemont.

Mais, lorsque le provincial apprit la mystification dont il avait été le bénéficiaire, loin d'avoir l'esprit d'en rire comme le ministre, il s'en fâcha.

Rencontrant un jour Privat sur le boulevard, le provincial l'accable d'invectives. Le bohème lui répond avec aplomb :

— Oh ! les ingrats ! Quel chapitre tout fait ! Voilà un homme que j'ai transformé en chef de bureau pour un dîner, et il n'est pas content ! c'est ma faute ! Il ne fallait pas ravaler mon importance.

L'auteur des *Petits métiers de Paris*, en parlant ainsi, regardait moins son insulteur que d'autres amphitryons aspirant peut-être, au même prix, à devenir des chefs de bureau.

A cette époque-là, l'esprit courait les boulevards ; la vie intellectuelle de Paris se passait de deux heures de l'après-midi jusqu'à deux heures après minuit dans des *cercles* dont les héros s'appelaient ou Romieu, ou Véron, ou Nadar, ou Mallefille.

On voyait Nadar arpenter le boulevard des Italiens, habillé en Turc, par une splendide journée de juillet. On voyait passer un professeur de chant, le chapeau couronné de fleurs, avec des habits couleur du temps.

Le boulevard appartenait aux excentriques.

Chacun se connaissait, s'habillait à sa guise, au gré de son indépendance et de ses goûts. On voyait au boulevard un Polonais, avec sa redingote verte et son bolivar, sans que personne s'étonnât de sa façon d'afficher son opinion et sa nationalité. On ne s'en moquait pas plus que de cet Italien, couronné de fleurs et aux habits couleur du temps !

Tout cela était normal au boulevard des Italiens, au divan Lepelletier comme au divan de l'Opéra, à la Maison d'Or comme au café Cardinal.

Ici, la fantaisie et l'excentricité marchaient de pair ; elles emboîtaient le pas, avec l'homme de lettres, le viveur et la courtisane à la mode.

On y voyait Gustave Mathieu, le chansonnier, avec l'éternel cure-dent aux lèvres et l'éternel bouquet de violettes à la boutonnière ; on en *voyait* bien d'autres, allumeurs ou parasites de la Maison d'Or.

Ils étaient bien un peu distraits, de neuf heures à minuit, par la bande des coulissiers qui venaient faire leur *petite bourse* devant le passage de l'Opéra; mais ces bohèmes de la finance ne gênaient guère les bohèmes de l'esprit et de l'amour, après tout, ils en étaient quittes pour passer de l'autre côté du trottoir.

Du reste, les boulevardiers financiers avaient encore beaucoup à apprendre des gens d'esprit; ils n'en faisaient pas encore fi, ils s'inspiraient à leur école, comme Mirès, Millaud, journalistes d'abord pour devenir financiers.

La boulevardière elle-même n'était pas cette fille sans nom qui nous heurte et nous choque tant aujourd'hui. Elle était bonne fille, elle était chantée par Nadaud. Avec son bohémien coulissier comme avec son bohémien artiste, elle se reconnaissait toujours. C'était le temps des dames aux camélias. En parlant du boulevardier qu'elle ne connaissait pas encore, la boulevardière demandait :

— Qui est-il ?

Avant de demander comme aujourd'hui :

— Qu'a-t-il ?

Les temps sont bien changés!

On ne se connaît plus au boulevard, comme au temps des Véron ou des Marrast. On ne flâne plus comme au temps des Privat ; on n'y rit plus comme au temps des Romieu et des Margot... de Barrière.

L'intérêt, l'amour de bien vivre, le désir de paraître, la politique ont changé toute l'ancienne olympie du boulevard. Il n'a plus ni dieux ni déesses, par contre, plus de physionomie.

J'ai sous les yeux une gravure de Bertall qui date de trente ans. C'est une prophétie.

Cette gravure montre les confins de nos boulevards tels qu'ils sont aujourd'hui, depuis l'Opéra jusqu'à l'emplacement de la place du Château-d'Eau et du boulevard du Temple, alors que ce boulevard était la réunion des théâtres de genre, succédant aux théâtres de foire !

On voit trois grandes artères, aux maisons uniformes, qui fuient à perte de vue dans le vide de la cité moderne ; cela s'appelle la *cité du niveau.*

Le boulevard moderne avait été prédit, ou tout au moins pressenti, par Bertall.

Autrefois, chaque boulevard avait son caractère architectonique, sa population caractéristique. Maintenant le niveau a tout mis en coupe réglée, aux boulevards comme ailleurs.

Maintenant hommes et maisons sont passés au niveau. Un homme ressemble à un autre homme, comme une maison ressemble à une autre maison. Partout un amas d'hommes, partout un amas de maisons ! Le vide d'un carrefour vaut le vide d'un autre carrefour. Tout se répète à l'unisson : la foule, la maison, le vide ; de cette uniformité naît un immense ennui.

Étonnez-vous, après cela, qu'on fasse de plus en plus des révolutions dans Paris !

Il y a vingt ans, le boulevard Montmartre, jusqu'au boulevard des Italiens, avait encore ses originaux qui, jusqu'à deux heures du matin, étaient des types. Ils sont devenus introuvables.

La librairie d'esprit serait maintenant un *cabinet d'antiques.* Sous l'empire, elle entretenait en serre chaude la floraison des derniers rejetons de la bohème, elle s'appelait la librairie Poulet-Malassis. Son directeur était aussi un bohème.

Dans sa boutique sanctuaire, on voyait peints en fresques les portraits de *Courbet*, de *Baudelaire*, dè *Champfleury*, de *Monselet*, etc., etc. Les premiers sont morts, les seconds sont pires, ils sont devenus riches et meurent dans l'oubli !

Qu'est devenu Poulet-Malassis, un bohème grand seigneur, confectionnant pour les siens des livres rares qui l'ont ruiné et qui se vendent aujourd'hui au poids de l'or ?

Cet éditeur de livres de luxe céda, un jour, le pas au restaurateur Peters. Un marchand de bière et de jambon lui succéda. Le restaurateur du goût dut s'effacer devant le restaurateur de l'estomac, voilà le progrès.

Le dernier des boulevardiers que j'ai toujours suivi sans qu'il s'en fût jamais douté, ce fut Louis Lurine.

Je le vois encore l'éternel cigare aux lèvres, drapé six mois de l'année dans son manteau de Castillan, portant fièrement sa croix, comme l'ancien hidalgo portait son épée.

Espagnol comme lui, il était le dernier de sa race. Souriant à la vie et à ses rêves, il méprisait la réalité, c'était le dernier des bohèmes.

Il aurait pu être orateur comme il était écrivain, comme il aurait pu être gentilhomme ; il avait l'insouciance de ses ancêtres. C'était un trouvère oublié au XIXe siècle, dans son monde intrigailleur et affairé.

Il improvisait ses livres, comme il improvisait sa vie. Curieux avant tout, il vivait pour ne vivre que de la vie des autres. Balzac était son dieu, Véron son Mécène. Il vivait dans le génie de l'un, dans l'opulence de l'autre.

Mais notre époque ne pardonne pas à qui ne caresse que le rêve. Balzac, de son vivant, eût lui-même blâmé sa paresse ; Véron, tout en l'aimant, plaignait le rêveur.

Il s'éteignit, ce boulevardier type qui aimait son boulevard, comme le lazarone aime la place où il chante et il rêve, il passa, frappé par deux effroyables réalités : par la menace de la faillite, par la mort de son frère.

Il mourut de la mort de ce frère qu'il aimait plus que lui-même ; il succomba sous la déconfiture du théâtre du Vaudeville, dont il avait accepté la direction par amour de l'art.

Le jour où il conduisait à sa dernière demeure un frère qui l'avait aidé de son dernier écu pour devenir directeur de théâtre, il dit :

— Je mourrai dans un an, dans le même mois qui a frappé mon frère.

Le mois finissait, que Lurine mourait au jour dit, tué par la douleur fraternelle, tué par la désillusion littéraire !

Poulet-Malassis et Louis Lurine ont succombé dans la lutte qu'ils ont livrée, au mercantilisme, en faisant crédit à l'art qui, depuis, s'est fait banquier.

Ce sont les derniers boulevardiers qui ont survécu sur leur boulevard, que leur disputaient déjà les pharisiens.

Ils peuvent avoir des imitateurs ; mais ces imitateurs n'ont plus leur naïveté et ils ne font plus que faire rire! Ils ne sont que leurs charges! ils n'ont plus leur foi, ou tout au moins leur esprit; mais ils ont peut-être ce que ces originaux n'avaient pas... de l'adresse, beaucoup trop d'adresse!

Les boulevardiers modernes en art, en littérature ou en politique ne visent plus maintenant qu'à tirer profit de leurs excentricités, afin de battre monnaie sur la bourgeoisie et de s'en faire ouvrir le coffre-fort.

Ils passent, posent, ne flânent plus, ne vivent plus aux cafés des boulevards. Ils ne se réunissent plus comme leurs ancêtres pour se reconnaître, pour s'isoler, ils font de la pose et... des affaires!

Leur originalité est une enseigne pour leur coterie et pour mieux achalander leur boutique.

Le boulevard appartient aux marchands; ceux qui ne se courbent pas à leur niveau ne sont que des charlatans.

La politique, les exigences de la vie, les nouvelles conditions sociales ont donc tout nivelé jusqu'aux anciens refuges de la paresse et de l'esprit.

Il faut vivre, aujourd'hui, et surtout affecter de bien vivre.

C'est la faute des opulents étrangers qui ont déplacé les bohèmes jusque sur leur domaine, et qui, partout, dans la capitale, grossissent les flots de l'océan parisien où il y a de tout, excepté des... Parisiens!

Les exotiques affluent au boulevard, et ils viennent de tous les pays.

Au café de Suède, de Madrid, au café Cardinal et à la Maison d'Or, comme au Palais-Royal démodé, Paris appartient à l'univers, mais il n'appartient plus à ses enfants.

La politique, en appelant dans la capitale et dans son centre naturel tous les ambitieux de province, acheva l'œuvre des étrangers.

La politique, le cosmopolitisme ont été les funestes magiciens qui ont transformé l'ancien tableau de Paris. Mercier ne s'y reconnaîtrait plus !

Cette transformation ne pouvait échapper à l'œil vigilant d'un policier qui, par l'âge, la position et les goûts, vécut toujours à la porte des théâtres et à ses cafés, quand son devoir ne l'obligeait pas de quitter ces postes d'observation pour courir à d'autres acteurs bien autrement dangereux que ces insouciants boulevardiers.

Hélas ! j'ai assisté, sous l'empire, à l'agonie des derniers représentants de la bonne humeur, de l'insouciance et de l'esprit.

Sous la fin de l'empire, les cafés de Madrid et de Suède étaient déjà devenus des foyers de conspiration.

Les légions de M. Lagrange n'étaient pas faites pour encourager dans ces estaminets les rendez-vous des flâneurs et des artistes.

Les révolutionnaires du café de Madrid de 1869 ne ressemblaient guère aux révolutionnaires fantaisistes de 1848, du café du Divan de la rue Lepelletier. Il y avait loin des Lafayette, des Carrel et des Marrast aux Gambettistes.

Du jour où le café de Madrid fut pris d'assaut par les avocats politiciens qui devaient figurer dans le gouvernement de Septembre, la préfecture de police devait y envoyer son contingent d'inspecteurs!

Alors de nouvelles figures se montrèrent au boulevard, de nouveaux clients se glissèrent le long des tables de marbre de ces établissements.

La police et la politique causèrent plus de mal au boulevard Montmartre, à la place de l'Opéra que les bombes orsiniennes et les casse-tête de M. Lagrange.

Ce qui acheva de détruire la physionomie si parisienne du boulevard, ce qui contribua à en chasser les indigènes, ce fut l'installation des brasseries allemandes.

Pendant qu'on filait, en 1869, à *Madrid*, au *Suède*, le clan Ranc et Gambetta, d'autres espions s'installaient dans des brasseries mulhousiennes.

Pendant que l'avenue de l'Opéra était en train de se faire anglaise et américaine par ses grands hôtels, par ses magnifiques cafés, défendus à la bohème, les boulevards, aux environs du quartier Montmartre, ouvraient des brasseries allemandes!

Tandis que la police française filait les républicains du café de Madrid, la police prussienne filait, comme je l'ai indiqué précédemment, les agents français. Ceux-ci ne voyaient, en fait d'ennemis, que les adversaires du gouvernement impérial; et les boulevardiers politiques comme les espions de M. Lagrange ne se doutaient pas qu'ils étaient surveillés par des espions allemands autrement sérieux que nos inspecteurs.

L'implantation de la police française et allemande était bien faite pour chasser le Parisien du boulevard, comme les Indiens furent chassés de l'Amérique.

Le café de Madrid, d'abord un café d'artistes et de littérateurs, où Carjat, le photographe, créa son journal le *Boulevard*, en 1862, n'était plus à la fin de 1869 le rendez-vous des poètes et des bohèmes! C'était la réunion des politiciens descendus du mont Aventin, en attendant le moment de brûler les Tuileries et l'Hôtel de Ville.

Aujourd'hui les derniers bohèmes de la politique ont touché au but de leur ambition, il n'y a plus d'excentrique au boulevard ; ceux qui ne sont pas arrivés essayent de le paraître. Tout jusqu'au boulevard Montmartre est devenu bourgeois.

S'il y a encore de belles nuits pour les boulevardiers, c'est aux alentours de l'Opéra.

Pour la police, les rafles, intéressantes à faire, se font dans cette nouvelle Athènes ; vaste coin de ce Paris-Babylone où la lumière électrique, funèbrement flamboyante, jette ses larges rayons sur tous ces élégants qui grouillent sur les trottoirs, de minuit à deux heures du matin. Mais ici le vice a remplacé l'esprit.

Quand la dernière lumière s'est éteinte à l'Opéra, on les voit, ces hommes en habit noir, en cravate blanche, la tête penchée sur une boutonnière défleurie, fredonnant un air d'opérette, mordillant le bout de leur canne avec des gestes grimaçants. Ils ressemblent, dans la lueur blafarde de l'électricité, à des cadavres galvanisés, à des moribonds épileptiques! Les uns attendent une dame en toilette claire qui, tout à coup, s'épanouit sur la tache funèbre de cet amas de gommeux aux traits blêmes.

Un soir, on voit une de ces demoiselles empana-
chées, au teint fardé, aux yeux creux et foncés,
sortir de sa jupe un revolver ; elle tire sur un
amant infidèle, trop blasé ou trop distrait pour
croire à la jalousie d'une maîtresse et pour s'émouvoir de sa tentative insensée. Au moment où l'Opéra
devient noir, où les fenêtres des cercles et des tri-
pots flamboient, on arrête souvent un grec titré signalé par un croupier au fond de ces enfers.

Et cette maîtresse qui tire sur son amant, ce gentilhomme grec dénoncé au tripot ne troublent
pas pour cela le train habituel de ce Paris élégant,
insouciant et blasé !

Lorsqu'une femme connue, lorsqu'un grec des-
cendant des preux tombent dans ce monde vicié,
ennuyé, frivole, et à demi mort, on se contente de
s'en réjouir vingt-quatre heures après, en lisant le
lendemain le scandale dans un journal !

Voilà les seuls plaisirs des derniers boulevardiers de la place de l'Opéra.

Au boulevard Montmartre, on se montre ; à la
place de l'Opéra, on pose et partout l'on s'ennuie.

On ne s'amuse dans ce monde chargé d'une lourde
atmosphère, traversée par des lumières sinistres
remplies de visions, que lorsqu'une femme vient,
par un coup de tête ou par un accès de passion, réveiller ces morts et protester, le revolver à la main,
contre tous ces cœurs vides, toutes ces cervelles plus
vides encore.

C'est dans ce monde de boulevardiers que glanent
les derniers chercheurs d'aventure ; c'est dans ce

coin retranché des désœuvrés que la police signale, comme je vais le faire par l'histoire d'un commis viveur et d'un gentilhomme fantaisiste, les situations singulières de nos derniers *irréguliers.*

En racontant dans un prochain chapitre la fin de deux mondains parisiens, on verra ce que vaut la vie de ces noctambules devenus aujourd'hui la fleur de l'élégance !

Vices déréglés, cupidité basse, marchandages infâmes naissent, croissent et se confondent sur ce fumier parisien qui s'appelle, autour de l'Opéra, le boulevard nocturne.

On peut comparer, non sans regret, la vie si tourmentée de ces boulevardiers dans leur enfer, à la vie si facile des naïfs boulevardiers leurs ancêtres, dans leurs vieux cafés d'autrefois. En réalité, le boulevard et ses bohèmes n'existent plus !

CHAPITRE II

UN JOLI MONDE.

Il y a quelques années, tous les boulevardiers connaissaient de réputation, et de triste réputation, la *Taverne américaine*.

Elle était située au coin de la rue Scribe et du boulevard. Cette taverne était tenue par des Anglo-Saxons, agents de courses qui, disait la calomnie, avaient frayé, au delà du détroit, avec tous les mondes interlopes.

Si la médisance assombrissait les antécédents de ces malhonnêtes taverniers, les métiers qu'ils exerçaient en dehors de leur établissement justifiaient leur triste renommée.

La Taverne américaine avait deux entrées : une pour les joueurs, du côté du boulevard ; une pour les grecs, du côté de la rue.

Des tables réservées y étaient affectées à tous les jeux de hasard. La roulette, la rouge et la noire y fonctionnaient avec acharnement de une heure à trois heures du matin.

A cette heure-là, les tables étaient littéralement couvertes d'or. Une sonnette électrique avertissait, en cas d'alerte et de surprise, les joueurs qui s'empressaient de filer avant d'apercevoir l'écharpe du commissaire.

La Taverne américaine était le rendez-vous des chassés des clubs, des expulsés des courses, des exécutés de la Bourse; réfractaires du monde honnête et qui ne brillent que d'une splendeur intermittente; gens apportés sur la scène de la vie parisienne par le scandale et qui y disparaissent par le scandale; viveurs hors la loi mais vivant bien jusqu'au jour où ces tarés superbes, n'étant plus des impunis, devenaient passibles de leur oisiveté coupable ou de leurs fastes criminels!

Tels étaient les acteurs de ce tripot. Ses propriétaires rivalisaient avec leur mauvaise réputation.

Du reste, la maison entière ne valait pas mieux que cette fange; elle avait pour concierge un personnage dont l'incidente fonction ne s'accordait guère avec son principal métier.

Ce concierge cumulait l'emploi de portier avec celui de banquier.

Lorsque la roulette n'allait pas à la taverne où l'on soupait pour rien, où le champagne coulait à flots comme l'or des joueurs, le concierge banquier, moyennant remises, comblait le vide de la caisse de l'établissement.

L'obligeant concierge prêtait à cent pour cent l'argent nécessaire, sauf à prendre le superflu à

l'heure des gros bénéfices ! Si cette heure-là se faisait trop attendre, l'important concierge, par ses
relations, rabattait des pigeons bons à plumer, fraî-
chement envolés de province, pour aller se faire
couper les ailes à ce bouge aussi dangereux qu'hospitalier.

A une époque de chômage, ce concierge avait
prêté jusqu'à 18,000 francs au directeur de la
Taverne américaine. Un jour, il avait avancé
12,000 francs à un propriétaire, à Levallois, qui
avait laissé d'abord à son tripot tous les billets de
banque de son portefeuille. Un autre jour, il avait
offert 17,000 francs au directeur d'une compagnie
d'assurances venu aussi se fourvoyer dans ce bouge
étranger et clandestin.

Il va sans dire que ce portier fortuné veillait ou
faisait veiller ses clients sur le tripot. Toujours prêt
à se défendre contre la police, ce subalterne avait
depuis longtemps un intérêt dans la maison ; de
plus, il disposait de l'argent que lui confiaient ses
victimes pour son compte personnel.

Lorsque sonna pour ces usuriers et pour ces grecs
l'heure de l'expiation, la police ne trouva dans la
loge de cette maison mal famée qu'un de ses principaux décavés.

C'était le propriétaire de Levallois, l'homme qui
avait confié, en sus de son argent perdu, 12,000 fr.
au concierge excentrique ; alors il était en train
de tirer son cordon.

Lors d'une descente de police, dans l'espoir de
recueillir l'intérêt de son argent, ce propriétaire
attendait le retour du concierge banquier. On le sur-

prit en train de remplir consciencieusement son emploi et sa place.

Un des directeurs associés de la Taverne américaine, un gentilhomme fantaisiste, ancien grec,
n'était pas moins industrieux que ce cerbère.

Indépendamment des intérêts qu'il avait dans la
maison, cet associé possédait des parts dans des
écuries de course ; il se rendait, à très bon compte,
acquéreur de chevaux qui gagnaient le *prix*, à
coup sûr.

Il prêtait de l'argent à des bookmakers tenant
boutique de paris. Il cautionnait des maquignons
expérimentés et des demoiselles de rapport, dont la
beauté et la rouerie lui offraient une surface et une
garantie.

Entre la guerre et la Commune, il lui survint, à
propos d'un cheval de prix sur lequel il avait fondé
les plus grandes espérances, une série d'inconvé-
nients dont cet aigrefin se tira avec avantage.

Voici l'histoire de ce cheval pur sang dont il s'é-
tait fait le propriétaire anonyme comme pour la
Taverne américaine.

En 1869, il fait primer par un marchand de chevaux un cheval de courses ayant appartenu à un
gandin de l'empire dans l'embarras. Grâce à l'or de
ce commanditaire, le marchand de chevaux acquiert
pour rien un cheval qui rapporte, à Longchamps,
près de cent mille francs.

Par malheur la guerre arrive, plus de courses !
Le cheval va être réquisitionné. Que fait le propriétaire anonyme ?

Il s'engage dans l'intendance, pour vendre à

un officier d'état-major son cheval qu'il fait ensuite voler par un palefrenier infidèle.

Ce n'est que le premier acte de ce drame hippique : après la guerre, vient le siège. Le cheval volé peut être mangé? Que conçoit son véritable propriétaire, toujours derrière le rideau? Il le fait réclamer par son marchand de chevaux au palefrenier infidèle.

C'est la fin du second acte.

Au troisième acte, le palefrenier, d'accord avec le propriétaire masqué, prétend que le cheval n'appartient pas plus au marchand de chevaux qu'à l'officier d'état-major.

Le palefrenier lègue le cheval au Grand Turc, à l'ambassade ottomane. Il soutient que l'officier d'état-major le tenait de la maison du sultan pour le lui rendre après la guerre.

Ce mensonge passe, parce que l'officier est mort. Et le cheval réquisitionné par la guerre, volé à l'armistice par le palefrenier, destiné à être mangé au siège, est encore sauvé de la Commune par l'ambassade ottomane.

Voilà la fin du quatrième acte.

Une fois la paix et l'ordre rétablis, l'adroit propriétaire du pur sang fait réclamer sa bête par le marchand de chevaux. Ce dernier n'a pas de peine à faire valoir ses droits à l'ambassade ottomane.

Le précieux cheval, de catastrophes en catastrophes, reprend, par l'adresse de son véritable propriétaire, sa place triomphale à toutes les courses.

C'est le cinquième acte de cette pièce hippique imaginée par l'acquéreur de ce *pur sang*. L'animal passa sain et sauf à travers les phases néfastes qui pouvaient compromettre, avec son existence, la fortune de son maître.

Zéphyre, c'est le nom du coursier qui, sous la guerre, s'est appelé la *Défense*, redevient le point de mire des bookmakers et l'enjeu de tous les Parisiens, dont l'associé de la Taverne américaine reste le bénéficiaire.

On juge par l'esprit ingénieux du maître de *Zéphyre*, de ce que devait être cet associé de la Taverne américaine. Son directeur ne le cédait en rien, pour la rouerie, à cet habile associé, prenant un titre nobiliaire, sans avouer sa part d'administration. Car son rôle dans ce bouge était aussi d'attirer des dupes comme son concierge.

Le directeur se nommait Pœple. En sa qualité d'étranger, d'Américain, il feignait l'ignorance la plus complète en dirigeant à Paris des jeux de hasard. Secrètement, il était en rapport avec tous les grecs du continent. Depuis longtemps il avait roulé par le monde dans la fange de l'escroquerie et du proxénétisme.

Dans ce coin le plus élégant de la capitale, Pœple entretenait sa flore nocturne la plus malsaine et la plus pernicieuse.

« Joli monde ! joli monde ! » se serait écrié feu l'acteur Félix en parlant des crevés de ce cloaque doré, en agitant sa canne, comme il avait l'habitude de le faire dans toutes les pièces du sceptique Barrière.

Une nuit de décembre 1873, dans un petit salon rond, blanc et or, attenant à la salle des jeux clandestins de la Taverne américaine, deux hommes étaient assis à une table de jeux couverte d'or : l'un, jeune encore et frisant l'âge mûr; l'autre, la vieillesse.

Ils jouaient à l'écarté un jeu d'enfer.

Ils avaient pour témoins , à ce petit salon, le patron de l'établissement, le nommé Pœple, puis un monsieur d'une prestance aristocratique, tout ruisselant de diamants. Sa chemise était d'une blancheur immaculée comme la cravate ; ses mains étaient d'une finesse délicate et ses doigts constellés de bagues étincelantes.

Rien de plus naturel que le directeur de l'établissement s'intéressât au jeu des partenaires ; l'un était son associé. Il se faisait appeler, à Paris, le baron de Blinières; l'autre était un des importants directeurs d'une compagnie d'assurances que le baron était en train de filouter.

Et l'on tenait sur cette table, à trois heures du matin, un enjeu de cent mille francs. Cela valait la peine pour Pœple de fixer son attention sur les tours de passe-passe opérés par son grec associé, en train de lui faire partager les plus gros bénéfices de cette fructueuse nuit.

Pœple délaissait donc le salon clandestin d'à côté, les jeux de hasard où les grecs se volaient entre eux, en attendant l'instant de fondre comme des corbeaux sur le corps d'un mort, d'un innocent décavé.

Le baron de Blinières, le joueur noctambule, le sportsman des courses, posait à la don Juan ; il était soigneusement frisé, cravaté, musqué, corseté. Sur ses lèvres confites dans un sourire perpétuel, un mot aimable était à l'adresse de tous ceux qu'il dévalisait, sous sa moustache aiguisée en pointe, tous les cœurs du sexe faible devaient passer au fil de la barbe de ce proxénète.

Le monsieur qui soutenait la partie qu'il perdait, sans se plaindre, posait au contraire à l'homme grave.

Il avait la figure impassible, les cheveux ras et rares; il parlait à peine d'une voix grave; c'était un Prudhomme plein d'aphorismes, formant aux tables de whist, de bouillotte et d'écarté, un excellent repoussoir à l'éclat papillotant de toilettes et à l'animation des causeries futiles des inutiles dont le brillant baron de Blinières grossissait d'ordinaire le bataillon.

Les témoins qui les regardaient jouer dans un silence solennel, c'étaient le directeur de l'établissement et le monsieur aux diamants. L'un, par sa tenue simple et digne, par sa physionomie commune, pouvait ressembler à tous ses garçons de salle. L'autre, par sa prestance aristocratique, par son luxe insolent, par sa corpulence musculaire renouvelée des Yankees, pouvait être aussi bien un prince étranger qu'un nabab, s'il n'était un filou, jouant, selon les circonstances, un rôle de prince ou de nabab.

A trois heures du matin, le baron de Blinières jetait la dernière carte, un atout qui lui donnait cent mille francs !

Le décavé, l'homme grave, se levait de la table en y laissant toutes ses bank-notes.

Pœple, heureux du coup qui lui promettait une

si fructueuse soirée, avait peine à étouffer un soupir de joie, quand le monsieur aux diamants prit le siège du monsieur grave, et dit au don Juan :

— Je prends la main ! je joue, en une seule partie, les cent mille francs de monsieur.

Le don Juan, qui avait si bien plumé son pigeon, regarde son vengeur d'un air ébahi !

Il redoute un piège ; car l'établissement, il le sait, est rempli de grecs.

Il regarde aussi d'un air d'inquiétude son associé Pœple. En voyant le nouveau partenaire occuper la place du décavé et prendre pour lui les cartes, Pœple n'avait pu, de son côté, maîtriser une grimace significative.

Mais il n'y avait pas moyen de reculer devant le défi porté par l'étranger. Car le monsieur grave n'était pas fâché de voir un des témoins de sa dévaine essayer de corriger la mauvaise fortune qui l'avait frappé.

La partie s'engage.

Cette fois, le nouveau témoin du jeu n'est pas moins attentif que Pœple qui, par une grimace, témoigne de la mauvaise humeur qu'il ressent depuis l'attitude du monsieur aux diamants vis-à-vis de son associé.

Évidemment l'inconnu et Pœple se connaissaient ; ce qui, pour le perspicace don Juan, ne lui disait rien de bon. Aussi se promit-il de faire agir avec plus d'adresse , plus d'acharnement les rois, les atouts et les as qu'il tenait en réserve dans sa *côtière*.

Malheureusement le baron de Linières a affaire à

un grec aussi fort que lui dans l'art de fi'er les
cartes.

A la donne, nos deux grecs se trouvent avoir en
main les mêmes atouts.

On juge de l'indignation et de la colère des deux
témoins et de la stupéfaction du baron.

— Vous êtes un voleur, un infâme grec! s'écrie-
t-il en essayant de lui jeter ses cartes à la figure.

— Pas plus que vous ne l'avez été vous-même
vis-à-vis de monsieur, lui répond-il avec un sourire perfide, en lui retenant la main, tout en désignant des yeux l'homme grave.

Pour sauver les apparences, Pœple essaye de s'in-
digner contre le monsieur au diamant pour conser-
ver le bénéfice du *travail* de son associé. Mais
le monsieur grave, dans l'espoir de rattraper ses
100,000 francs, approuve la tricherie de son vengeur, pour lui un homme de police, qui sans doute
n'est apparu que pour le sauver des griffes de son
aigrefin.

Ce qui vient donner une apparence de probabi-
lité à ce soupçon, ce qui achève de confondre les
associés de la Taverne américaine, c'est la sonnette
d'alarme, qui retentit en même temps aux extrémités de toutes les salles.

Alors il se fait dans l'établissement un brouhaha,
un vacarme extraordinaires. On bouscule les chaises,
on éteint les lumières; des bruits de pas retentis-
sent dans la galerie desservant les salons, dont les
portes s'ouvrent, se referment avec fracas, dans
un désordre indescriptible trahissant l'affolement
général.

Nos personnages du salon blanc veulent imiter leurs hôtes et se garantir aussi de la visite du commissaire; cette fois, le monsieur aux diamants les a devancés.

Il s'est jeté contre la porte; après avoir donné un tour de clef dans la serrure, il la met dans sa poche; il se retourne ensuite contre les fuyards, dont il empêche la retraite.

— Inutile de fuir, messieurs, leur dit-il d'un air goguenard, la sonnette a retenti trop tard pour vous. Je suis envoyé, monsieur Pœpe, par la police anglaise pour assister à votre arrestation, réglée par les soins de la police anglaise, en attendant le moment de travailler à votre extradition, vous directeur d'une maison de jeux de hasard, vous ancien pick-pocket de Londres, recherché par le superintendant de Londres.

Pœple, qui connaissait le monsieur aux diamants, voulut protester en se rengorgeant.

Il l'arrêta en ajoutant :

— Ne dites rien, pendant qu'on procède à côté à une expertise judiciaire, sinon j'en dirai plus long. Ecoutez plutôt les arrangements que je vous propose, à vous et à ces messieurs qui ne valent pas mieux que vous.

Le baron de Blinières et l'homme grave voulurent protester; il les pétrifia par ces paroles :

— Ne cherchez pas à m'en imposer! la police sait tout, à Londres comme à Paris! Ainsi vous, monsieur, qui dirigez une importante compagnie d'assurances à Paris, elle sait qu'avec l'argent de vos associés, vous avez fondé, pour votre compte, quinze

maisons de banque dont l'argent est reporté, en cas
de poursuites futures et probables, dans une succursale de Londres! Vous, monsieur, qui vous dites
baron de Blinières, vous n'êtes que l'associé du voleur Pœple, pick-pocket à Londres, avant d'avoir
été en Amérique l'amant et le complice de lady
Chanaan, coupable de neuf empoisonnements sur
ses divers maris et sur tous ses enfants! En réalité,
monsieur le baron de Blinières, vous n'êtes qu'un
maquignon. Sous le siège, vous faisiez voler à un palefrenier infidèle le cheval de courses qui, en dehors
du jeu, vous gagne sur le turf plus de 300,000 fr.!
Bref, vous n'êtes encore ici que l'associé de votre
concierge, qui prête à votre compte, en son nom, à
tous les décavés opérés par votre art de tricher.
Vous voyez que je vous connais, mes maîtres, et
que, en ma qualité d'employé à Scottland-Yard,
je sais jouer tous les jeux.

Le monsieur, en parlant ainsi, se tenait contre la
porte, barrant le passage aux trois coquins at-
terrés.

Ce qui les stupéfiait autant que les révélations de
l'étranger, c'était que, depuis qu'il parlait, la police ne fût intervenue dans leur salon.

Le prétendu inspecteur de Scottland-Yard leur
donna à sa manière l'explication de cette non-inter-
vention.

— Maintenant, ajouta-t-il, que je vous ai prévenus, veuillez m'entendre jusqu'au bout, avant
que la justice agisse. Je suis Anglais, vous êtes
à peu près mes compatriotes! Or, en bon Anglais, je vous propose une transaction. Assurez-

moi, au moment où vous êtes sur le point d'être pris, une somme de 500,000 francs, et je mets à l'abri le produit de vos nombreux vols. Au lieu de les confier à de gros intérêts à des agences fictives, ou à un concierge qui vous exploite, confiez-les par mon entremise à la *Caisse des dépôts sûrs*, à Londres. Avant d'être pris, dépêchez-vous de vous décider. En attendant, messieurs, je prends un acompte sur cet argent que je vous ai bien gagné.

Et, sans en dire plus long, l'étranger ramassa les billets de banque et l'or épars sur la table.

Mais lorsqu'il opérait cette soustraction, Pœple s'était ravisé.

Il parlait à voix basse aux dupes comme lui de ce prétendu agent anglais. Ce qui enhardissait Pœple à faire cette confidence à son associé et au directeur de la compagnie d'assurances, c'était parce qu'il n'entendait plus rien dans la salle d'à côté.

Pœple connaissait particulièrement l'homme qui jouait le rôle d'inspecteur.

Le premier moment de frayeur passé, il s'était rassuré sur le bruit de la sonnette agitée intempestivement par un compère de ce quatrième larron.

Car cet homme était tout le contraire d'un policier, même d'un policier anglais, trop souvent en connivence avec les gens qu'il est appelé à arrêter.

Aux quelques mots prononcés par Pœple aux oreilles du comte de Blinières et de l'homme grave, ces derniers relevèrent la tête. Ils reprirent un air d'autant plus courroucé que le silence s'était fait dans les salles voisines.

Evidemment les gens de police annoncés par l'inconnu n'existaient que dans son imagination d'Anglais pour les faire chanter.

Ce fut l'homme grave, n'en voulant plus par prudence au baron de Blinières, qui prit la parole, et menaça le monsieur aux diamants :

— Monsieur, dit-il, contentez-vous de nous voler, sans prendre un rôle qui vous convient si peu. Retirez-vous, si vous ne voulez pas que la police que vous avez fait intervenir dans votre imagination ne soit appelée par nous pour vous apprendre à vous moquer des honnêtes gens !

Ce fut au tour de l'inconnu à s'étonner d'une pareille attitude chez des gens qu'il croyait si bien tenir.

— Ah ! ah ! dit-il en rouvrant la porte pour gagner les autres salles, vides de joueurs et vides de gens de police, ah ! je vois que mon *ami* Pœple a parlé ! Il croit vous avoir rendus très forts après vous avoir dit ma qualité véritable. Désabusez-vous, car je vous ai dit, sous un titre ou sous un autre, la vérité. Vous ne voulez pas me croire, vous n'acceptez pas mes propositions, qui vous sauvaient la fortune, à défaut de la liberté ? Tant pis pour vous ! mon affaire n'est que meilleure, demain vous perdrez tout. Si Pœple est un traître, son concierge ne l'est pas ! Car, je vous avertis, ce concierge, au profit de notre association, a suivi mes conseils, il ne reparaîtra plus à sa loge ; demain, en passant le détroit, il me donnera le double de ce que je vous demandais ! Demain vous perdrez un million et votre liberté. Je vous ai prévenus, maintenant je vous salue.

L'inconnu partit; il salua en partant d'un air gouailleur les trois personnages redevenus perplexes et plongés dans une nouvelle consternation.

Quel était cet élégant et mystérieux personnage, si au courant des affaires de Pœple, de ses associés et clients?

C'était Benson, le héros du Waping, le client si redouté de Scottland-Yard, connaissant, par les hommes de sa troupe, tous les agissements de la police anglaise et française.

Si Benson avait pu jouer si bien son rôle, c'était parce qu'il était averti par un nouveau *Semagenon*, un policier français, de toutes les menées de la préfecture de police contre le directeur de la Taverne américaine.

Il n'avait fait agir la sonnette d'alarme que quelques heures à l'avance. Peu de temps après la fuite du voleur anglais et du concierge de la rue Scribe, une descente de police s'opérait dans la taverne. On arrêtait tous les hôtes du cercle américain.

On surprenait, dans la loge du portier absent et en fuite, ce propriétaire de Levallois, qui attendait ses fonds, déjà partis vers la caisse des dépôts de Londres.

J'ai parlé précédemment de cette caisse de dépôt, si favorable aux pick-pockets. Je ne reviendrai pas sur ce sujet, pas plus que sur la police des voleurs, police qui permet, d'un continent à l'autre, de faire connaître aux filous toutes les manœuvres dirigées contre eux, avec la manière d'en bénéficier.

Cette histoire le prouve; elle corrobore celle du policier français, Semagenon, qui, lors du passage du schah de Perse, ouvrait à Benson un champ sans limite aux exploits de ses pick-pockets. Leurs ruses, on le voit, sont aussi audacieuses qu'imprévues, aussi originales que fécondes!

Maintenant que j'ai dépeint le monde qui fréquentait la Taverne américaine, je vais raconter l'histoire de ceux qui en furent les victimes : le directeur de la compagnie d'assurances et le banquier aux quinze maisons de banque de Paris, dont la succursale était à Londres.

CHAPITRE III

LES VOLEURS EN CRAVATE BLANCHE.

La police des voleurs de Londres et des bandits italiens est supérieure à notre police chargée de les arrêter. La raison en est simple. Notre administration, appelée à protéger les honnêtes gens, est toute locale, la police des voleurs et assassins est cosmopolite; ce qui les rend presque insaisissables.

Je viens d'en donner la preuve dans le chapitre précédent par le fameux Benson, ce Napoléon du vol et du meurtre, qui n'est pas, je l'assure, un personnage imaginaire.

L'Anglais Benson et le gentilhomme de la Mafia m'ont donné plus de soucis, dans ma carrière de policier, pour déjouer leurs ruses et leurs infamies, que mes ennemis politiques qui, bien avant la Commune, m'avaient pourtant condamné à mort.

Le nombre de mes agens sacrifiés par ces chefs de bandits est incalculable. J'ai signalé Requin qui paya de sa position sa chasse sur l'hôtelier du *Triangle d'or*, le remiseur des *junckers* et des assassins de Limours et d'Eure-et-Loir.

Bien d'autres victimes que Requin furent frappées par ces ennemis masqués qui non seulement savaient se soustraire aux coups de la justice, mais qui encore ne tardaient pas à se venger de ses infatigables défenseurs.

Avant de parler des *voleurs en cravate blanche* signalés dans le chapitre précédent par le directeur de la *Taverne américaine*, par le baron de Blinières et Pœple, je vais citer deux exemples de la singulière puissance de la police cosmopolite des voleurs.

Un honnête brigadier de Limours fut dénoncé au préfet de police Valentin, comme menant une conduite scandaleuse, par une femme dont il avait obtenu les faveurs. Cependant, par son zèle à poursuivre les assassins de Limours, ce brigadier n'avait que des notes élogieuses à opposer aux dénonciations calomnieuses de sa maîtresse, sa seule faiblesse !

Mais cette maîtresse était intéressée à le noircir. Elle n'avait capté le brigadier que pour l'endormir et le noircir. C'était une complice intéressée des bandits de Limours. Elle réussit à paralyser, dans la personne de ce brigadier, ses efforts ; comme Jongé paralysa, par ses crimes, les tentatives de la magistrature contre ses complices.

Encore une fois, je reconnaissais dans la disgrâce du brigadier comme dans celle de mon inspecteur la main de mon gentilhomme sicilien. Aujourd'hui encore, la puissance de Benson se fait sentir dans tous les vols qui ont lieu chez les plus grandes notabilités du continent.

Benson agit jusque sur notre police; j'en ai la preuve, je le répète, par l'agent Semagenon qui, lors du passage du schah, conseillait la descente des pick-pockets de ce fameux voleur pour soustraire l'aigrette du Persan dans notre pays trop confiant et trop hospitalier.

Le génie de Benson ne s'exerce pas qu'à enrégimenter, selon leur capacité, ses pick-pockets ; il a organisé, comme je l'ai dit encore, une compagnie d'assurances au profit des voleurs et des volés.

Voici comment il procède d'abord vis-à-vis des volés :

Une fois qu'un grand seigneur de sa contrée ou un richard d'un autre pays a été radicalement dépossédé par sa bande, il fait parvenir un mot anonyme à la victime, il la prévient que, s'il consent à donner tant du cent à l'un de ses intermédiaires, il se fait fort de lui rendre intégralement sa fortune.

Si le volé veut passer par les conditions léonines de ce chef de voleurs, voici comment il procède à la restitution acceptée de part et d'autre :

Un inconnu se présente au domicile du dévalisé; il lui dit qu'un homme rôde autour de la maison, porteur de sa richesse. Il le prévient, en outre, que s'il le fait arrêter, en récompense de ses bons offices, le porteur de sa fortune disparaîtra sans tirer profit de son ingratitude.

Alors la restitution s'exécute de la sorte : Le volé reçoit du représentant des voleurs un premier billet de mille francs sur lequel le représentant reçoit la commission promise.

A chaque tour de la maison, il donne un nouveau billet de mille francs sur lequel il reçoit une nouvelle prime.

Autant de tours opérés de la même façon, autant de remises faites de la somme partielle contre laquelle la victime reçoit un autre billet jusqu'à la somme générale.

Les tours finis et les primes empochées sur le montant des billets, le représentant de Benson salue le volé. Il part avec la récompense due à des méfaits qui, pour Benson et sa bande, ne sont que les résultats d'un consciencieux travail.

Ce Benson, comme on l'a vu, vis-à-vis des taverniers américains de la maison de la rue Scribe, agit avec la même impartialité vis-à-vis de ses voleurs.

A ses yeux, les volés comme les voleurs sont ses tributaires.

Malheur à qui ne compte pas avec ce Fra Diavolo de la Grande-Bretagne.

Grâce à ses accointances avec la police de Scottland-Yard, ceux qui le *volent* sont dénoncés à des détectives souvent de connivence avec ses bandits.

Que de fois, à Londres, un étranger, volé par un *buglar*, reçoit cette proposition d'un détective, d'accord avec les filous :

— Monsieur, dit-il au volé, assurez-moi la moitié du prix de la montre qui vient de vous être soustraite, et je me fais fort de la rendre à votre gousset.

A Londres, le vol est une affaire. La police

anglaise, par nécessité, en est arrivée à composer avec tous les voleurs de la Cité.

La police française n'en est pas encore là !

Après avoir ouvert cette parenthèse au sujet de la police des voleurs, je reviens aux deux directeurs de la Taverne américaine, avertis d'une façon si curieuse de leur prochaine poursuite par Benson, le maître de tous les *burglars* d'élite.

Si ce *Deus ex machina* était apparu d'une façon si originale, si imprévue à la Taverne américaine, c'était parce que Pœple lui était connu, parce qu'il tenait, avant son arrestation, à partager dans tous les bénéfices causés par ses déprédations.

Vis-à-vis d'eux, comme vis-à-vis des volés, Benson avait intérêt à faire jouer les rouages de son assurance mutuelle. Par la fuite immédiate du portier de la *Taverne américaine*, Benson s'était assuré le partage de ses bénéfices, en cas où, par ingratitude autant que par avidité, ses directeurs n'auraient suivi ses conseils, ni accepté ses propositions.

En cette grave circonstance, comme en bien d'autres, le paternel et chevaleresque Benson était de bonne foi.

Deux heures après cette arrestation, la police faisait une descente dans ce tripot.

Depuis quelques années, la Taverne américaine a disparu ; mais tous les boulevardiers se la rappellent.

A l'heure où le boulevard devient désert, où un grand silence s'appesantit sur la cité qui sommeille, les fenêtres de ce tripot luisaient encore, semblables à des yeux de monstres tapis dans les ténèbres.

Que de fois des décavés en sont partis exténués, désespérés, inquiets, arrivant par une porte de cette taverne, riches et en sortant par une autre, plus pauvres que les pauvres diables leur ouvrant la portière de leurs voitures ou mendiant leur bout de cigare ! Que de fois ces décavés s'en retournaient dévalisés par les compères de Pœple, et n'ayant plus pour perspective que le canon d'un revolver !

Depuis longtemps la police avait les yeux sur le tripot américain, je recevais de nombreux rapports sur les scandales et les sinistres qu'il engendrait.

Par malheur, à l'heure où il fallut agir, un traître de la préfecture avertit la police anglaise où Benson avait des accointances à Scottland-Yard, comme il en avait au Waping !

On a pu constater au chapitre précédent les effets de cette indiscrétion dont Benson profita, en essayant de faire chanter son ami Pœple et son compère, le baron de Blinières.

Si Benson ne réussit pas à intimider ces voleurs, à les faire composer comme il le désirait, il réussit avec leur concierge, dépositaire de leur argent. Celui-ci s'enfuit, avec Benson, avec la caisse de ses collègues, plus récalcitrants ou plus timorés : à voleurs, voleurs et demi.

Toutefois, l'arrivée de ce chef des pick-pockets à Paris ne fut pas tout à fait inutile à ces malhonnêtes taverniers. Deux heures après la descente de la police, le tripot était veuf de son administration. On n'en arrêta que le fretin, on ne surprit que des enjeux insignifiants.

Pœple s'était caché dans Paris, le baron de Blinières était sur le point de prendre le chemin de fer par Calais pour filer sur Londres, en suivant enfin le conseil de Benson!

Le baron de Blinières qui faisait la banque, sous le couvert du concierge de Pœple, dans l'aristocratie, à son club, la faisait aussi dans la petite bourgeoisie.

Dans le monde commercial, le banquier dépouillait les titres aristocratiques qui décoraient son vulgaire nom de *Hugon*. Avec son ami, le directeur d'une compagnie d'assurances, un familier comme lui de son tripot, Hugon était le fondateur de vingt et une banques de la capitale, dont la succursale, en cas de faillite, se trouvait en Angleterre.

La faillite ne tarda pas à être déclarée, sitôt le départ du concierge, ce sous-banquier de ces banquistes dont il détenait la caisse.

Par les plaintes des nombreux lésés, cette faillite prit les proportions d'une faillite frauduleuse.

En arrivant à Londres, Hugon, baron de Blinières, emportait comme argent de poche 27,000 fr. au préjudice de la faillite.

Alors le gouvernement français, sur les nombreux rapports adressés au procureur de la République contre cet escroc, demanda son extradition.

Hugon, ce gentilhomme fantaisiste, ce banquier de vingt et un sous-banquiers, sans compter son concierge, n'était pas un voleur ordinaire. Il ne se laissa pas prendre la main dans un sac, il ne se fit pas mettre les menottes sans beaucoup crier!

Lui aussi, comme Benson, avait des amis dans la place, et jusque dans la haute administration de la police.

On n'est pas impunément bel homme, gentilhomme de fantaisie, et l'ami de toutes les petites dames.

Lorsqu'il fallut procéder à son extradition, Hugon prétendit être la victime des ennemis de l'empire. Il soutint que son voyage à Londres, à la suite de ces malheureuses affaires causées par des associés *indélicats*, était indignement exploité par ses adversaires politiques !

En cette occasion, je sentis les effets des secrètes inimitiés de deux femmes fatales, acharnées à ma perte.

Hugon, qui fréquentait tous les mondes interlopes, était très lié avec Mme C***, l'hétaire célèbre qui m'avait voué une haine mortelle !

J'appris par mes chefs que ce voleur en cravate blanche m'accusait personnellement d'être l'instigateur intéressé de sa perte. Cependant je ne le connaissais pas. Au sujet des poursuites dirigées contre lui, je n'avais agi que par devoir professionnel.

Hugon, l'escroc, le voleur n'avait jamais été pour moi, fût-il prince ou le dernier des goujats, qu'un numéro. Dans ses adroites et perfides allégations présentées pour sa défense, je reconnus les manœuvres de deux femmes qui, par tous les moyens possibles, s'acharnaient à ma perte.

Je recevais de mes belles ennemies un premier avertissement.

Néanmoins l'extradition eut lieu ; Hugon passa en justice.

Quant à Pœple, il fut découvert dans un quartier misérable de Paris.

La fuite à l'étranger lui était interdite. Le directeur de la Taverne américaine ne pouvait, par raison de famille, regagner ni l'Angleterre ni l'Amérique, premier théâtre de ses exploits.

Voici pourquoi : Cet aventurier américain s'était marié aux États-Unis, après avoir fait trente-six métiers, avec une mulâtresse. Cette femme était très connue dans le monde facile, sous le nom de lady Chanaan.

Nature ardente, d'une beauté incomparable, elle joignait à la grâce des femmes du Nord la puissance des chaudes carnations des femmes du Tropique. Au fond, ce n'était qu'un monstre.

Lorsqu'elle épousait Pœple, elle en était à son quatrième mari et à son neuvième empoisonnement, tant sur ses précédents époux que sur les enfants qu'elle avait eus successivement des victimes de sa beauté fatale.

Pœple, à cette époque, était déjà un homme taré, il revenait du Mexique, des Terres-Chaudes, de la Californie ; après avoir incendié les *Haciendas* et dévasté tous les placers de ses voisins, Pœple épousait lady Chanaan, moins par amour que par spéculation.

Nouveau Jason, il conçut pour cette nouvelle Médée une vive sympathie. Il comprit qu'en unissant son art de voler à l'art de cette criminelle qui, pour surmonter tous les obstacles, se servait du poison avec avantage, tous deux ne pouvaient que mieux s'entendre, pour enlever la Toison d'or.

Par malheur lady Chanaan aimait autant la liberté que la fortune; elle avait l'esprit aussi aventureux, aussi indépendant que son nouvel époux. Qui se ressemble se gêne.

Lady Chanaan avait consommé trois maris, elle s'était débarrassée au fur et à mesure de ses enfants pour être aussi libre avant qu'après ses mariages, mais elle n'entendait pas prendre un maître à sa quatrième union avec Pœple.

Tout au plus le considérait-elle comme l'associé ou le complice de ses nouvelles opérations.

La première fois que Pœple fit sentir son autorité, Lady Chanaan se regimba. Pœple apaisa sa dangereuse épouse en lui disant que maître de son passé, il n'avait qu'à dire un mot pour envoyer pendre sa moitié.

Lady Chanaan se tut. Elle courba la tête, elle rampa sous les menaces de son mari.

Mais elle rampa comme le serpent ou l'hyène, elle jura aussitôt de se venger de Pœple, comme elle s'était vengée de ses trois autres maris.

Cependant, pour cette Barbe-Bleue, le poison était bien usé. L'employer de nouveau vis-à-vis de son quatrième époux, c'était peut-être éveiller la justice sur de terribles antécédents déjà trop suspectés.

Elle usa d'un autre moyen. Elle trompa Pœple, elle le trompa avec un Mexicain dont la jalousie féroce répondait à la vigueur de son tempérament.

Lady Chanaan eut l'art, en feignant d'avoir peur

de son mari, de désespérer son rival, pour le rendre plus amoureux d'elle, plus désireux de se débarrasser de son tyran.

Le Mexicain, dévoré de tous les feux de la robe de Nessus dont l'avait enveloppé la perfide, n'eut plus qu'un désir; égorger le mari pour mieux le remplacer.

Une nuit, Pœple n'eut que le temps de fuir de la couche conjugale pour éviter le poignard du Mexicain; celui-ci, jusque dans son domicile, ordonna à l'époux, par le droit de la force, de lui céder son lit, sa femme et sa maison.

Certainement Pœple pouvait protester au nom de la justice, il ne le fit pas.

Le lendemain de cette scène scandaleuse lady Chanaan, remariée pour la cinquième fois, et cette fois d'une façon indépendante, vint trouver Pœple qui avait toujours peur du catalan de son rival, elle lui dit :

— Mon cher, si j'ai un conseil à vous donner, c'est de quitter les Etats-Unis. Mon amant m'a dit que partout où il vous trouverait, soit à Londres, ou à New-York, il vous plongerait son poignard dans le cœur. Il sait que, dans le pays où domine le protestantisme, vos droits sont indiscutables, car les siens ne sont légitimés que par l'amour qui nous unit l'un à l'autre; aussi n'a-t-il qu'un moyen de me disputer à vous, par la force! Il l'emploiera! Reprenez-moi, restez dans le pays où vous avez le droit de me reprendre et vous êtes mort! Voilà ce que j'ai à vous dire, de la part de mon amant, qui consent à être ce que je voulais faire de vous, mon adorateur et seulement mon esclave?

Pœple comprit, un peu trop tard, quelle maîtresse femme il s'était donnée ! Pour ne pas être égorgé par l'instrument de cette nouvelle Médée, il s'empressa de mettre entre sa femme et lui l'ancien monde.

Il réfléchit que son passé californien n'était pas plus pur que le passé mêlé de poison de sa dangereuse Circé.

Il se dit qu'il avait été un sot de traiter de puissance à puissance avec cette Médée, qui, à l'exemple de la reine antique, tuait avec aisance ses enfants et les pères de ces enfants, pour la moindre fantaisie.

Afin de ne pas éveiller les susceptibilités de la justice, il s'empressa de passer les mers ; il alla chercher dans une patrie catholique, un refuge contre le poignard de son rival, suspendu sur sa tête, là où le régime protestant lui offrait des droits légitimes mais trop dangereux pour lui.

Il vint en France, ce pillard des haciendas, ce voleur des placers, le mari d'une empoisonneuse, il fonda sur ses économies, accrues des économies de Hugon, non moins taré que lui, la *Taverne américaine*, sur le boulevard de l'Opéra.

Après les scandales amenés par ses grecs et qui se produisirent, après le tripotage d'argent de ses principaux associés, Pœple et Hugon durent tâcher d'esquiver encore la justice.

Mais Pœple n'avait pas, comme Hugon, la ressource de courir à l'étranger ! Il sentait hors de France le poignard de l'amant de sa femme, qui, à la frontière, le menaçait toujours.

x.   3.

Sa femme, aussi méchante que vindicative, ne pardonnait pas plus à Pœple son premier défi que sa fortune nouvelle, elle lui écrivait des lettres lui rappelant que si jamais il quittait la France, son amant interpréterait son départ comme un désir de retourner avec elle, il savait ce que cela voulait dire.

Aussi lorsque la police traqua à Paris le malheureux Pœple, il fut pris tout le premier. Il préféra, en France, se mettre entre les mains de mes agents qu'être assassiné à l'étranger par l'amant de sa femme.

Quant au concierge de la taverne, ce troisième voleur en cravate blanche, qui, lui, ne portait l'habit noir et la cravate d'ordonnance que comme le domestique de Pœple ou de Hugon, il eut tous les bonheurs permis à son obscurité de subalterne.

Benson le protégea, il le fit filer en Amérique, après avoir partagé avec lui, bien entendu, les bénéfices des prêts usuraires suscités par Hugon, sur les indications de Pœple dans le monde des joueurs.

Il restait un quatrième larron, le directeur de la compagnie d'assurances. Lui aussi avait des fonds dans les vingt et une banques d'Hugon, baron de Blinières, associé anonyme de la Taverne américaine, tenue par Pœple et Cᵉ, de plus il jouait à la Bourse tout l'argent de ses clients.

Que devint ce directeur ?

I n'eut pas la prison, il n'eut pas la honte de passer en justice.

Après la disparition de la Taverne américaine,

après l'effondrement des vingt et une banques de la maison Hugon et C⁰, un de ses actionnaires, furieux d'être ruiné par ce voleur en cravate blanche, alla trouver celui qui restait à Paris, après la fuite d'Hugon, après l'arrestation de Pœple; c'était O***, le directeur de la compagnie d'assurances.

Il le traqua à son bureau, avant que la justice eût fini son enquête contre ce quatrième larron, distrayant les fonds de son assurance pour les mettre à la disposition de ces fripons.

Cette dupe de ces banquiers banquistes, furieuse d'être ruinée, sans pain, sans ressources à la suite de leurs déloyales combinaisons, alla donc trouver M. O***.

Sans réfléchir à son acte désespéré, n'écoutant que son désespoir, ce malheureux assassina M. O***.

A cette époque, tout Paris retentit du bruit de ce procès provoqué par l'assassinat du principal administrateur d'une des plus grandes compagnies d'assurances de Paris.

Ce fut un scandale public.

Cependant la victime qui avait frappé M. O*** ne fut pas condamnée à mort, quoiqu'elle l'eût donnée.

La justice en infligeant au meurtrier une réclusion perpétuelle pensa qu'il était assez puni. N'avait-il pas frappé, après tout, un homme dont il avait directement à se venger ?

Par sa position O*** aurait dû écarter de lui tous ces dangers; n'avait-il pas qu'à se laisser vivre pour être aussi honoré qu'honorable?

Le plus grand crime de M. O*** fut donc de connaître des Pœple, des Hugon, grecs de profession, gentilshommes de fantaisie, appartenant à ces voleurs en cravate blanche, qui, aux boulevards, exploitent et exploiteront toujours leurs désœuvrés pour les conduire à l'abîme : le plus grand nombre à la ruine et à la honte, quelques-uns... **au suicide!**

CHAPITRE IV

LES PUFFISTES

Aux grecs et aux escrocs provoquant dans les familles aristocratiques des drames intimes et poi-
gnants qui font pleurer, je dois faire suivre les puffistes, enfants perdus ou bouffons de la famille des
travailleurs, qui, après tout, ne font que faire rire
la société qu'ils exploitent...

Les gens de ma génération se rappellent le père
Aymès. Il tenait, avant la révolution de Février, son
bazar provençal au boulevard des Capucines.

Le père Aymès, comme l'avait dénommé le *Tintamarre* du joyeux Commerson : c'était le roi du
Puff, c'était le pontife de la Réclame.

Il vendait, au dire de ses légendes placées sur les
vitres de sa boutique, du vin fabriqué par Noé et
des haricots de prince, sans inconvénient pour la
compagnie la plus aristocratique.

Le père Aymès empruntait jusqu'à la lyre d'Apollon pour célébrer ses fameux saucissons d'Arles ; témoin ce quatrain :

> Mes saucissons ont plus de charmes
> S'ils sont à double boyau,
> On leur voit verser des larmes
> Sous la lame du couteau.

Et les petits journaux, dont le père Aymès faisait la joie, n'avaient qu'à copier ses ébouriffantes légendes pour faire rire aux larmes leurs lecteurs.

On se rappelle que le *Tintamarre* fit du père Aymès le président de son *Blagorama*, dont Grassot était le greffier, Hyacinthe le gendarme.

Pendant longtemps le père Aymès fut cloué au pilori du *Tintamarre*, interpellant ainsi tous les puffistes de Paris et leur disant :

— Assez, mon *pichien*, tu n'as plus la parole ; tu es bête, je suis bête, mais *zuze un peu*, le public est plus bête que nous, ce qui fait notre force, *troun de l'air !*

Le malin père Aymès laissa rire à ses dépens le rédacteur loustic tant qu'il lui fit de la réclame. Le jour où il cessa les affaires, il lui envoya une lettre dont la copie fut remise au parquet et dont j'ai conservé le texte. En voici à peu près la teneur :

« Monsieur le directeur du *Tintamarre*,

« Tant que j'ai été dans les affaires, ma vie commerciale vous appartenait ; aujourd'hui que je cesse d'être le directeur du *Bazar provençal*, je vous préviens qu'en rentrant dans la vie privée, j'en référerai aux tribunaux si vous vous permettez de continuer à me faire le président de votre *Blagorama*. Je vous salue, en vous remerciant de la réclame gratuite que vous m'avez faite depuis quinze ans ! »

A malin, malin et demi ; le plus mystifié dans cette affaire, ce fut le directeur du *Tintamarre*. Il ne se consola jamais d'avoir été roulé par le promoteur des haricots de prince et des saucissons d'Arles, et d'avoir contribué à leur éclatante renommée ; tant il est vrai que Mercure sera toujours plus adroit qu'Apollon, dont Mercure vola les bœufs !

Mais ce qui vient du tambour retourne toujours à la flûte. Si, à son métier de puffiste, le père Aymès, fondateur du Bazar provençal, avait conquis une assez belle fortune, son fils n'en profita guère. Il devint un infime agent d'affaires, il eut maille à partir avec le tribunal correctionnel. Du reste, tous les puffistes finissent mal.

Je me rappelle à ce sujet un autre puffiste qui se prenait encore bien plus au sérieux que le père Aymès.

C'était, comme on l'appelait en ce temps-là, le père Bietry, promoteur de la *marque de fabrique*, et, comme il s'intitulait lui-même, champion de la loyauté commerciale.

Qu'était ce promoteur de la marque de fabrique, ce champion de la loyauté commerciale? Un petit filateur. A l'époque où l'on vendait des châles de laine en coton, il se fit fort auprès de ses confrères, ruinés par la fraude, de faire rentrer dans le devoir tous les fabricants de châles.

On se rappelle à ce sujet les tragédies épiques de *Cathbert* et *Bietry*, ils égalèrent en ce temps-là les luttes des *Huret* et *Fichet*, ces derniers se battant à coups de coffres-forts, comme les premiers se battaient à coups de balles de coton, dont l'acte final était : « *Prenez mon ours !* »

Le plus comique de l'affaire arriva après que Cuthbert eut succombé dans la lutte engagée par le champion de la loyauté commerciale, parce que Cutblert n'avait fait que comme tous les détaillants de son espèce, vendre du coton pour de la laine ; le père Bietry tourna brusquement le dos aux filateurs. Il se fit fabricant de châles, il vendit aussi du coton, après avoir tondu la laine sur le dos des filateurs.

Il est vrai qu'en sa qualité de champion de la loyauté commerciale, il était parvenu à se faire fournisseur de l'impératrice, président du conseil des prudhommes, commandeur de la Légion d'honneur, etc., etc., etc.

Lorsqu'un profane osait faire un reproche au père Bietry de sa marchandise, aussi frelatée que celle de ses confrères, il lui répondait avec aplomb :

— Que vous importe la qualité de ma marchandise, dès que moi, Bietry, je la vous garantis ?

Le père Bietry était le type du parfait prudhomme. Il avait l'amour de son nom poussé jusqu'au délire. Je ne serais pas éloigné de croire que

Henri Monnier n'ait calqué sur lui la physionomie de son grotesque héros.

Sa vanité égalait sa ruse, il poussait l'ignorance jusqu'à la sottise; il ne craignait pas, un jour de Fête-Dieu, de dresser un reposoir dans son jardin et d'y inscrire ces trois noms à l'instar de la sainte Trinité :

A Dieu,

A Napoléon III, à Biétry!

Un jour, le champion de la loyauté commerciale s'était fait faire, par un vaudevilliste en vogue, dans une revue de fin d'année, un couplet en son honneur.

Lorsque l'acteur chanta ce couplet, Biétry était à l'orchestre, pour savourer les éloges que l'auteur de la pièce-revue lui décernait, moyennant finances.

A peine le couplet est-il chanté, au milieu des applaudissements payés, que Biétry se lève de l'orchestre et salue avec une feinte modestie tous les applaudisseurs.

Par malheur, son incommensurable orgueil éprouve un échec. Il n'est pas le seul, ce soir-là, à *boire du lait,* comme on dit en style de théâtre.

A peine les applaudissements ont-ils éclaté, sur l'ordre du chef de claque mis dans la confidence de l'auteur, qu'un autre puffiste, bien plus populaire que Biétry, se dresse du paradis pour partager gratuitement ces applaudissements payés.

Ce second puffiste, qui par hasard se trouve au même théâtre que Biétry, ne peut douter, vu sa popularité, qu'il n'ait été reconnu par le public et que sa seule apparition n'ait provoqué ces bravos.

Lorsque Mangin saluait, de très bonne foi, les gens des stalles qui acclamaient Biétry, une nouvelle salve d'applaudissements retentissait du parterre au paradis.

Un instant, ces tonnerres d'applaudissements grondent d'une telle force que la salle menace de crouler! Mangin, le marchand de crayons, debout au paradis, Biétry, le marchand de châles, debout à l'orchestre, réitèrent tour à tour leurs courbettes, en s'adjugeant chacun les bénéfices de ces ovations payées par l'un, accaparées par l'autre.

La comédie n'était plus sur la scène, elle était dans la salle. Mangin et Biétry, également satisfaits, apprirent plus tard que leurs ovations avaient été partagées. Et c'était le marchand de châles qui en avait payé les frais.

Après tout, ce fournisseur de l'impératrice, du boulevard des Capucines, valait le marchand de crayons des places publiques; un loustic présent à cette scène me dit alors :

— Je ne sais, après tout, quel est le plus charlatan des deux, ou de Biétry, qui ne vend que des mauvais châles, ou de Mangin, qui vend de bons crayons?

Ces charlatans, comme le père Aymès, ont été punis jusque dans leur postérité.

Mangin, le marchand de crayons, grisé d'absinthe, s'éteignit dans la misère ; Biétry, déchu de ses grandeurs, disgracié et misérable, finit par la faillite.

L'amour, l'abus de son nom perdit Biétry, Mangin se perdit par l'amour et l'abus des liqueurs fortes !

Le fils du fournisseur de l'impératrice, pour ne pas se voir ruiné par l'ambition absorbante de son père, négligea à tel point sa vie, qu'il succomba.

Quant à la fille de Mangin, qu'est-elle devenue, depuis qu'elle n'a plus continué le commerce de son père en glissant ses crayons dorés avec sa médaille sur les tables des cafés des boulevards !

Elle est devenue ce que deviennent toutes les héritières du charlatanisme, une déclassée.

Les arbres malsains ne donnent pas de fleurs ! Il n'y a que l'arbre du travail qui donne des fruits !

La police, qui sait tout, suit aussi, sans qu'elles s'en doutent, les phases diverses des grandes maisons d'industrie et des compagnies financières.

Je le répète, bien des entreprises aujourd'hui très prospères auraient été arrêtées dans leur essor si la police se fût mêlée de rechercher la source de leur fortune.

Telle maison, aujourd'hui très considérable, n'eût jamais existé sans l'audace de ses créateurs, puffistes que l'âge et la fortune ont fini par rendre plus sages.

A tout péché miséricorde.

L'industrie a aussi ses bohémiens. Ils sacrifient comme les bohèmes de l'art au charlatanisme et au puff, lorsque la nécessité leur fait une loi de hurler avec les loups pour ne pas être dévorés.

Pour ma part je pourrais, grâce à ma longue carrière, par les nombreux documents que je possède, détruire le prestige de bien des enseignes qui décorent un grand nombre de maisons appartenant à la fabrique parisienne.

A quoi bon! si le mérite méconnu, si la foi en soi n'ont inspiré, de la part de ces parvenus, des tours pendables que pour les racheter par la suite dans une existence honorable, pleine de sacrifices et d'abnégations?

Ces parvenus-là ne sont pas des puffistes nés; la nécessité les a forcés d'abord à être des excentriques pour pouvoir se grandir; une fois grands, ils ont corrigé ce que leurs écarts avaient de répréhensible.

Souvent l'occasion, les événements font les puffistes. Les hommes de ma génération se rappellent aussi l'étrange affiche imaginée par un industriel à l'époque des élections des représentants de 1848.

Alors on voyait écrit sur tous les murs de Paris : Citoyens, nommons

Chromo
Duro
Phane.

Cette annonce burlesque valut mieux que la députation à son auteur, elle lui valut la fortune.

On ne saurait croire, dans le monde des prudhommes puffistes, jusqu'à quel point peut être
poussée la bêtise.

Lorsque l'ignorance, la vanité, montent sur les
tréteaux de la réclame, ils se livrent à une débauche
de divagations à laquelle l'imagination la plus folle
ne saurait atteindre.

J'ai connu trois industriels, l'un mécanicien, l'autre artiste, le troisième fabricant de broderies. Tous
les trois, pour allécher leur public, prétendaient être
les inventeurs de procédés étranges : le premier
avait trouvé le moyen de découper par le diamant
les pierres dures, le second de dessiner sans maître,
le troisième de broder en musique. Le premier s'intitulait le *créateur du baume de diamant pour la
taille du granit*, le second l'inventeur de l'ar-
chitecture hygiénique et de la peinture à la mé-
canique; le troisième le créateur de la broderie
universelle, sténographiée par les sept notes de la
musique.

Tous les jours on n'a qu'à consulter les registres
des brevets pour voir à quel degré d'aberration
peuvent atteindre les puffistes. Cependant ils trouvent toujours des dupes qui se laissent prendre à
leur sotte présomption.

Il y a des gens assez ignorants, assez crédules
pour croire à leurs sottises, qui cachent, après
tout, un grand fond d'adresse..... commerciale.

Leur ignorance est renforcée par un immense
aplomb.

Derrière leurs enseignes, les gens de mérite viennent souvent suppléer, par des travaux sérieux, à l'incapacité de ces grotesques.

Non seulement ces puffistes accaparent le talent des autres, mais ils lui barrent toute issue. Voilà pourquoi la France ignore à qui elle doit l'origine des *expositions universelles*, des *musées d'art décoratif* et des *écoles professionnelles*, dont les créations, bien entendues par leurs auteurs *sacrifiés*, auraient pu résoudre, peut-être, le problème de la question du Travail!

Les inventeurs sérieux n'ont pas de plus grands ennemis que ces puffistes, farceurs qui les exploitent! M. Prudhomme, après tout, n'est pas aussi bête qu'on le pense. Il connaît la manière de se servir de l'esprit des autres... avant de l'étouffer!

Ces réflexions me sont inspirées par l'expérience. On se rappelle à ce sujet le chapitre que j'ai consacré à un malheureux écrivain, initiateur spolié par ces puffistes, qui faillit payer de la prison ses récriminations contre ceux qui l'avaient indignement exploité.

Mais un policier n'est pas un réformateur; il voit des coupables sans pouvoir avoir la prétention d'en diminuer le nombre. Son rôle consiste à les pourchasser pour les livrer à la justice. Il n'a pas d'autre mission. Je m'arrête donc sur ces réflexions, qui ne sont pas de mon domaine.

En 1874, j'eus à m'enquérir d'une société de puffistes qui n'exploitaient pas que les idées des autres; ils exploitaient aussi les poches de leurs concitoyens. Les tribunaux ne tardèrent pas, dans la même année, à retentir du bruit causé par leurs trop nombreux exploits.

Cette société était composée de six complices, dont deux directeurs, trois compères et une femme, elle siégeait en dernier lieu à Maison-Alfort, sous la raison sociale : *Triquet, Galopin et C*.

La Compagnie était représentée par une dame qui, en sa qualité de marchande à la toilette, se rendait chez les gens riches, moins pour faire son commerce que pour ouvrir de nouveaux débouchés à la Société Triquet, Galopin et C*. Elle était l'âme.

Triquet était un ancien failli, Galopin un ancien condamné qui avait figuré quatre fois en justice pour banqueroute, escroquerie et chantage.

Amant de la veuve Collinet, la marchande à la toilette, il avait abandonné pour elle sa femme et ses enfants.

Outre la veuve Collinet, l'allumeuse de cette peu honorable Société, la Société Triquet, Galopin et C* avait encore un allumeur, un certain Mathieu. Il se disait propriétaire, il n'était pas plus propriétaire que ses complices; il ne l'était pas même de son nom, car il s'appelait Mayer.

C'était un israélite, il était payé par la Société Triquet pour inspirer, par son titre de propriétaire, *sans domicile*, de la confiance à tous les fournisseurs, ces derniers, livraient sur sa recommandation, les *commandes* de ces pufsistes pratiquant en gros la commission ou plutôt *le vol* à la commission.

Grâce au compère Mathieu, les marchandises

affluaient de tous les côtés, en 1874, à l'entrepôt de vins, de bois, de charbon, de la maison Triquet, Galopin et Cᵉ.

Les commandes, sous la caution du compère Mathieu, étaient faites tantôt par les uns, tantôt par les autres. Leurs résultats étaient toujours les mêmes, une perte sèche pour les fournisseurs.

L'un d'eux eut un jour l'audace, en voyant sur la voie publique des colis qui portaient le nom et l'adresse du destinataire et ceux de l'envoyeur, d'écrire à celui-ci en se disant l'ami de celui-là et en se recommandant de lui.

Il escroqua ainsi, ce puffiste pratique, une grande quantité de vin à un fournisseur de Brignolles et à un propriétaire de Nantes, toujours sous la raison sociale : *Triquet, Galopin et Cᵉ.*

L'année ne se passa pas, à la suite des nombreuses plaintes des fournisseurs lésés par ces escrocs, sans que je me rendisse à l'entrepôt de vins, de bois et de charbon de la Société Triquet.

Je m'y présentai comme un riche propriétaire de vignobles, désireux de fournir aux sieurs Triquet, Galopin et Cᵉ des vins de mon cru, dont j'avais des échantillons chez moi.

Triquet, sans défiance, daigna me suivre. Je le conduisis à mon véritable domicile politique, c'est-à-dire à la préfecture de police.

Avec le chef de la bande, je pus facilement lancer un mandat d'arrêt sur ses six complices, ils passèrent en jugement, après avoir fait un tort considérable au haut commerce.

Ces puffistes, en réalité, étaient des voleurs de la pire espèce. Ils causèrent à leurs dupes pour plus de cent mille francs de dommages. Ils n'eurent pourtant que quelques mois de prison, et l'on fusille un malheureux soldat qui vole un mouchoir!

CHAPITRE V

UN COCHER INFIDÈLE ET... MEURTRIER

Au commencement de l'année 1874, par un temps noir, pluvieux, triste comme le boulevard de la Roquette où se passe cette scène, un homme gisait inanimé sur la chaussée, derrière le cimetière du Père-Lachaise.

Son corps, souillé de boue, était tuméfié, sa face meurtrie et congestionnée. Toute sa personne n'était qu'une plaie par les horribles et nombreuses blessures qu'il avait reçues coup sur coup.

C'était un homme littéralement assommé ; ses chairs étaient en lambeaux comme ses vêtements. Il paraissait avoir séjourné depuis quelques heures dans cet endroit désert et sinistre.

Dans ce quartier, il n'y a que des ateliers, des terrains vagues et des baraques, la solitude règne d'une façon absolue tant que ne sonne pas l'heure de l'entrée et de la sortie des ouvriers, aux fabriques.

Derrière le Père-Lachaise, c'est le confin du quartier des travailleurs, c'est le commencement des villas de la prostitution et des hangars, casernes de misère et centre du vagabondage. Ils limitent la Roquette, ils s'étendent de Ménilmontant à la barrière du Trône où campe une dangereuse armée, qui, en temps de révolution, est toujours prête à descendre contre Paris.

Il n'était donc pas étonnant que les gardiens de la paix, en rencontrant cette victime, ne surent donner à la police aucun renseignement sur son identité ou sur la cause de ce crime. Leur rapport disait simplement que cet homme avait été trouvé sur la voie publique, victime d'une rixe entre ivrognes.

Comme le moribond avait perdu l'usage de la parole, tant son état était désespéré, il fut envoyé immédiatement à l'hôpital le plus proche.

Une fois le corps transporté à l'hôpital, les médecins constatèrent, par la nature de ses blessures, que cet homme avait été victime d'un assassinat.

Le parquet se saisit de l'affaire par mon intermédiaire. Le commissaire de police fit opérer les plus actives recherches, après avoir reçu des inspecteurs et de moi des rapports très circonstanciés sur ce meurtre encore à l'état de mystère.

Ni le commissaire, ni les inspecteurs, ni moi, nous ne pûmes rien tirer des voisins ; aucun indice ne vint mettre la justice sur la trace de l'assassin.

Personne n'avait rien vu. Pour comble de malheur, la victime était dans un état tel qu'elle ne voyait plus et qu'elle ne pouvait encore recouvrer la parole.

Une journée se passa sans que mes recherches eussent une ombre de succès. Il semblait que tous les voisins prissent un malin plaisir à dérouter mes inspecteurs par leurs paroles vagues, en dehors du sens commun.

Cependant le moribond, presque insensible, à la veille de rendre le dernier soupir, n'avait pu être porté tout seul derrière cette ville des morts?

Et l'endroit où le blessé avait été trouvé, fût-il plus désert encore, il était inadmissible que personne n'eût rien soupçonné concernant le meurtrier.

Tout au moins avait-il été aperçu par quelqu'un, au moment où le meurtrier fuyait le lieu du crime?

Nul papier, nulle carte, n'indiquait, dans les poches du blessé, son nom, sa qualité, ni ceux de l'assassin.

Il était évident que ce dernier avait pris toutes ses précautions pour dérouter la justice; il n'y avait que les habits de la victime accusant que ce malheureux pouvait bien être un modeste bourgeois, un petit fabricant du quartier.

Encore une fois le hasard me servit contre le mauvais vouloir des habitants de la Roquette.

Je reçus une lettre qui me venait d'une personne accréditée, de celle qui me voulait tant de bien depuis le jour où je m'étais épanché auprès d'elle au sujet de mes déboires professionnels.

Cette lettre était signée d'un des administrateurs de la *Compagnie des petites Voitures*, de l'homme dont la mère avait reconquis la considération et la fortune.

A l'occasion du meurtre qui me préoccupait fort,

il m'écrivait qu'il était en mesure de me donner tous les renseignements désirables pour éclairer la justice.

Immédiatement je m'empressai de me rendre auprès de ce personnage, quoique sachant que le renseignement qu'il me promettait, était un nouveau moyen de me rappeler la dette de reconnaissance qu'il tenait toujours à acquitter vis-à-vis de moi.

Lorsque je vis cet inspecteur, j'eus soin, pour qu'il ne me parlât pas du passé, de me renfermer strictement dans mon rôle professionnel.

— Monsieur, lui dis-je en lui montrant sa lettre, ma visite n'a qu'un but, et n'en cache pas d'autre, celle d'éclairer la justice sur le misérable qui a blessé l'homme du boulevard de la Roquette,

— Monsieur Claude, me dit-il en souriant, je me conformerai, quoiqu'à regret, à vos désirs et quoique les miens ne soient pas tout à fait les vôtres. Je vais d'abord servir votre zèle et votre amour pour la justice.

— Le nom, monsieur, du meurtrier, lui répondis-je avec vivacité et un peu sèchement.

— Le nom de cet homme, ajouta-t-il sur le même ton, vous devez le connaître aussi bien que moi ; car il n'a pas été attaché qu'à notre administration, il a été attaché auparavant à la vôtre.

— Comment, m'écriai-je étonné, c'était un de vos cochers? et je l'ai eu comme inspecteur à la préfecture de police?

— Il n'est plus mon cocher, me répondit-il, je l'ai renvoyé pour la même cause que vous, peut-être, parce que c'est un ivrogne !

X.　　　　　　　　　　　　　　4.

— Ils sont rares! lui répliquai-je, les inspecteurs ivrognes, car je suis impitoyable contre ce vice qui abrutit, et détruit les qualités exigibles pour un inspecteur! la prudence, la discrétion, la perspicacité.

— Alors, m'objecta-t-il, je ne pourrais pas en dire autant de mon personnel! on les compte les automédons qui mettent de l'eau dans leur vin! S'il n'avait eu que ce défaut, celui que je vais vous signaler, je ne l'aurais pas renvoyé! mais il joignait à ce défaut celui du vol, de plus il avait contre l'homme que je respecte le plus au monde une aversion ostensible. Il nourrissait contre vous, monsieur Claude, une inimitié qui datait, disait-il, de cinq ans, quand vous le renvoyâtes, comme inspecteur.

— Attendez donc! Je me rappelle, m'écriai-je en me frappant le front. C'est mon inspecteur Horiot, maintenant cocher?

— Précisément, reprit-il.

— Mais comment savez-vous que c'est lui qui est l'assassin de l'homme de la Roquette?

— Rien de plus simple, ajouta le directeur, j'ai pour valet de chambre un ancien camarade de régiment de ce Horiot. Il a servi avec lui, avant qu'il fût inspecteur chez vous. C'est lui qui l'a fait entrer, une fois chassé de la préfecture, dans mon administration, avant que je l'en eusse chassé à mon tour. Ce valet de chambre m'a dit hier : « Je ne serais pas étonné que l'assassin de l'homme de la Roquette ne fût Horiot. Je lui ai demandé sur quoi il basait ses soupçons, il a ajouté : Hier j'ai vu un marchand de vins du quartier, il m'a avoué avoir vu

Horiot qui, dans un but que je devine maintenant, lui avait fait cette fausse confidence : « En voilà une farce ! Je viens de charger un bourgeois qui, pour ne pas me payer, s'est échappé de ma voiture par l'une des portières. Je suis refait, c'est le deuxième de la semaine. » Alors, lorsque j'ai appris le meurtre du boulevard de la Roquette, j'ai envoyé de nouveau le valet de chambre aux renseignements. Le marchand de vins, lui, a ajouté : « Je suis sûr que c'est Horiot qui a fait le coup, ce qu'il m'avait dit hier n'était qu'un subterfuge pour égarer la justice ! comme je tiens plus à sa pratique qu'à servir les mouchards, si l'on m'interroge sur Horiot, je ne *dirai rien !* » Voilà pourquoi, monsieur Claude, moi qui savais par mon valet ce détail important, j'ai tenu à vous mettre immédiatement sur la trace de l'assassin.

— Recevez-en mes sincères remerciements ! lui répondis-je en prenant mon chapeau, en lui serrant chaleureusement les mains, prêt à gagner la porte pour qu'il ne me parlât pas d'autre chose.

Le directeur ne se méprit pas sur la pensée qui me forçait à abréger ma visite ; il ajouta en m'arrêtant encore :

— Attendez, je ne vous ai pas tout dit.

— Quoi donc encore ?

— L'adresse du nouveau loueur de voitures où travaille Horiot, depuis qu'il est sorti de chez moi, comme de chez bien d'autres.

— C'est juste.

Et il me donna l'adresse d'un loueur de voitures, à Vincennes. Une fois muni de ce dernier renseignement, je m'empressai de reprendre la porte. Le directeur me dit avec un singulier sourire qui me piqua :

— Au revoir, monsieur Claude, je vous dis avec intention au revoir, parce que je suis sûr que vous me rendrez bientôt visite.

— Qu'en savez-vous ? lui répondis-je, en répondant à sa secrète pensée comme il s'adressait à la mienne.

— Je le sais, parce que je connais maintenant, ajouta-t-il, vos ennemis. Ils n'ont pas tous été chassés de la préfecture, comme les Horiot. Ils pourraient bien parvénir à vous en chasser à leur tour, si vous ne prenez un jour les devants, en acceptant mes propositions dictées par la reconnaissance.

Je le regardai d'un air stupéfait, presque effaré, le directeur continua, en s'enveloppant aussi dans une grande réserve :

— Du reste, monsieur Claude, j'ai besoin de vous voir pour vous donner de nouveaux détails sur un autre inspecteur attaché aussi à votre service, et qui n'atten l, comme tant d'autres, que le moment de venger sur vous la double mort de Rigault et de Ferré.

Cette fois j'étais abasourdi.

Malgré le temps qui me pressait pour agir d'après le précieux renseignement de l'ancien patron d'Horiot, j'allais encore l'interroger. Ce fut lui qui me congédia en me tendant la main, et qui me poussa même jusqu'à la porte en s'écriant :

— Au revoir

Une fois hors de chez lui, je ne songeai plus à cet incident, à la dette de reconnaissance que le fils de la dame que j'avais sauvée tenait tant à acquitter; je ne songeai plus qu'à Horiot que je devais poursuivre et que la justice recherchait en se remettant à mes soins.

Mon intérêt a passé toujours après les intérêts de la justice. Une fois loin de ce directeur, je résolus de me rendre immédiatement chez le marchand de vin qui, au mépris de la magistrature, s'était renfermé dans un silence aussi suspect que coupable.

Maintenant que le marchand de vin avait parlé à un tiers, maintenant que je connaissais ses intentions, il s'agissait dans l'intérêt de la vérité de le faire parler; il ne suffisait, de ma part, que de lui faire peur.

Ce que je fis.

Après m'être rendu chez le débitant indiqué par le directeur de la compagnie des Petites-Voitures, je lui dis sans périphrases :

— Écoutez-moi, je suis le chef de la sûreté. Je sais qu'Horiot, votre pratique, est le meurtrier de l'homme trouvé sur le boulevard de la Roquette. Vous le savez, vous, mieux que moi encore. Je ne sais quel intérêt vous porte à le nier. Réfléchissez, si vous gardez le silence vis-à-vis de la justice, je vous fais arrêter comme le complice d'Horiot.

J'avais frappé fort, et j'avais frappé juste.

Je vis un homme qui balbutia et pâlit, il devint doux comme un mouton, souple comme un gant.

Aussitôt il me dit tout ce qu'il savait. Ce qu'il me

dit me suffit pour agir contre le cocher incriminé.

— Monsieur Claude, me répondit-il, voici la chose : le 14 mars, à dix heures moins le quart du soir, une voiture est arrivée devant ma porte. J'ai regardé, j'ai vu Horiot, ma pratique, sur son siège, il en descendit pour me dire :

— Un fichu tour que m'a fait un voyageur, *il s'est tiré des pattes* pendant que ma berline roulait.

La vérité est que je lui répliquai :

— Oui, c'est un drôle de tour, en effet, puisque la portière est fermée. Il s'est donc sauvé par le vasistas?

On voit par cette réponse du témoin, que mon exorde l'avait fait réfléchir.

Par la crainte que je lui avais inspirée, il n'avait plus l'intention de déguiser la vérité à la justice.

Du reste, à l'audience, il confirma ce témoignage avec les indications que me fournirent encore ce marchand de vin sur Horiot, sur le loueur de voitures de Vincennes, qui l'occupait depuis qu'il avait été chassé de la grande Compagnie et de tant d'autres.

Dès que le nom du cocher incriminé fut connu, avec le numéro de sa voiture et le loueur qui l'employait, il me fut facile de faire agir le brigadier du quartier.

L'inspecteur B*** fut chargé avec deux aides collègues de faire la recherche du véhicule qui avait été chercher rue des Haies, comme je l'appris plus tard, la victime de la rue de la Roquette.

Deux jours après B***, sur mes indications, retrouvait la voiture chez un patron de Vincennes et il amenait son cocher Horiot devant le commissaire de police.

Quand on l'arrêta, il laissa croire, pour tromper les témoins et son patron, qu'il n'avait à se reprocher qu'une contravention, il dit devant ceux qui l'amenaient :

— Bah ! j'en serai quitte pour faire un jour de prison. L'inspecteur a arrêté bien d'autres cochers que moi.

Voici pourtant l'acte d'accusation concernant Horiot, cet ancien agent de police devenu cocher, après avoir été renvoyé de la préfecture pour cause d'ivrognerie.

Le 14 mars 1874, un voyageur malade montait dans sa voiture, quelque temps après le voyageur était ramassé sur le boulevard avec le crâne fracassé et une côte brisée.

Ce malheureux, étendu sur la chaussée, en face du mur de clôture du Père-Lachaise, avait été ramassé, à dix heures du soir, par deux gardiens de la paix ; il était inanimé, aveuglé , il avait le crâne brisé, la bouche meurtrie.

Il fut porté d'urgence à l'hôpital Saint-Antoine.

D'abord, comme on l'a vu, son nom resta ignoré ainsi que le nom de son meurtrier; ce ne fut qu'après ma première visite chez le marchand de vin des environs qu'on apprit et le nom de la victime et le nom du criminel.

La victime se nommait Selosse, c'était un ébéniste qui avait fait une commande de meubles à un confrère de la rue des Haies.

Selosse et le confrère avaient passé une partie de la journée chez un cabaretier des environs ; Selosse était un peu étourdi, à la suite de légères libations faites avec ce confrère. Il avait demandé une voiture pour rentrer chez lui. Il s'était levé de la table à côté de laquelle il était assis ; et croyant s'appuyer contre elle, il était tombé sur le sol, il s'était fait une blessure légère à la tête, il avait perdu connaissance.

Une heure après, en revenant à lui, il avait prié un jeune apprenti de son confrère d'aller lui chercher la voiture qu'il avait demandée une heure auparavant, car, disait Selosse, il ne voulait pas mettre sa femme dans l'inquiétude.

La malchance voulut que l'apprenti s'adressât à la station de Picpus, au cocher Horiot.

L'apprenti lui dit :

— Je vous préviens que c'est pour un monsieur qui a bu un *petit coup.*

— S'il a bu, répond Horiot qui se méfiait de ses mauvais instincts, il n'en *faut pas.*

— Soyez tranquille, insista l'apprenti, qui avait hâte de se débarrasser de sa commission, il vous payera bien, car il a le sac.

— Allons-y ! exclama le cocher en fouettant ses chevaux avec une exclamation qui valait l'*alea jacta est.*

Horiot était ivre lui-même ; une sombre pensée avait traversé son cerveau depuis que l'apprenti tenait à lui livrer son bourgeois.

A peine la voiture de Horiot a-t-elle fait quelques pas vers le cabaret que deux personnes, le cabaretier et le patron de l'apprenti, sortent Selosse de la boutique ; ils le montent dans la voiture, la tête presque entre les jambes. Ils le hissent par les deux bras jusqu'à la banquette du véhicule.

Horiot est resté sur le siège, sans aider les deux hommes qui lui jettent l'adresse de Selosse : rue *Jean-Robert*.

Le cocher infidèle prétend qu'on lui a dit rue *Doudeauville* ; c'est là en effet qu'Horiot a déposé Selosse, après l'avoir frappé à coups redoublés, avant de revenir à vide devant ce marchand de vin, à qui il a dit que son voyageur s'était échappé de sa voiture sans payer.

C'est donc aux environs de la rue Doudeauville, dans cet endroit désert, à dix heures du soir, qu'Horiot a mis en exécution l'infernal dessein qui germait dans son cerveau surexcité par l'ivresse, dès que le jeune apprenti lui avait appris que son bourgeois *avait le sac !*

Profitant de l'état de somnolence de Selosse, à la suite de ses libations qui l'avaient rendu presque insensible, il avait arrêté sa voiture ; il était descendu de son siège, avait ouvert la portière, puis tirant par les pieds le malheureux Selosse, il l'avait violemment fait sortir de l'intérieur du fiacre.

Une fois sur la chaussée, Horiot, comme une bête fauve, s'était rué sur le malheureux malade. Il l'avait frappé à la tête avec une telle force, qu'il avait partagé la base du crâne en deux parties.

Aussitôt un épanchement considérable de sang l'avait aveuglé.

Pour que la victime ne criât pas, le cocher, d'un

coup de poing, lui avait fermé la bouche en la frac-
turant. Il l'avait ensuite frappé aux épaules, puis il
lui avait enfoncé une côte d'un vigoureux coup de
pied.

Une fois que Horiot eut cru sa victime morte, ou
à peu près, il fouilla ses poches, il ne trouva pour
toute valeur qu'une cinquantaine de francs en petite
monnaie; il s'en empara et remonta sur son siège. La
voiture repartit vide, en laissant derrière elle un
cadavre ou à peu près.

Le premier rapport, qui fut dressé par les deux
agents qui rencontrèrent Selosse sur la chaussée,
disait, comme je l'ai indiqué au début :

« Que Selosse avait été ramassé sentant le vin,
que probablement c'était à la suite d'une rixe qu'il
était tombé sur le boulevard. »

Ce ne fut qu'après ma visite chez le marchand de
vin, après la translation de Selosse à l'hôpital, et
mon entrevue avec le directeur de la compagnie des
Petites-Voitures, que je pus rétablir la vérité.

Sans le hasard qui me servit encore, Horiot, mon
ancien inspecteur, devenu plus tard cocher infidèle
et meurtrier , aurait probablement échappé aux
poursuites de la justice.

Je fus secondé en cette circonstance par un brigadier d'octroi, gendre de la victime, qui dit plus
tard à l'audience :

— Comme M. Claude, je ne voulus pas rester sur
le premier rapport de police. J'allai tout de suite,
après l'accident, chez le marchand de meubles où
mon beau-père avait été. Et deux jours après, j'ai su
chez un marchand de vin, voisin, que le cocher qui

avait mené mon beau-père avait dit qu'il ne savait pas comment *son voyageur avait disparu.*

Le veilleur de l'hôpital Saint-Antoine dit aussi au tribunal :

— Quand on a amené Selosse, il était onze heures du soir. Il était dans un état pitoyable, nous n'avons pu rien tirer de lui. En le fouillant, j'ai découvert, après de minutieuses recherches , un petit calepin coulé dans la doublure de son habit. Sans doute, il avait glissé de sa poche dans la doublure. Dans ce calepin étaient plusieurs adresses. Je lui ai lu tout haut les noms de ces adresses, quand je suis arrivé au nom de Selosse, il m'a fait signe que c'était lui.

Dès l'arrestation d'Horiot, je fis conduire le cocher au lit du moribond, assisté du commissaire de police du quartier.

Le cocher voulut intimider la victime en prenant le premier la parole , le commissaire l'en empêcha et lui dit :

— Ce n'est pas à vous à interroger le malade, c'est à moi.

Et le malade répondit au commissaire, après avoir regardé Horiot :

— C'est bien lui !

Le commissaire reprit pour ne laisser planer aucune équivoque sur le crime :

— Ne vous trompez-vous pas? N'est-ce pas ce marchand de meubles avec qui vous étiez au cabaret qui vous a frappé ?

— Non, répéta-t-il d'une voix éteinte.

Et il regarda de nouveau Horiot, il reprit : c'est lui !

— Mais, mon brave homme ! s'écria le cocher d'un air de brutalité desespérée, vous n'avez jamais été frappé !

— Si je n'ai pas été frappé, tant mieux pour toi, répond Selosse.

Le commissaire envisage Horiot d'un air sévère ; le cocher s'écrie avec fureur en sortant de l'hôpital et accompagné des gendarmes :

— Ce soir je me coupe la gorge !

Le lendemain de cette confrontation avec son meurtrier, Selosse succombe des suites de ses nombreuses blessures.

Trois mois après, le cocher infidèle et meurtrier, qui ne s'est pas coupé le cou, apparaît en cour d'assises ; il est accusé de meurtre et de vol à l'aide de violences, ayant laissé des traces de blessures qui ont déterminé la mort.

L'accusé est un homme de haute taille. Il porte une moustache qui donne à sa figure un certain air de dureté.

Les renseignements fournis sur son compte par les loueurs de voitures qui l'ont employé tour à tour, après la grande Compagnie, le dépeignent tous comme brutal et adonné à l'ivrognerie. C'est un paresseux. Depuis sa sortie de la préfecture, il est resté à peu près à la charge de son beau-père.

Dans le débit de vins où je puisai contre Horiot mes premiers renseignements, il n'était si bien avec le maître de l'établissement, que parce qu'il était connu comme un consommateur permanent et un joueur assidu.

Horiot est cité pour ses emportements ; il est toujours entre deux vins ; quand il est ivre, il bat ses chevaux, il casse et brise tout. Il se met en contravention avec un laisser-aller qui l'a fait chasser de trois loueurs de voitures, avant d'aller échouer à Vincennes !

Il est abruti par l'abus de l'absinthe.

Quand Horiot a frappé à coups redoublés le malheureux Selosse, peut-être obéissait-il aux terribles effets du *delirium tremens*.

Ce qui le fait supposer, c'est qu'il hésite, un moment, à recevoir dans sa voiture celui qu'il va assassiner, un quart d'heure après.

Lorsqu'il a subi tous les interrogatoires du jugement, le président pose au jury, comme résultant des débats, la question subsidiaire de coups et blessures volontaires ayant occasionné la mort.

Le jury rapporte un verdict négatif sur la question du meurtre, affirmatif sur les questions du vol, de coups et blessures ayant occasionné la mort sans intention de la donner.

Il est muet sur les circonstances atténuantes ; cependant Horiot n'est condamné qu'à sept ans de travaux forcés.

CHAPITRE VI

LES SOULIERS D'UNE MORTE.

Huit jours après mon entrevue avec l'administrateur de la compagnie des Petites-Voitures et l'arrestation du cocher Horiot, je m'empressai d'aller rendre visite à celui qui, autant que moi, par ses précieux indices, avait travaillé à son arrestation.

Était-ce pour le remercier de son concours? Était-ce pour me délivrer des mortelles inquiétudes qui m'assiégeaient depuis ma dernière entrevue avec celui qui se considérait toujours mon obligé, que je lui fis cette visite?

Je dois avouer que j'étais conduit vers lui par un sentiment de curiosité, rendu plus vif par mes appréhensions personnelles.

Les paroles du fils de la femme, dont j'avais sauvé jadis la réputation et la fortune, me revenaient aux oreilles depuis que je voyais ce qui se passait autour de moi.

En 1874 comme en 1871, je n'étais plus entouré dans mon administration que d'ennemis cachés. A part le préfet de police, M. Renault, qui n'avait pas voulu de ma démission, j'avais jusque dans mes bureaux des hommes qui m'étaient imposés par des créatures, dont les sympathies étaient acquises aux hommes du 18 mars. J'avais aussi contre moi, dans la haute hiérarchie, des chefs d'un parti contraire ; ceux-ci appartenaient à l'empire, ils m'englobaient dans l'inimitié qu'ils professaient contre les hommes de la révolution qu'on m'imposait pour me perdre encore aux yeux de ces chefs.

Dans cette gravitation administrative, je n'étais plus assez aveugle pour ne pas sentir la main de Mme C***, de mon espionne de Forbach et de la Commune. Sans doute elle se liguait avec sa digne sœur, la jacobine de 1848, pour préparer ma perte et accomplir la terrible promesse qu'elles m'avaient faite, quelques mois auparavant.

Je connais la vengeance des femmes ; leurs combats contre l'homme qu'elles se promettent de tuer, sont d'autant plus terribles qu'ils sont patients et sourds.

Tout ce qu'il m'arrivait de fâcheux, je l'attribuais au travail de ces taupes minant sous mes pieds le terrain sur lequel je m'étais replacé, en dépit des terribles événements que j'avais traversés.

La Commune ne m'avait pas atteint en 1871. Elle

attendait le moment de me reprendre en 1874. Cette fois le bonapartisme et le communisme étaient ligués contre moi dans les personnes de Mme C*** et de sa terrible sœur.

Vers la fin de l'année 1874, l'état-major d'inspecteurs que je m'étais formé en 1870 avec Requin, Bagasse ; Œil-de-Lynx et tant d'autres, n'existait plus ; Requin avait été révoqué comme agent impérialiste, Bagasse se mourait des suites de ses blessures gagnées sous Metz et sous Paris, les autres étaient morts ou à la retraite.

Ceux qui les avaient remplacés étaient loin de m'être aussi dévoués. J'appris par les quelques inspecteurs qui me restaient fidèles, que mes nouveaux employés avaient pour mission de me surveiller, d'espionner mes actions , d'en rendre compte au préfet, de recueillir avec soin mes moindres actes ayant rapport à la politique pour en faire un sujet d'enquête.

Du reste, la bureaucratie volante de la préfecture n'a pas pour soucis que de surveiller les gens du dehors ; elle se surveille entre elle avec un acharnement qui n'a son pareil que dans les couvents.

Cette surveillance occulte manœuvrait alors avec trop d'ensemble pour que la pensée vengeresse et féminine qui la dirigeait n'eût pas un but déterminé. Ce but, je désirais le connaître.

A ce sujet, le directeur de la compagnie des Petites-Voitures, qui m'avait promis certaines révélations sur un autre inspecteur révoqué par moi, devait m'éclairer.

Je l'avoue, ce fut dans un intérêt tout personnel que j'allais le voir, huit jours après l'arrestation du cocher Horiot. Je l'entretins tout de suite d'un autre inspecteur dont il m'avait aussi parlé, quand il m'avait congédié et en me disant : *au revoir.*

Il me satisfit pleinement.

— Monsieur Claude, me dit-il, vous devez avoir des ennemis implacables. Je ne m'explique pas, moi et les miens, qui n'ont eu qu'à se louer de votre générosité, cette haine sourde qui s'acharne après vous. Si vous restez à la préfecture, vous êtes perdu ! Voilà pourquoi, ma mère et moi, nous désirons tant vous en faire sortir !

Je n'eus garde de m'appesantir sur sa dernière phrase ; je m'empressai de lui demander, en ma qualité de chef de la sûreté, les renseignements qu'il m'avait promis, lors de notre dernière entrevue à propos du cocher Horiot.

— Vous vous rappelez, me demanda-t-il, l'inspecteur T*** ?

— Parfaitement, répondis-je, il a été chargé, un instant, de l'inspection des voitures ?

— Précisément, ajouta-t-il, comme il ignorait que je vous connaissais, il ne cessa, tant qu'il fut dans mon service, de me dire beaucoup de mal de vous.

— Cela se comprend, fis-je en souriant, je suis son supérieur, et cet homme est un déclassé ! J'ai pris sur lui, depuis que je l'ai détaché de mon service, des renseignements sur cet homme actuellement employé, malgré moi, comme greffier au dépôt de la préfecture.

— Croyez-vous maintenant bien le connaître?
me demanda-t-il en souriant.

— Je le crois, jugez-en! C'est parce que cet
homme sait que je connais son passé qu'il m'en veut
tant, jugez-en. Cet homme est des environs d'A-
lençon, il est venu à Paris solliciter un emploi à la
préfecture, recommandé par M. Thiers, qui fut toujours mon protecteur depuis mon entrée à la préfecture. Je ne pouvais donc que bien l'accueillir,
cependant, plus tard, je dus le remercier, parce
que j'appris le rôle peu édifiant qu'il avait joué
pendant la guerre. Alors T*** était capitaine des
mobiles. Il fut accusé, en ce temps-là, d'avoir dé-
serté devant l'ennemi. Muni d'une fausse permis-
sion qu'il confectionna lui-même, il se mit à l'abri
en voyageant, il mena la vie gaiement pendant que
ses soldats se battaient. Plus tard, l'autorité voulut
le déférer à une cour martiale. Les obus allemands,
heureusement pour lui, avaient fauché les témoins
de sa défection. Cependant un conseil d'honneur
s'étant assemblé, il rendit une décision, à la suite
de laquelle T*** fut cassé de son grade, uniquement
pour absence non motivée devant l'ennemi. Lorsque
j'appris ces détails par deux de mes inspecteurs,
OEil-de-Lynx et Requin, qui avaient été au feu, à
une époque où T*** s'en éloignait, je m'empressai de faire signer à T*** sa démission. T*** s'en
vengea. Très insinuant, très audacieux, très intrigant, il est pour beaucoup dans la disgrâce de
Requin! J'ai appris depuis que c'est T*** qui, en se
recommandant de personnages très puissants, a fait
destituer Requin, tout en prenant pour lui un em-

ploi bien supérieur à celui que je lui ai fait perdre.

— C'est cela, me dit-il. Savez-vous pourquoi ce T*** a demandé l'emploi qu'il occupe au Dépôt de la préfecture, en attendant qu'il soit nommé, par des personnages puissants, inspecteur des prisons ?

— Non !

— C'est pour mieux vous tenir lorsque la réaction aura fait justice, selon T*** et des tribuns qui le protègent, du septennat.

— C'est impossible ! exclamai-je avec une surprise mêlée de terreur, car je me rappelais trop ce que j'avais souffert cinq ans auparavant.

— Je croyais qu'après les événements aussi étranges que terribles que vous avez traversés après l'empire, vous auriez rayé, monsieur Claude, le mot *impossible* de votre vocabulaire. Eh bien ! voulez-vous savoir comment je suis sûr de ce que j'avance ? Voulez-vous que je vous prouve que je ne calomnie pas plus le misérable T*** que vos ennemis politiques ?

— Parlez ! parlez ! m'écriai-je avec anxiété.

— Sachez qu'au moment où je vous avertissais, au sujet de l'affaire Horiot, un cocher de mon administration a entendu ces paroles prononcées à votre sujet, par un monsieur qui, en montant dans la voiture de ce cocher, ne vous ménageait pas ! Ce monsieur disait à son compagnon : « Ah ! le brigand de « Claude, il est venu jouir auprès de ma femme des « angoisses et des déceptions causées par mon em- « prisonnement préventif ! Patience, nous aurons « notre tour ! Quand celui de Claude reviendra, il ne

« nous échappera pas comme il l'a fait en 1871 ! Pour
« bien le tenir cette fois, nous avons placé T*** près
« de lui. Il se fait fort, une fois nommé inspecteur
« des prisons, de ne pas agir vis-à-vis de lui comme
« le traître Collet ! Ah ! Claude a voulu jadis ma
« perte ? Eh bien ! moi et ma femme nous serons
« l'instrument de la sienne ! »

A peine avait-il achevé ces paroles que je poussai
une exclamation qui peignait mon saisissement et
mon épouvante.

Plus de doute, cet homme, dont la conversation
avait été surprise par son cocher, c'était le mari de
la sœur de Mme C***.

Il répétait ce que cette femme, un mois auparavant, m'avait dit à brûle-pourpoint en ne me ména-
geant plus !

Il fallait, comme sous la fin de l'empire, que mes
ennemis fussent déjà bien sûrs de leurs coups pour
jeter au vent leurs menaces, pour ne pas plus cacher leur projet contre ceux qu'ils considéraient
comme de nouveaux otages, ne fussent-ils comme
moi que des agents de la justice.

Lorsque le directeur de la Compagnie eut parlé,
je lui serrai vivement la main, je lui dis, presque
les larmes dans les yeux :

— Monsieur, j'apprécie enfin le dévouement
que vous me portez ! Il me retire vis-à-vis de vous
toute fausse honte, toute fausse dignité, dès que
mes ennemis ne désarment pas, et qu'ils ne veulent pas voir en moi, chef de la sûreté, qu'un
agent de la magistrature ! Non, je ne suis plus
disposé à terminer ma carrière par des chasse-

pots dirigés contre ma poitrine. Il me faut abdiquer mes fonctions, dès que je deviens, pour des ennemis que je ne cherchais pas, le point de mire de leur haine, moi qui n'ai eu d'autre haine que la haine du mal en vue du triomphe du bien. Désormais je renonce à la lutte. Soyez satisfait, je suis à vous !

— Enfin, monsieur Claude ! exclama le directeur de la Compagnie, qui sauta à mon cou, tant sa joie était profonde et sincère. Vous devenez raisonnable ! Vous consentez à ne pas courir, dans un bref délai, des dangers auxquels vous n'avez autrefois échappé que par miracle ! Par intérêt pour vous, et pour notre grande joie, vous consentez à accepter le tribut de notre reconnaissance ! Venez, monsieur, venez vous-même confirmer cette bonne nouvelle à ma mère ! Elle en sera plus heureuse que moi.

Je ne m'étendrai pas dans des détails intimes, en parlant de la dame que je retrouvai après de si longues années. Je passe sur ces vives expressions de reconnaissance que me manifesta cette personne dont j'avais sauvé la fortune et l'honneur, avec la fortune et l'honneur de son enfant

Je dirai seulement que cette dame, en me retrouvant après de si longues années, faillit se trouver mal.

Était-ce de joie, était-ce de peur, en se rappelant le drame horrible qui avait mis en jeu, par les menées d'un fratricide, son existence et celle de son fils ?

En tous les cas, les résultats de cette entrevue

furent que, de ce jour, je me considérai comme un retraité de la police, après avoir été appelé un moment à en être le ministre.

Il est vrai, qu'à défaut d'honneur, je retrouvai la fortune dans une administration où son directeur ne tarda pas à me faire avec lui, un an après, le principal commanditaire.

— Ma mère et moi, termina-t-il, nous vous devons plus que la vie, non seulement nous sommes heureux de racheter la vôtre, mais de tripler votre fortune en la plaçant dans notre importante Compagnie. Vous aurez ici en richesse ce que vous perdez là-bas en pouvoir; de plus, vous gagnerez ce que votre âge, vos travaux, sont en droit d'exiger par-dessus tout, le repos et la sécurité!

Cependant je demandai encore six mois, un an à peine, avant de demander ma retraite à mon nouveau préfet. Je prévoyais que d'ici là j'aurais encore le temps de raffermir l'autorité de mes chefs et d'avoir raison de ceux qui travaillaient à leur ruine avec la mienne.

En sortant de chez mon nouveau bienfaiteur qui venait de m'éclairer sur les menées ténébreuses que Mme C*** faisait si bien agir, je fis mander Œil-de-Lynx. Ce dernier agent, que mes adversaires n'avaient pu faire sortir de mon administration, avait connu particulièrement au régiment l'inspecteur T***, l'instrument secret de ma ruine.

Comme je pouvais me fier entièrement à Œil-de-Lynx, je lui ordonnai de ne pas quitter d'une semelle T***, devenu greffier du Dépôt, et de me rendre compte de ses moindres agissements.

Je ne restai pas longtemps à connaître les nouveaux exploits de cet intrigant qui, avant d'être nommé inspecteur des prisons, suppléait, par de nouvelles menées, aux maigres appointements de son emploi de greffier.

Je sus par Œil-de-Lynx qu'il venait de faire la connaissance, à Passy, d'une vieille femme fort riche, très fantasque, et à l'aspect chagrin. C'était précisément la dame dont j'ai raconté la mésaventure sous la Commune, dans le chapitre *le Prêtre et le maçon.*

On se rappelle qu'à cette époque cette rentière avait été dévalisée par trois fédérés dont les vols avaient été inspirés par un locataire de sa maison. Très avare et fort riche, la dame ne se consolait pas, depuis la Commune, des emprunts forcés qu'on lui avait faits dans son somptueux appartement garni de meubles rares et de bibelots de prix.

Depuis la Commune, cette dame, très méfiante, ne recevait presque plus personne.

Alliée à une famille importante par son ancien époux, un grand entrepreneur sous Louis-Philippe, elle se méfiait de sa famille dont elle redoutait, disait-elle, les assiduités intéressées. Elle aurait voulu que ses richesses artistiques survécussent à elle-même. Cette dame était très avide de renom. Elle avait appartenu au théâtre avant d'être unie à l'entrepreneur fortuné, elle avait gardé la passion du décor, le goût des accessoires, la soif de la célébrité.

Or, dans l'intention de se survivre à elle-même, d'éterniser sa précieuse collection, elle disait à qui voulait l'entendre qu'elle désirait léguer ses objets d'art à la ville de Paris et au musée Carnavalet.

Ce qu'elle redoutait, c'était une nouvelle Commune pouvant brûler ou tout au moins éparpiller ses trésors.

Or, T*** apprend les désirs de la vieille dame par sa femme de compagnie. Comme il est très difficile d'aborder la richarde qui, depuis la Commune, voit des voleurs partout, il se fait présenter à elle par un prêtre.

Il est à remarquer que c'est un prêtre qui a sauvé, en 1871, le premier voleur de la dame, et que c'est un prêtre qui introduit plus tard dans la place un autre larron.

Il est présenté à la dame, non comme un simple greffier du Dépôt de la préfecture, mais comme inspecteur général des prisons, et surtout comme un personnage très influent qui a la confiance d'un ministre.

La dame voit en lui l'homme qu'il lui faut pour faire son legs à la ville ; elle ne tarde pas à le charger de ses affaires, finalement elle lui donne toute sorte de procurations.

Dans l'intervalle, la vieille dame tombe malade ; il profite de sa maladie qui ne lui permet plus l'usage de ses membres. D'accord avec sa dame de compagnie, T*** soumet le logis de la femme au pillage. A chaque visite qu'il lui rend, soi-disant pour lui faire connaître que l'affaire de son legs est en train, il emporte des objets précieux. A l'aide de ses procurations, chaque fois qu'elle le charge de négocier des titres, il en garde l'argent. Quand la dame, qui ne peut plus descendre de son lit, demande à voir l'argent, la suivante prétend que M. T*** le lui a remis la veille.

Comme la mémoire fait défaut à la malade, elle ne sait à quoi s'en tenir, après l'assertion formelle de la dame de compagnie. Quand la défiance de la dame reprend le dessus, la dame de compagnie et T*** lui persuadent qu'elle est entourée de serviteurs infidèles.

Comme T*** est très adroit, il sent que pour s'assurer l'impunité, il faut qu'il écarte de plus en plus sa famille appelée à devenir son héritière. Usant de la grande influence qu'il exerce sur la pauvre femme, frisant l'agonie, T*** va chercher au fond de la province un neveu de la dame. Il se fait fort, moyennant une remise de 60,000 francs, de le faire son légataire universel.

Le neveu, qui est pauvre, accueille avec joie les offres de services de T***. Dès ce jour, il charge T*** de veiller à ce que la fortune ne lui échappe point !

C'est dans cette intention, prétend-il, que T*** emporte de chez la vieille dame des trésors qui ne vont pas chez le neveu, mais bien chez son entremetteur, pour ne pas en sortir !

J'apprends ces détails concernant T*** par Œil-de-Lynx qui, depuis que je lui donné l'ordre de le filer, ne le perd pas de vue, à Passy, un seul instant.

Presque tous les soirs, Œil-de-Lynx voit une voiture stationner à la porte de la maison. Des paquets en sortent, portés par une femme qui n'est au-

tre que la dame de compagnie de la vieille dame.
Peu de temps après, T*** vient la rejoindre, monte
dans la voiture et gagne son domicile avec son nouveau butin.

Immédiatement, **sur un rapport d'Œil-de-Lynx**,
je fais faire une perquisition au domicile de T***,
puis je le fais arrêter, **en vertu de mon pouvoir discrétionnaire**.

Je lui dis, une fois **qu'il est amené à mon bureau** :

— T***, vous êtes destitué, comme greffier, depuis que vous vous êtes servi de vos relations pour
prendre une qualité qui ne vous appartient pas!
Là n'est pas le plus grave de votre affaire, vous
allez avoir à répondre **devant la justice des soustractions journalières que vous faites dans une maison que vous livrez au pillage...

Je n'avais pas dit ces paroles que l'audacieux T***
me répondit :

— Je connais, monsieur Claude, les motifs qui
vous font agir contre moi. Vous me poursuivez
de votre haine, en prêtant l'oreille aux calomnies
que l'on déverse contre moi. Vous avez peur d'une
revanche politique. Soit, je suis votre victime !
Mais si la réaction peut me ruiner, elle ne peut
entacher mon honneur. Les soustractions que je
fais, comme le prétendent mes ennemis, dans le
domicile de la dame de Passy, me sont commandées
par son neveu, son héritier légitime. La preuve est
dans la lettre qu'il m'écrit et qui défie la malveil-
lance.

En effet, l'audacieux T***, aussi impudent qu'a-
droit, avait pris toutes ses précautions.

Il m'exhibait une lettre dans laquelle le neveu, fait héritier par ses soins, écrivait à cet intrigant :

« Je ne saurais trop vous témoigner, mon cher monsieur T***, ma reconnaissance pour tout l'intérêt que vous voulez bien me porter, etc., etc. »

Ainsi, c'était par intérêt pour le neveu que T*** volait sa tante ! Il était évident que si, à cette époque, la justice eût sévi contre T***, le neveu eût intercédé en sa faveur ; il eût prétendu que ses larcins étaient une rémunération des services rendus par T***, au sujet de sa succession.

T***, on le voit, avait bien pris ses mesures. De mon côté, j'avais pris les miennes pour qu'il ne pût être, contre moi, inspecteur des prisons dont il avait usurpé déjà le titre.

J'en étais débarrassé.

T*** démasqué, chassé de la préfecture, se vengea en continuant ses calomnies, en parvenant à faire destituer Œil-de-Lynx qui l'avait filé, comme il avait fait destituer Requin.

Cet homme était une nature envieuse, lâche et cupide. Il était bien digne d'être l'instrument de l'entourage de mes cruelles ennemies.

Lorsque je ne fis plus partie de la préfecture, j'appris que T***, que je n'avais pu faire arrêter, malgré son usurpation de titre et malgré ses vols, était parvenu, au lit de mort de la dame, à lui faire signer un testament qui instituait son neveu son légataire universel.

Dans une nuit, T*** fit appeler, *in extremis*, un notaire et des témoins choisis *ad hoc*. Ils annulèrent toutes les anciennes dispositions de la dame au

profit du neveu attendant tout des bons et intéressés offices de T***.

Le proverbe dit qu'il ne faut pas toujours compter
sur les *souliers d'un mort*. En cette circonstance,
le neveu de la dame en question, grâce à l'intrigant
T***, avait eu raison de compter sur les souliers...
de la tante.

CHAPITRE VII

Immédiatement après mon entrevue avec l'administrateur de la compagnie des Petites-Voitures, j'envoyai secrètement ma demande à la retraite, à mon préfet, M. Renault. J'y faisais, en raison de la gravité des circonstances et des travaux qui m'incombaient, une dernière réserve. Je demandai six mois d'exercice avant de quitter une administration qui, par les menées de mes adversaires, s'échappait de plus en plus de mes mains.

Ce fut l'année suivante, en 1875, lors de mon départ définitif de la préfecture, que M. Renault m'envoya l'acceptation de ma démission avec des éloges qui me consolèrent de la détermination désespérée que l'on me forçait à prendre.

Je l'avoue, ce n'était pas sans regret que je

m'apprêtais à quitter la préfecture. Sous la Commune, ne l'avais-je pas réoccupée le premier, en m'échappant de la prison pour la sauver, la réorganiser jusque dans les flammes, pendant que mes bourreaux tentaient de l'anéantir lorsque j'évitais encore leurs chassepots !

Quoique blessé, vaincu, je voulus répondre au défi de celles qui me contraignaient, *pour ne pas mendier mon pain*, à accepter une nouvelle situation dans une administration privée; j'armai contre elles deux victimes, comme moi, de leurs basses perfidies.

Il me restait à cette époque de mon ancien état-major, décimé ou désavoué, mon fidèle Œil-de-Lynx; comme je viens de l'indiquer dans un chapitre précédent, il dut prendre, avec Requin, sa retraite, grâce aux menées de Mme C*** et de son entourage.

Je n'hésitai pas, après avoir donné au préfet ma démission, et en signifiant celle de mes plus fidèles inspecteurs, à leur faire connaître la femme qui me forçait à me séparer d'eux.

Je connaissais Œil-de-Lynx, je l'avais vu à l'œuvre, je savais que, comme Requin, il n'abandonnait pas facilement sa proie, dès qu'il était sur sa piste ; donc, il était homme à se venger et à me venger.

Je raconterai, en temps opportun, comment, avec Requin, il répondit à ma pensée, lorsque je me déterminai à plier sous la pression vengeresse de Mme C*** et de sa digne sœur :

« — Cette femme me fait tomber, me disais-je, mais elle tombera avec moi ! »

Et son passé criminel rendait mes représailles aussi faciles que légitimes, surtout en choisissant Œil-de-Lynx et Requin comme instruments de ma vengeance.

Un policier, même à la retraite, n'abandonne pas la partie. Dans ses loisirs, il fait encore de la police, soit en amateur, soit en facilitant les arrestations ourdies par ses anciens collègues, soit au compte d'une administration privée.

Depuis Vidocq, les chefs de la police et leurs agents, une fois rentrés dans la vie non officielle, ont travaillé encore pour les particuliers ou pour le compte des grandes administrations, quelques-uns même au compte de l'étranger.

J'en suis un exemple, lorsque, après avoir envoyé ma démission à mon préfet de police, j'entrai dans le comité d'administration des Petites-Voitures.

Je puis avancer, sans modestie, que pour mériter les faveurs de mon administrateur reconnaissant, je lui fus d'une certaine utilité par la surveillance que j'exerçai sur tous ses inspecteurs.

Là encore, comme dans les divers services qui relèvent de la préfecture, je sus combattre avec efficacité la vénalité de leurs employés. Je remis en action le système que je n'ai cessé d'employer depuis quinze ans dans les administrations soumises à la ville par les inspecteurs de marché, les contrôleurs des halles, la police des théâtres, des voitures, etc., etc.

Loin d'onérer la ville, en payant des commis qui ne s'entendent que trop souvent avec leurs collègues à la frustrer, je les rendis solidaires les uns des autres; je leur fis donner un cautionnement qui devait répondre des préjudices que, par négligence, par cupidité, ils auraient pu laisser commettre sous leur gérance.

Sous la fin de l'empire, lorsque ma position était aussi menacée que sous la République, j'avais prévu ma retraite en me préparant une position à l'administration centrale des halles.

Je dois l'avouer, je fus effrayé des pots-de-vin que s'adjugeaient à cette époque certains inspecteurs et contrôleurs. Tout en ne donnant pas suite à mon idée personnelle, je profitai de mes connaissances acquises dans cette vaste et multiple administration pour en corriger les abus.

Pour la compagnie des Petites-Voitures, j'appliquai le même système qui consiste à faire la police par la police, en rendant responsables tous les inspecteurs de leurs *inspections*.

Il s'est trouvé qu'en récompensant d'humbles employés, en signalant chez leurs supérieurs des fraudes préjudiciables à leur administration, autrefois sans contrôle, soit aux halles, soit au théâtre, soit aux Petites-Voitures, etc., des forts de la halle, des ouvreuses de loges, des cochers, groupés en syndicat contre la fraude, sont parvenus à gagner autant que certains employés des hautes administrations dont ces humbles devenaient la sauvegarde.

Ce système peut être répudié des rigoristes; mais la police chargée d'arrêter les voleurs peut bien se servir de ces moyens mis en pratique partout où il y a concentration et agglomération d'hommes. Ce qui se fait en vue de la morale, peut bien s'employer en vue des intérêts généraux et de la sécurité publique.

Je reviens maintenant aux incidents judiciaires remplissant journellement ma carrière de chasseur d'hommes, et qui ne s'arrêta que l'année suivante, c'est-à-dire à la fin de juin 1875.

Au moment où j'envoyais ma démission à M. Renault, trois tentatives d'assassinat venaient encore mettre à l'épreuve mon zèle et mon activité. Un prisonnier de la Roquette, renouvelant les tentatives criminelles de Joly, avait à son tour essayé d'assassiner son gardien à coups de couteau. L'état de ce dernier, disait le rapport d'un inspecteur, était des plus graves. Un étrangleur de la rue Linné essayait aussi d'occire un rentier pour le voler; enfin, un mari tirait six coups de revolver en pleine rue, dans le quartier Montorgueil, contre sa femme et son amant.

A propos du nouvel assassinat tenté sur un gardien de la Roquette, j'ai dit de *Joly*, l'assassin du gardien *Havener* : « Les malfaiteurs ont leur police, elle s'exerce jusque dans leur prison. »

J'en avais la preuve dans le second attentat qui venait de se commettre après la criminelle tentative de Joly sur le gardien Havener. Cette fois, c'était un nommé Bertrand, ancien ami de Joly, qui lui avait légué sa vengeance, avant que son camarade n'expiât son forfait sur l'échafaud.

Bertrand venait de frapper un gardien nommé Gottmann.

x.			6

Lorsque j'appris la nouvelle de cet assassinat, je me rendis à la prison de la Roquette. J'appris que le gardien Gottmann avait été frappé au cou par un petit couteau de dix centimètres, dont la lame, ronde à l'extrémité, était fine comme une lame de poignard.

Le directeur de la prison me dit, en me montrant le malheureux gardien que l'on pansait à la pharmacie :

— L'assassin est un homme qui connaît la manière de se servir du poignard, il a frappé Gottmann pour le tuer. Son assassin a été employé autrefois à l'amphithéâtre de médecine ; il a étudié la chirurgie, il connaît la place où il faut toucher pour tuer. Heureusement que Gottmann, comme son collègue Havener, a su faire dévier la main du meurtrier.

Sur ces paroles du directeur de la prison, je concluais comme lui que le rôle de surveillant est bien dangereux. En effet, ils sont dix-neuf à la Roquette et il y a cinq cents prisonniers! Dans certains moments, ils sont tous réunis dans la même cour ; leurs gardiens ont donc tout à craindre de la vendetta de ces criminels, au nombre desquels quelques-uns, comme Joly ou Bertrand, se font gloire, pour ne pas retourner aux pénitenciers, de monter à l'échafaud.

Ainsi avait été Joly qui, en cour d'assises, portait son crêpe au bras en signe de son propre deuil ; ainsi était Bertrand, qui n'aspirait qu' « *à monter à la butte,* » disait-il.

Lorsque j'interrogeai Bertrand sur les motifs et les griefs personnels qui l'avaient excité contre son gardien, il eut bien soin de me cacher qu'il héritait de la vengeance de Joly, vengeance que celui-ci répudia, aux pieds de l'échafaud, en recommandant à la sollicitude du préfet le surveillant qu'il avait essayé de tuer.

Bertrand se renferma vis-à-vis de moi dans une réserve dont je ne fus pas dupe.

— J'ai voulu tuer Gottmann, me dit-il, parce que le *Louchon* m'en voulait. Tous les *lascars* (voleurs) à l'atelier pouvaient *turbiner* à leur gré; moi, je n'avais pas plus tôt le dos tourné à mon ouvrage pour grignoter mon *lartif* (pain) ou pour chiquer mon *saint-père* (tabac), que le louchon était sur mon dos pour m'*écoper*, j'en avais assez! Un jour, j'ai pris mon surin pour le refroidir. Après tout, comme mon ami Joly, mon rêve c'est de *monter à la butte !*

— Mais, lui répondis-je, votre couteau n'est pas celui dont on se sert d'ordinaire à la Roquette.

— Les couteaux, — me répondit ce récidiviste qui avait passé dans les prisons centrales de Melun et de Toulouse, avant de retourner à Mazas et à la Roquette, — les couteaux des prisons ne sont que des couteaux à papier, heureusement que nous en avons de rechange dans les *doubles profondes* de nos uniformes.

Bertrand, *cheval de retour*, voleur endurci, était adroit, expert, énergique et cynique.

Avant d'être abruti par les excès de l'absinthe, il avait été très intelligent. Son adresse, son esprit lucide, aidés d'une grande mémoire, en avaient fait un infirmier chef à la prison centrale de Melun.

Lorsque je lui appris que, malgré son habileté de main, Gottmann existait encore et qu'il n'était pas mort sous son coup de couteau, il me répondit avec dépit :

— Les *gaffes* (les gardiens) ont la vie dure. Ils tiennent sur leurs pattes comme des chats! Ça m'est bien égal! Si je l'ai manqué, je ne me suis pas manqué, moi, je suis sûr d'*aller à la butte*.

Aller à la butte était son rêve, comme son ami Joly, qui portait son deuil au tribunal.

Bertrand était petit, trapu, il avait le regard oblique, le front court, la lèvre inférieure saillante, c'était un vrai type de forçat. Pour compléter sa physionomie, il comparut devant ses juges, avec sa veste de bure grise, l'uniforme de la Roquette.

Lorsque le président des assises lui demande par quelle suite d'étude il était parvenu à frapper presque à coup sûr sa victime, Bertrand répond :

— On n'a pas besoin d'étude pour savoir que c'est au cou qu'il faut frapper. Nous avons là une artère qui tient à la vie. En posant son doigt ici (il fait le geste), on le sent parfaitement.

— Vous avez, dit le président, la théorie et la pratique.

— On n'a toujours, réplique l'accusé en souriant, que ce que la nature vous a donné !

Malgré son cynisme, malgré la condamnation de son camarade Joly, qui expia le même crime sur l'échafaud, Bertrand n'est condamné qu'aux travaux forcés à perpétuité.

Il salue les juges. Il préfère cet arrêt, sans doute, à celui qui l'*aurait envoyé à la butte?*

L'étrangleur de la rue Linné me fut amené au Dépôt, à peu près à l'époque où avait lieu la deuxième tentative d'assassinat sur un gardien de la Roquette ; c'était un garçon de vingt-cinq ans environ.

Fils d'un ouvrier très honorable, la débauche avait commencé par le perdre, dès qu'il était devenu orphelin ; plus tard, la guerre civile l'avait achevé.

Il avait été pris les armes à la main au moment de l'entrée des troupes de Versailles à Paris. A cette époque, il avait renoncé à son métier de fumiste, celui de son père, mort sur la brèche, mort sur les toits.

Après la Commune, il avait préféré exercer, à son ancien métier de fumiste, celui d'étrangleur, profession heureusement à peu près inconnue en France, mais très prospère à Londres.

Voici comment il avait signalé ses débuts dans sa nouvelle profession. Habitant dans la maison d'un rentier, vieillard de soixante-quatre ans, une mansarde qu'on lui avait concédé par charité, ce bandit était descendu chez ce rentier, vers le soir, à l'heure où il savait le trouver seul.

L'inculpé se nommait Bièvre, le vieillard qu'il visait se nommait Receveur.

Il sonne chez lui, muni d'un *lasso*, à un moment de la soirée où il est certain que sa femme, garde-malade, son fils, ciseleur, laissent seul M. Receveur. Il tient une lettre à la main, au moment où il est introduit chez ce rentier.

Bièvre dit à Receveur qu'il a une lettre pour lui

et il le prie d'en prendre connaissance. Le vieillard allume une bougie pour lire la lettre de Bièvre ; celui-ci saute sur lui, éteint la bougie, essaye d'une main de lui passer la corde au cou, de l'autre, de lui boucher la bouche, avant de procéder à le dévaliser!

Mais il a mal pris ses mesures, la corde a passé à côté du cou ; le vieillard a encore assez de forces pour appeler du secours ; les voisins accourent, et Bièvre ne tarde pas à être emmené par les agents de la paix.

Sur la dénonciation de M. Receveur, je fis subir à Bièvre un premier interrogatoire avant de le remettre aux mains du juge d'instruction.

Il ne tarde pas à paraître bientôt devant le tribunal, et le président lui demande :

— Bièvre, que faisiez-vous, quand on vous a pris les armes à la main à l'insurrection?

— Je sortais de chez moi, répond-il, pour voir passer les troupes. Elles m'ont empoigné comme tant d'autres citoyens inoffensifs.

Le président passe sur ce détail et arrive à son crime.

D. — Qu'alliez-vous faire chez Receveur?

R. — J'allais lui demander de l'argent.

D. — Avec une corde! Où avez-vous pris cette corde ?

R. — Je l'ai trouvée. Après tout, je n'avais qu'un but : lui demander de l'argent, je ne savais comment m'y prendre.

D. — Vous saviez très bien vous y prendre. Et

vous aviez, au contraire, plus d'une corde à votre arc. Vous aviez aussi une lettre ; vous dites, en montrant cette lettre à Receveur, et en cachant votre corde, qu'il y a une réponse. Receveur prend une allumette. La nuit tombant, il allume une bougie et va pour lire. Vous soufflez la lumière et vous jetez la corde au cou du vieillard. Par bonheur, il crie au moment où vous prenez mal vos mesures ; alors vous lui mettez la main sur la bouche.

R. — Il a eu peur ! La peur voit mal. Du reste, nous avions peur tous deux. Il est tombé sur moi comme je suis tombé sur lui !

D. — Et c'était probablement *pour vous défendre*, n'est-ce pas, que vous aviez une corde à nœud coulant à la main ?

R. — Non, c'était pour l'effrayer.

D. — Alors, ce n'était donc pas vous qui étiez effrayé ?

Le président s'arrête, dès qu'il a pressé Bièvre par la causticité de ses arguments ; puis à l'interrogatoire des témoins, la concierge de l'étrangleur et de Receveur vient dire :

« Bièvre ne travaillait jamais et on le logeait pour rien. Il m'a volé ma tirelire.

« Il recevait un petit jeune homme qui venait le voir le soir. Il avait en sa possession des bagues, des croix et des bijoux. »

Après l'audition des témoins, l'étrangleur de la rue Linné est condamné à vingt ans de travaux forcés et à dix ans de surveillance de la haute police.

Dans la même semaine où l'étrangleur essayait d'attenter à la vie du principal locataire de sa maison, le quartier si populeux du Petit-Carreau était en émoi. Un homme s'élançait d'un fiacre armé d'un revolver. Il tirait un premier coup sur une jeune femme causant avec un homme placé à côté d'elle, sur l'étroit trottoir de ce quartier. La femme était atteinte au visage par ce furieux. Il déchargeait ensuite cinq coups de revolver sur l'homme qui s'enfuyait à toutes jambes.

Le bruit des six détonations causées par l'homme sorti du fiacre fit bien vite amasser, dans ce quartier, une foule énorme et compacte. Des agents accoururent à ce tumulte provoqué par ces explosions ; ils mirent la main au collet de l'individu armé encore de son revolver.

C'était un personnage de trente ans environ, brun, à la figure longue, osseuse, au teint verdâtre ; ses yeux creux lui donnaient une expression farouche ; c'était un vrai type de meurtrier.

Pendant que deux agents l'empoignaient, deux autres accouraient vers la femme au visage ensanglanté. La foule la protégeait déjà pour qu'elle ne tombât pas sur le trottoir.

Lorsque ces agents, suivis d'une masse houleuse et terrifiée, transportaient la malheureuse blessée chez le pharmacien le plus voisin, on arrêtait, rue Montorgueil, le troisième personnage. C'était un tout jeune homme, blessé, comme Achille, au talon.

J'appris, par l'enquête qui me revint du commissariat du quartier, que les trois personnages de ce drame dont la scène finale avait eu lieu dans la rue Montorgueil, étaient les héros d'un commerce trop intime. Leurs passions sans frein les avaient fait sortir des gonds pour se mitrailler dans la rue ; bref, ces trois personnages, c'étaient le mari, la femme et l'amant.

Voici leur histoire, telle qu'elle se déroula dans l'instruction.

Le mari, l'homme âgé de trente ans, était un nommé Servet ; il était papetier et originaire de Lyon. Il avait rencontré, pour son malheur, dans une auberge de Roanne, une jeune fille d'une rare beauté. Elle passait pour la fille de l'aubergiste. Il en était devenu amoureux et il l'avait demandée en mariage ; la jeune fille avait alors dix-sept ans.

L'aubergiste fut enchanté, vu la vie trop précoce de son enfant et les dangers que lui préparait sa coquetterie, de la confier à un homme sérieux. Celui-ci ne pouvait, en effet, que maîtriser, par son amour comme par respect pour lui-même, les penchants de cette jeune fille, trop portée à la légèreté et à l'amour du changement.

Du reste, cette enfant n'était pour l'aubergiste qu'une fille adoptive ; elle avait été recueillie par charité, aux enfants assistés.

En raison de la légèreté de cette coquette, sa mère d'adoption n'était pas fâchée de s'en débarrasser.

Le mari, une fois en possession de sa femme, commença à éprouver les mêmes ennuis.

Un an après le mariage, qui eut lieu en 1866, Mme Servet remarqua à Lyon, dans la boutique de papeterie qu'elle tenait avec son mari, un nommé Chatelan. Un jour elle quitta la maison, elle partit à Paris avec son amant. Servet la suivit. Il dénicha les deux amants.

Pour cette fois, il se contenta de jeter à la porte Chatelan ; il fit revenir sa femme à Roanne, chez sa mère, pour méditer sur sa coupable conduite, et pour oublier son passé en famille et surtout le séduisant Chatelan qui lui avait fait faire son premier faux pas !

Renvoyer une femme jeune, coquette, dans un milieu plein de commis voyageurs, c'était renvoyer la pécheresse à son paradis... perdu.

N'était-ce pas pour la sauver d'elle-même que sa mère adoptive l'avait sortie de son auberge? En effet, à Roanne, Mme Servet oublia bien Chatelan, mais pour en aimer un autre, le jeune Bragas.

C'était ce jeune homme atteint plus tard au talon par le coup de revolver vengeant le mari outragé, quand sa femme, à la même heure, tombait frappée au cou, par la balle de son Othello.

D'abord, comme tous les maris, Servet, en envoyant sa femme se purifier au logis maternel, avait tout pardonné. Il ne sut pas que sa coupable moitié n'était revenue dans le giron de la famille que pour se donner le prétexte d'en sortir encore en devenant plus adultère que jamais.

Lorsque la femme fut rappelée par son mari, son mari la reçut à bras ouverts comme une femme sanctifiée par le repentir. Il ne se douta pas qu'elle traînait à son char le jeune Bragas, âgé de vingt-deux ans, commis papetier, qui, de son côté, ne

pouvait plus vivre sans Mme Servet. Il la suivit de
Roanne à Paris.

Ce fut ce qui le perdit.

Le mari avait tout pardonné à sa femme parce
qu'il avait, depuis le premier coup de canif féminin
donné au contrat, à se faire aussi beaucoup pardonner ; il n'entra dans une nouvelle fureur contre
sa femme que lorsqu'il fut averti d'une seconde ca-
tastrophe par une demoiselle Richard.

Cette demoiselle n'avait pas des mœurs plus sévères que Mme Servet, l'épouse de celui dont elle
était la maîtresse. La Richard, en se faisant traî-
treusement l'intermédiaire des amants de sa rivale,
n'avait qu'un but : trahir Mme Servet pour mieux
s'accaparer son mari !

Si l'époux, en raison du droit du plus fort et du
droit romain, trompait sa femme, il ne voulait plus
que sa femme le trompât. Il voulait bien, incidem-
ment, lui donner une remplaçante en Mlle Richard,
lorsque Mme Servet faisait sa pénitence en province ;
il n'entendait pas que son épouse recommençât à le
tromper par un second Chatelan dans la personne du
jeune Bragas !

Voici pourquoi Servet, averti par une perfide confidente, attendit, un jour, sa femme donnant quoti-
diennement des rendez-vous au jeune Bragas, rue
des Petits-Carreaux.

Il savait l'heure exacte des rendez-vous des coupables par les lettres que la Richard recevait des
mains de Bragas, car, ces lettres, la Richard les
remettait d'abord au mari avant de les donner à sa
femme.

Donc Servet put infailliblement surprendre les deux amants sur le trottoir, en conversations... galantes.

On sait ce qu'il advint de ces manèges trahis par une rivale intéressée.

A la suite de ce scandale, un procès criminel s'engagea. Durant l'instruction, Mme Servet fut envoyée à la prison de Saint-Lazare ; Bragas alla expier son amour dans une prison préventive.

J'eus l'occasion, avant le jugement, d'interroger ces deux *intéressants amants* frappés par les balles du mari, avant d'être sous le coup du verdict de la loi.

Je découvris en Bragas un candide qui n'avait du vainqueur d'Hector que sa blessure au talon.

Quant à Mme Servet, je vis une femme d'une rare beauté et d'un humeur implacable ; elle se pardonnait ses fautes, mais elle ne passait pas pour cela l'éponge sur la vengeance de son mari, ni sur les trahisons de sa rivale, Mlle Richard.

— Je me vengerai, me dit-elle, en faisant connaître, à l'audience, les mœurs de mon époux bien moins recommandable que moi.

— S'il n'avait plus mon amour, ajouta-t-elle, depuis la maladie honteuse qu'il m'a donnée, par son commerce infâme avec des filles, il avait du moins encore mon intelligence ! Il m'a frappée, il a failli me tuer ; il m'a flétrie. Eh bien ! je le ruinerai en lui faisant concurrence avec Bragas !

Elle tint parole. Une fois arrivée à l'audience, elle chargea si bien son époux, elle la première coupable, que ce fut son mari, ayant tenté de l'assassiner avec son amant, qui fut en définitive le mari battu.

Servet fut condamné à 500 francs de dommages et intérêts et aux frais du procès. Ces 500 francs servirent à la belle Mᵐᵉ Servet pour acheter un fonds de papeterie. Elle tint en secret avec le jeune Bragas ce nouvel établissement pour faire concurrence au mari trompé!... et battu.

Décidément cette femme-là aimait trop la... papeterie!

CHAPITRE VIII

BOUGES ET BRASSERIES

Les brasseries datent de l'empire. Elles ont été créées dans les grands centres parisiens par les Allemands pour mieux nous surveiller. J'ai parlé, à propos de ces *offices* d'espionnage, des ravages qu'ils ont causés dans le monde interlope. L'histoire des deux sœurs de l'hôtellerie Poissonnière et l'histoire de l'amant de Mme C***, tué par représailles par Mme X***, sont là pour attester la vérité de ce que j'affirme.

Aujourd'hui que tout se démocratise, jusqu'au vice, les brasseries, dans nos quartiers les plus élégants, sont en train de faire place aux cafés.

Les brasseries, réduites à leur simple expression, deviendront ce qu'ont été les bouges en tous les temps ; bientôt la fange dorée ne sera plus que... de la fange !

Lorsque je m'aperçus que, dans les quartiers les

plus importants de Paris, le célèbre Cambrinus éle-
vait son verre, à califourchon sur un tonneau, aux
enseignes des brasseries allemandes, je m'empressai
de faire dresser autel contre autel, comptoir contre
comptoir.

Chaque brasserie, dont le patron ne demandait
pas mieux que d'être le titulaire de la police au
profit de mon administration et de sa clientèle,
jouissait par moi de toutes les prérogatives acquises
à son établissement.

La fin de l'empire ressentait de plus en plus le
besoin de ces soupapes créées pour le plaisir et uti-
lisées par la politique.

Lorsque la guerre survint, les Prussiens, dans
les banlieues où ils avaient improvisé les premiers
des brasseries allemandes, surent où se retrouver et
se reconnaître.

Lorsque la Commune éclata, je connaissais, de
mon côté, où il fallait renseigner mon préfet Valentin sur les menées communardes, aux brasseries du quartier latin, où Raoul Rigault, Ferré,
Duval donnaient rendez-vous à leur mystérieux
état-major, par d'élégantes vivandières, anciennes
carabines débitant des chopes payées par la muni-
cipalité.

Les brasseries parisiennes ont le même aspect, la
même physionomie; la consommation n'y varie pas:
bock et choucroute.

Sur la rive droite, au boulevard Poissonnière,
sur la rive gauche, au boulevard Saint-Michel,
Saint-Mich pour les étudiants, *Mich* pour les
libres penseurs, l'administration féminine est aussi

la même : c'est un escadron volant de jeunes filles achetant tant de jetons par soirée aux patrons qu'ils payent sur la consommation.

Pour la plupart, ces filles sortent des faubourgs, préférant à la gêne, que donne le travail quotidien, le luxe éphémère procuré par la prostitution indépendante.

Autrefois, ces servantes des brasseries qui *payent* leurs patrons et qui en changent autant que d'amant, se travestissaient sous des costumes empruntés à tous les pays ; il y avait des Écossaises boulevard Saint-Michel, des Transtévérines, rue Monsieur-le-Prince, des Espagnoles au café Médicis. L'autorité y a mis bon ordre en les forçant à se remettre en costume de ville ; elles n'en sont que plus décolletées.

Pour les initiés, qui préfèrent la femme et l'absinthe au bock, ces brasseries ont un agréable soussol. Là on boit en musique, souvent la mélodie d'un piano accompagne un attrayant spectacle donné par les déesses du lieu, renouvelé des tableaux vivants.

En 1871, il y avait à Saint-Denis un établissement de ce genre. Il fit fortune tant que dura l'occupation prussienne. Les soldats allemands y faisaient queue. Dans cette brasserie, implantée à dessein par les envahisseurs, ce n'était qu'une procession de casqu es à pointe. Il y avait au fond du jardin une estrade où les filles de l'établissement apparaissaient dans les poses classiques des déesses de l'Olympe.

Les voisins étaient si scandalisés du spectacle gratuit de ces nudités, que, pour ne pas en être offusqués, ils étaient obligés de boucher les fenêtres.

Après l'évacuation du territoire, le maître de la brasserie de Saint-Denis eut à répondre, devant le tribunal correctionnel, de ses complaisances pornographiques et antipatriotiques. Il fut constaté, à l'audience, que ce misérable remplissait trop consciencieusement son rôle de proxénète. Toutes les filles qu'il avait enrégimentées dans sa légion de Cythère avaient moins de vingt ans. En dehors de son établissement, il conduisait ces mineures chez des vieillards dont elles satisfaisaient les passions séniles !

On comptait, parmi ces éhontées, la fille *Oranger*, un nom prédestiné. Cette fille, la maîtresse du patron, remplissait, avec un nommé *Flore*, le rôle d'Hébé. Au milieu des officiers allemands ces jeunes brasseuses fraternisaient la coupe de champagne à la main.

Un autre établissement qui, sur la fin de l'empire, devint célèbre, ce fut le *Rat-Mort*, la brasserie de la rue Pigale ; il était tenu par une jeune blonde, dont le charme plastique rivalisait avec la candeur des traits d'une beauté académique.

Avant d'être dame de comptoir, elle avait été modèle. Elle n'oubliait pas son premier métier pour un peintre du quartier, son amant. En 1869, lorsque le *Rat-Mort* devint brasserie politique, la dame de comptoir ne posait plus que pour l'art.

La maîtresse du *Rat-Mort* se nommait Philomèle ; son amant, depuis quatre ans, avait trouvé le moyen de prouver à son propriétaire qu'il n'y avait au monde qu'un art capable de rivaliser avec celui de la peinture, l'art de ne pas payer ses termes.

Pour le cultiver avec fruit, il s'était mis en collaboration avec sa maîtresse Philomèle. Par une ruse machiavélique de son peintre, la dame était parvenue à se faire meubler un petit appartement dans un des immeubles du rival de son peintre adoré.

Le céladon ne sut que plus tard que ce rival insolvable pataugeait dans toutes ses propriétés.

Le propriétaire entre donc, un jour du terme, dans l'atelier du peintre et il lui tient ce langage :

— Voilà trop longtemps que vous abusez de ma faiblesse.

— N'appelez pas faiblesse, répond le rapin, le plus noble désintéressement.

— Voici quatre ans que je vous loge pour rien.

— Comme le temps passe !

— A qui le dites-vous ? Il faut mettre un terme aux vôtres que vous ne payez pas.

— Oh ! s'écrie le peintre d'un air d'effroi, mon propriétaire qui fait des mots ! C'est affreux, je vais me plaindre à mon marchand de tableaux.

Et le peintre quitte le richard en lui jetant au nez sa quittance de loyer. Celui-ci se venge par ordre d'expulsion et par exploit d'huissier. Mais le lendemain, que retrouve-t-il dans les meubles de sa chère Philomèle ? Encore son peintre qui le reçoit en robe de chambre dans un domicile dont il est double propriétaire.

Le vieux céladon est mystifié par son locataire, mystifié par Philomèle, sa complice. La dame en rit aux éclats, et elle montre à son entreteneur jusqu'où peut s'étendre la vengeance d'un peintre préféré.

Prévoyant que l'irascible bourgeois ne pardonnerait ni à la maîtresse ni à l'amant ce tour pendable, l'artiste, de son côté, a peint en fresque, dans toutes les pièces, jusque dans l'alcôve, le vieux céladon représenté en Cupidon, perçant de flèches le cœur de sa maîtresse, cœur en forme de sac d'écus !

— Voilà pourquoi, s'écrie le rapin indigné, je ne vous ai pas payé mes termes, homme immoral, pour que le fruit de mon génie n'aille pas augmenter le nombre de vos débordements !

Cette anecdote s'oublia au *Rat-Mort* avec la retraite de ses derniers bohèmes. Ils ne le fréquentèrent plus, quand le bohème Champfleury, à la recherche d'une position sociale, quitta son quartier, la rue Neuve-Pigale d'en face, pour porter sa faïence à la manufacture de Sèvres, dont il est devenu le conservateur et l'artiste... bourgeois.

En ce temps-là, le *Rat-Mort*, présidé par sa belle blonde, était la première étape des artistes et des écrivains noctambules. Ils descendaient, dès cinq heures du soir, des hauteurs de Montmartre au Madrid et au Suède. Les plus beaux types des passagers du *Rat-Mort* étaient deux personnages bien connus : l'un, à la barbe rouge et jaune, l'autre, à la barbe noire et grise. Le premier, avec sa tête de ligueur, s'appelait Fernand Desnoyers ; le second, avec sa tête de perroquet noir, aux cheveux en broussailles, avec son invariable cravate blanche, son brûle-gueule plus noir que sa face de démon, s'appelait Pelloquet.

A cinq heures du soir ces bohèmes étaient au *Rat mort*, à sept heures au *Suède*, à huit heures au café *Mazarin* de la rue Dauphine.

Desnoyers soupait au *Mazarin*, en compagnie de soupeuses, vieilles gardes du quartier latin, dont l'éditeur Pick de l'Isère se faisait le Mécène et l'amphitryon. Quant à Pelloquet, il s'arrêtait volontiers, vers sept heures du soir, chez Brébant, où l'attendaient des filles plus jeunes, brunes et blondes, Hébés faciles de ce Jupiter des hétaires !

Durant longtemps, deux inspecteurs postés au *Rat-Mort*, l'un artiste, grand prix de Rome sans travaux, l'autre journaliste sans journaux, filèrent Desnoyers, l'homme à la barbe rouge, et Pelloquet, l'homme à la barbe noire. Ils crurent tenir deux conspirateurs ! Ils purent se convaincre de leur erreur, en s'apercevant que ces bohèmes ne conspiraient que contre les bourgeois pour y chercher à dîner.

Bien autrement sérieux étaient les bohèmes politiques. A cette époque ils avaient fait irruption au café de *Madrid*, dans les brasseries de la rue Montmartre. Ces cafés et brasseries se peuplaient de plus en plus d'avocats et de journalistes !

Eux aussi avaient la cravate blanche, mais ils n'avaient plus Mariette, Nini, ou Margot ! Plus de brûle-gueule, plus de chapeaux mous ! Ils ne conspiraient plus contre les bourgeois, ils aspiraient au contraire à le devenir.

Sentant la fin prochaine de l'empire, ces journalistes, ces avocats dédaignaient la bohème littéraire.

Ils s'attablaient à *Madrid*, au *Suède*, à tous les

cafés Montmartre, pour tirer les cartes à l'avenir;
ils se mettaient dans la peau de Baudin, un martyr
oublié, uniquement pour bénéficier d'un héritage
que la révolution, inévitable, allait léguer aux plus
habiles, après la chute de l'empire!

Le boulevard Montmartre était le rendez-vous
de la vieille garde républicaine de 1848, renforcée
de jeunes recrues de 1860, venues de Cahors, du
café de l'Odéon, pour sauter, dans les grandes occa-
sions, jusqu'aux cafés du boulevard Montmartre,
siège des émeutes pour rire appelées à préparer le
4 septembre.

Là, comme je l'ai déjà dit, la préfecture faisait
concurrence aux directeurs de journaux de l'opposition; elle y envoyait des figures aussi étrangères
que celles des anciens clients du *Madrid* et du
Suède. Elles avaient pour mission de ne pas les
perdre de vue, depuis que la dernière bohème littéraire de Carjat avait fait place à la bohème politique de Ranc.

Les délégués de M. Lagrange, les amis de Victor
Noir ont plus contribué que le boutiquier indigène
et le passant exotique, à détruire la physionomie de
l'ancien boulevard Montmartre et de ses cafés. Plus
loin, aux boulevards Poissonnière et Saint-Denis, les
brasseries allemandes, centre d'espionnage d'outre-
Rhin, s'élevaient où s'était joué le premier acte de
l'Empire, et où devait se jouer son dernier acte en
1870. Ces brasseries du Nord vulgarisaient la bière
et la choucroute, pour assister plus sûrement à l'effondrement de l'empire.

Elles avaient pour inspecteurs des commis de

Bismark, autrement intelligents, autrement sûrs que les inspecteurs de mon préfet !

Aujourd'hui ces brasseries sont plus prospères, plus nombreuses que sous l'empire.

Ont-elles les mêmes hôtes mystérieux qu'autrefois? Je l'ignore, je tiens à l'ignorer depuis que je suis à la retraite.

Le personnel féminin qui dessert les sous-sols de ces brasseries, depuis la place de la République jusqu'au boulevard Poissonnière, est la fleur du panier des brasseuses et embrasseuses du boulevard !

De minuit à une heure du matin, des équipages s'arrêtent à la porte de ces brasseries. Ils y font descendre des élégants venus du quartier de l'Opéra pour admirer des beautés dont les charmes ne sont un mystère que pour les profanes.

On cite dans les brasseries du boulevard, *Tata et Lola*, Tata, une blonde d'un galbe olympien, digne de rivaliser avec la Vénus de Milo ; Lola, une Vénus noire, dont les sombres et reluisants contours n'ont rien à envier aux formes d'ivoire de Tata ! Toutes les deux, au sous-sol de ces brasseries, sur le tapis vert d'un billard qui sert de socle à leurs beautés, se montrent de minuit à une heure du matin, aux yeux de la galerie, comme les trois Grâces du mont Ida, en face du berger Pâris.

Pour ces nouvelles filles d'Anadyomènes sorties du ruisseau... les pièces d'or roulent sur le tapis, le champagne déborde des coupes.

La discorde vient parfois se mêler à ce tournois de la beauté. Alors les bergers de la Vénus noire en viennent aux mains avec les adorateurs de la

Vénus blonde. Une nuit, il y eut mort d'homme à ce sous-sol ; la police faillit faire fermer ce Paphos clandestin qui n'est connu que des noctambules.

Chose étrange, ces brasseuses, ces Ganymèdes du bock, ces déesses de la choucroute n'ont pas assez du culte des consommateurs.

La plupart, après leurs soirées, une fois leurs jetons payés, vont boire, compter leurs recettes, finir leurs nuits aux bouges des Halles.

Les unes trouvent là un nouveau délai pour leur honteuse industrie ; les autres y vont retrouver leurs souteneurs attendant le prix de leurs soirées.

Les bouges ou cabarets des Halles, ouverts la nuit dans une bonne intention, profitent moins aux travailleurs chargés d'approvisionner ce temple de Gargantua, qui s'appelle les Halles, qu'aux filles abandonnant leurs brasseries pour compter aux Halles avec leurs souteneurs !

Il faut les voir, ces bouges, de deux à trois heures du matin, éclairés par des quinquets aux lumières tremblotantes ; ils ressemblent à ces immenses tavernes du peintre Téniers. Entre les rayons et les ombres qui se profilent à grands traits sur des tables sans fin, on voit surgir des types ignobles, coiffés de casquettes à trois ponts, accouplés de femmes plâtrées et fardées. Les toilettes riches et tapageuses de ces dames jurent avec la longue blouse de ces messieurs. Hommes et femmes s'alignent en file sur des tables chargées de bocks et de choucroute, à côté de leurs porte-monnaie.

Alors les Alphonses règlent leurs comptes avec leurs marmites, filles ou brasseuses des deux rives.

Toutes sont là pour finir leur nuit avec de nouveaux consommateurs, sous les yeux des Alphonses, surveillants attentifs et scrupuleux de leur odieux commerce.

Ces nouveaux Paul Niquet pullulent aux Halles.

Le plus fameux de ces bouges s'appelle le *Caveau;* comme au boulevard, la brasserie la plus célèbre s'appelle la *Vacherie*. Les bouges des Halles sont déserts le jour, encombrés la nuit, mais encombrés de quel monde? La police n'a qu'à venir pour l'inviter à passer au Dépôt.

En arrivant à la rive gauche, je n'entreprendrai pas de faire la nomenclature de ses nombreuses brasseries. Son personnel féminin et flottant désigne ainsi le vaste théâtre de ses exploits : le *vieux quartier*, et le *quartier neuf*. Le quartier neuf, c'est le boulevard Saint-Michel, le boulevard *Mich*; le vieux quartier comprend l'ancien quartier latin jusqu'à la rue de Seine.

Au quartier latin, l'absinthe s'appelle une *purée*, l'eau-de-vie un *pétrole*, le bock un *cercueil*, le bitter un *pape*. Ces aimables qualifications ont été trouvées par l'initiateur du comité de salut public, Raoul Rigault. Sous la fin de l'empire, Rigault s'étant amouraché d'une Strasbourgeoise, servante chez un de ses coreligionnaires politiques, il en avait fait, en 1870, une maîtresse brasseuse. Il établit cette Strasbourgeoise à la brasserie de la *Marmite*, rue Saint-Séverin. Elle ne connaissait, avant d'être la patronne de la Marmite, que deux mots de français : Marseillaise et choucroute ! Sous la Commune, elle devint la mère des vivandières, mais ne fournit pas gratis ses bocks à leurs légions, la Commune se chargea de liquider les prix de leurs libations.

Les brasseries les plus en renom, sur la rive gauche, s'appellent les *Écossaises*, le *Picrate*, le *Cujas*, le *Rabelais*, le *Murger*, le *Médicis*, le *Cochon malade*, le *Bock sacré*, la *Puce*, l'*Araignée*, la *Source*, le *Rocher*, etc., etc.

Sous la fin de l'empire, la *Source* et le *Rocher* étaient devenus des endroits de réunion pour les *ligueurs de la paix*. Mes inspecteurs eurent fort à faire, en 1870, pour avoir raison des manifestants qui sortirent en légions de ces brasseries, en criant: *Vive la paix*. Ces protestants partirent, à cette époque, du boulevard Saint-Michel pour se perdre au boulevard Saint-Denis où ils furent dispersés par la police.

Le *Picrate* est la renommée de l'absinthe. Il doit son nom autant à la liqueur qui foudroie, qu'au produit chimique du magasin voisin qui fit sauter son propriétaire.

Le *Bock sacré* était autrefois une brasserie qui se tenait au fond d'une cour, près de la place Saint-Michel, dans la maison de la Salamandre, l'ancien palais d'une des maîtresses de François Ier!

C'était à *la Salamandre* ou au *sacré Bock* que se tenaient les inspecteurs masqués de la Commune. Là on mettait le feu sous le ventre aux anciens membres du *Comité central*.

Vermorel y était traité de *bourgeois*, Rochefort, de *réac*. On y envoyait des articles au *Père Duchesne*. On y organisait la compagnie des *fuséens* et des pompiers *incendiaires*. On avisait *chimique-*

ment au moyen de faire sauter Paris entre deux bocks, dans des nuages de fumée, exhalés de nombreux *brûle-gueule* qui parfumaient le boudoir de la duchesse d'Etampes !

Cette taverne était tenue, avant et après la Commune, par deux citoyennes buvant leur quarante bocks par soirée.

C'est du fond de cette brasserie, derrière un comptoir, flanqué de tonneaux, protégé par quelques tables de bois brun, que surgit l'organisation du comité de salut public. Elle sortit de derrière les tonneaux avant de s'implanter et de régner à l'Hôtel de Ville. Elle sortit de l'absinthe pour faire flamber le pétrole.

Le Bock sacré, qui tint ses assises dans l'alcôve de François Ier et qui eut l'honneur de recevoir les représentants les plus redoutés du peuple souverain, le Bock sacré s'appelait donc pour les familiers du lieu : le *Sacré bock*.

Le *Cochon malade* n'existe plus. Il est mort comme le Bock sacré, mais pour ressusciter plus loin. Il rappelle une légende florianesque que se racontent encore depuis 1860 les anciens habitués du quartier.

Parmi les nombreux soupirants de la demoiselle de comptoir de ce temps-là, belle comme Joconde ou Roxelane, on en comptait un d'une espèce qui ne rappelle l'homme que par l'anatomie horizontale, c'était un porc.

Le charcutier voisin l'avait pris en affection, et au lieu de le détailler, mort, à sa devanture, il en avait fait de son vivant un animal familier. Le porc avait profité de la vie, de la liberté pour aller flairer aux vitres de la brasserie d'à côté. Tout comme un bipède, l'intelligent animal, en voyant à son comptoir trôner la belle brasseuse, s'était pris à soupirer ou à renifler pour elle. Un jour, la belle blonde partit, enlevée par un carabin. Le cochon, habitué à venir gambader autour de son comptoir, pour un morceau de sucre, prit tant de chagrin de son absence qu'il tomba malade et en mourut. Voilà la légende du Cochon malade ; elle se raconta dans la brasserie qui lui succéda, où sont passés les types les plus célèbres du quartier latin, Courbet et Timothée Trimm.

Aujourd'hui , le *Cochon malade* s'appelle la *brasserie Murger*.

Antrefois, comme je l'ai dit, à la brasserie du quai Saint-Michel, à la brasserie Médicis , les femmes s'habillaient soit en Transtévérines, soit en Andalouses, soit en Ecossaises. Aujourd'hui, la police les a rendues à leur costume national; tout au plus leur permet-on , par patriotisme, le costume alsacien, elles en abusent.

Ces brasseries, lorsqu'elles ne sont pas servies, vu leur exiguïté, par une Alsacienne solitaire, rappellent l'intérieur des brasseries des *Écossaises*, sur la rive gauche et l'intérieur de la *Vacherie*, sur la rive droite. Ces brasseries ont toutes un sous-sol, où les mystères dévoilés de la galanterie feraient rougir un carabinier. Là, on boit, on chante, on se réjouit de toutes les façons, à travers un nuage opaque de tabac qui voile toutes les déesses. Seraient-elles laides à faire peur, qu'à travers le prisme de la liqueur verte elles passeraient encore pour des Vénus. Dès que chaque brasseuse se fait embrasser de confiance par le consommateur pour pousser à la consommation, le consommateur n'a pas le droit d'être bien exigeant. Après tout, un jeton qui fournit et le bock et la femme, c'est pour rien !

Deux établissements sortent du cadre ordinaire des brasseries, avec tonneaux au fond, table de chêne, bocks à anse, servantes coiffées d'un nœud gigantesque ; c'est l'antique café-concert du théâtre Cluny, où une grosse dame joue des castagnettes ; c'est la brasserie de la rue Soufflot, ornée de peintures représentant la *sortie du bal Bullier* ; ici, l'intérieur change encore : des femmes en jupons courts se haussent sur leurs talons pour décrocher des bocks pendus aux branches d'un immense arbre de Noël.

La police, ainsi que je l'ai exposé au début de ce chapitre, a les yeux ouverts sur ces nombreuses brasseries. Elle n'a pas besoin d'agir en dehors du vilain monde qu'elle tolère ; plus d'un chef de ces établissements appartient à la police des mœurs.

Ces légions de brasseuses, sous les ordres de ces patrons du vice, sont, à leur insu, tout aussi surveillées que les filles en carte. Leurs cartes à elles ce sont *leurs jetons*, voilà la différence.

Comment finissent ces femmes qui, pour la plupart, ne sont sorties des ateliers parisiens que pour aller grossir l'état-major de la prostitution ?

Lorsqu'elles sont trop connues dans les brasseries parisiennes, leurs patrons les expédient en province,—car la brasserie a gagné la province,—et, dans l'intérêt des mœurs; ces établissements se centralisent dans les grandes villes en restant les succursales de Paris. De la sorte, la police a leurs bataillons féminins sous la main.

Malheur à l'âme simple et candide qui croit au retour de ces brasseuses qui, toutes, pour la plupart, n'ont cédé qu'à l'entraînement du vice, aux excitations de la coquetterie pour tomber dans ce bourbier; elle sera dupe de sa générosité ou de son bon cœur.

Ces anges déchus, qui ont coupé leurs ailes, ne peuvent pas plus les retrouver que le paradis qu'ils ont perdu ! Si un cœur généreux essaye de faire repousser leurs ailes dans un milieu honnête et sain, elles ne repousseront que pour faire reprendre à ces anges déchus la direction du bourbier et de la pourriture qui les attire.

Il y avait autrefois, parmi les brasseuses, une nommée Espérance; elle avait un minois gracieux et purpurin, une bouche vermeille, de grands yeux bleus, plus grands que la bouche. Fraîches et roses comme un pastel, ses joues avaient le satin de la pêche. Ses beaux cheveux avaient des effluves qui brillaient comme la rosée du printemps. On avait peur de la toucher, elle était suave et frêle comme une églantine! Espérance était bien dénommée.

Chaque fois qu'un homme délicat et sensé apercevait Espérance dans cet enfer pavé d'obscénités, plombé par le tabac, empesté par une atmosphère d'eau-de-vie et d'absinthe, aussitôt les délicats offraient à Espérance le moyen de sortir de cette tabagie.

Espérance ne repoussait pas ses offres. Aussitôt, elle se faisait mettre dans ses meubles par son sauveur! Au premier terme, elle déménageait sans rien dire à son protecteur; elle confiait ses meubles, toujours achetés en son nom, au garde-meuble privé! Elle allait se remettre en garni, puis s'envolait dans une nouvelle légion de filles à jetons, dans une brasserie où elle savait ne pouvoir rencontrer son premier sauveur.

Une fois rentrée dans sa fange, elle y repêchait un nouveau sauveur. Elle acquérait un second mobilier qui retournait encore une fois au garde-meuble privé! Elle volait à une nouvelle brasserie pour retrouver encore sa providence, la providence des ébénistes!

Aujourd'hui, cette brasseuse pratique, devenue vieille, est marchande de meubles à la rue de Cléry.

Toutes ne finissent pas aussi heureusement; j'ai parlé autrefois de la *Giberne*, cette ancienne maîtresse de Murger finit sa vie avec un étudiant déclassé, en tombant ivres-morts, tous deux, dans le ruisseau de la rue des Anglais.

La plupart finissent ainsi; sorties du ruisseau, elles y rentrent pour y râler entre leurs derniers verres d'absinthe!

Un jour, un brave gardien de la paix s'émut de compassion pour une femme de brasserie. Il l'en tira, l'épousa, mal lui en prit.

Une fois mariée, pendant que son mari faisait son service de nuit, son épouse retournait à la brasserie pour y exercer son premier métier, et y racoler de nouvelles pratiques.

Le gardien de la paix ne tarda pas à apprendre la conduite de sa femme. Un jour qu'il était de service, il l'épia. Il la vit sortir avec un cocher d'une brasserie des Batignolles.

Usant de son droit... de mari, il se rendit au domicile du cocher, il le surprit avec sa femme, il le menaça de le tuer avec son revolver. Le cocher se défendit comme un beau diable, en sautant à la gorge du gardien de la paix.

Le malheureux mari, trompé... et battu, porta plainte à la justice. Le cocher dit pour sa défense, en montrant le gardien de la paix :

— Monsieur voulait me tuer.

— Parce que, répondit le gardien de la paix, monsieur m'a sauté à la gorge comme un léopard !

— Tout cela ne serait pas arrivé, ajoutait le cocher, si son épouse n'avait pas voltigé autour de moi, en roucoulant dans un café où l'on ne rencontre d'ordinaire ni des rosières, ni des femmes mariées !

Ordinairement les femmes mariées qui font partie du bataillon des femmes de brasserie ne sont que des... démariées !

Et dire aujourd'hui que les brasseries, surtout aux abords du boulevard Saint-Michel, sont devenues le rendez-vous des collégiens ! Qu'est-ce que cette jeunesse-là peut donner à l'avenir ?

CHAPITRE IX

Après les filles à jetons, après les brasseuses, chères aux collégiens et aux libertins endurcis, je ne compléterais pas cet examen si je ne parlais des mineures exploitées par d'infâmes créatures, au compte des vieillards succombant dans l'impénitence finale.

Que le lecteur se rassure; je ne franchirai pas, en abordant ce sujet scabreux, les huis clos correctionnels et criminels, derrière lesquels s'abritent les juges pour punir des crimes engendrés, d'une part, par la cupidité, de l'autre, par les passions séniles.

Je ne m'étendrai pas sur les faits pathologiques et trop répugnants qui accusent le délit qualifié de *détournement de mineures*; je ne parlerai que de ses conséquences, au point de vue anecdotique.

Je ne serai ici que l'historien intime de l'existence surmenée et multiple de la grande cité, dont j'ai eu si longtemps la surveillance pour en être la sauve-garde, quand mes supérieurs en devenaient la ré-pression.

Les mineures émancipées par le vice se recon-naissent à tous les degrés de l'échelle sociale par la même physionomie. Elles ont le visage amaigri, les yeux clairs et vagues, un teint de cire sans trans-parence et les traits vieillis. Ni femme, ni enfant, elles marchent ou plutôt vacillent; en se balançant comme des roseaux battus par l'orage.

On les retrouve ainsi sous les lambris en carton doré du théâtre, comme dans les mansardes des casernes du travail, rats des corps de ballet ou ap-prenties des faubourgs, martyres de satyres en habit noir ou de satyres en blouse.

Partout où la promiscuité des sexes défie la mo-rale et irrite les désirs, les détournements de mi-neures se produisent en accusant les mêmes ravages.

Autrefois, ces ravages n'existaient que dans les coulisses des grands théâtres où l'impureté avait ses privilèges et ses droits d'asile ; maintenant ils se rencontrent dans tous les ateliers d'ouvriers où hommes et femmes vivent côte à côte, en compa-gnie d'apprentis des deux sexes.

L'atelier, comme le théâtre, est devenu l'école permanente du libertinage, qui donne aux généra-tions futures la stérilité, l'hystérie et... la mort !

Cette corruption, généralisée aujourd'hui par la promiscuité des sexes, s'entretient par d'ignobles matrones, intermédiaires de l'enfance viciée et de la vieillesse blasée et corrompue. Ces femmes abjectes se rendent dans les faubourgs pour pêcher,

au compte des vicieux opulents, des enfants affamés
pour en faire, dans le quartier, des riches, des enfants infâmes.

Il n'y a pas que des mères dénaturées qui vendent leurs filles; il y a aussi des courtières éhontées qui se chargent, moyennant salaire, de découvrir
des sujets galants aux amateurs de lubricité.

J'ai parlé autrefois des mystères de la rue de
Suresnes, maison de prostitutions affectée aux détournements de mineures. Ces mystères n'ont pas
disparu avec cette maison tenue par des filles
de théâtre cautionnée par un vieillard cynique
qui recevait chaque nuit l'intérêt de son argent
par une fille mineure. J'ai dit que des proxénètes,
de Paris à Bruxelles, chassaient pour lui le gibier féminin dans toutes les provinces, de la Gi-
ronde au Brabant, qu'ils traquaient, dans l'intérêt
de leur commerce, la blonde et la brune par l'entremise de vieilles femmes, comtesses de mauvais
aloi; car le vice aime se cacher et s'absoudre derrière un blason.

Aujourd'hui ce commerce se continue. Il suffit,
pour bien s'en convaincre, de se rendre dans les
grands centres de Paris, où aujourd'hui, comme
hier, ces êtres infects continuent à errer sous l'œil
de la police.

Ils sont plus nombreux aujourd'hui, et ils ont plus
d'effronterie qu'hier.

Voyez cette jeune fille de onze à quatorze ans,
elle a des jupons courts à l'enfant, des cheveux
longs qui retombent, également à l'enfant, derrière
le dos; c'est sa traîne d'impureté! Elle donne le bras,

comme une *vraie* femme, à une dame mûre, aux allures suspectes ; c'est sa mère.

Chaque soir, sur le même trottoir, dans la même galerie d'un passage, cette ignoble marâtre produit sa fille à la lueur du gaz, s'arrêtant de temps en temps pour lancer des regards furtifs, mais significatifs, à des gens d'un âge mûr, à la mise recherchée et à la face obscène.

Ces regards de la mère sont imités par la fille ; ils ont l'expression langoureuse et cynique qui signifie : *Je suis à vendre !*

Il faut se méfier, dans les mêmes endroits, des enfants isolées qui, d'un air effronté, un bouquet de violettes à la main, vous demandent une adresse ; cette demande est une provocation, comme les regards de la mère et de la fille en quête d'un prostitueur !

La police connaissait autrefois une marchande de mineures qui échappa longtemps à sa surveillance, par les prudents manèges qu'elle employait pour exercer avec plus d'impunité son ignoble commerce.

Elle était bien connue par son sobriquet : la *Marquise* ; nulle mieux qu'elle ne s'entendait à rabattre de malheureuses enfants qui, une fois entre ses mains, restaient à jamais viciées. On sait, du reste, ce que l'enfance débauchée produit. Les enfants violées ne connaissent plus les luttes de la pudeur, ni les combats de la passion, elles restent moralement comme physiquement viciées ! Elles sont ce qu'est un fruit vert, mordu trop tôt à pleines dents ; elles tombent à terre, pourries, et elles se dessèchent.

Or, la *Marquise* était passée maîtresse dans l'art de détourner des mineures, d'en faire des filles-femmes, puis des filles-mères et de s'en faire des rentes.

La Marquise habitait le haut de Belleville, dans une grande maison, à jardins clos, que l'on appelait le *Château*, il touchait aux *fortifications*. Là, elle recevait *gratuitement* des enfants d'ouvriers, trop pauvres pour être nourries ou élevées dans la famille ; la plupart étaient des enfants de filles-mères, ou de femmes mariées ayant commis un écart.

On voit d'ici avec quels empressements, pour mieux dissimuler ces fruits de leurs fautes, les mères coupables s'adressaient à la *Marquise*, qui passait dans Belleville pour une charitable dame, aussi titrée, aussi rentée que bienfaisante !

La Marquise était loin d'être ce qu'en pensait le vain peuple des faubourgs. Ce n'était nullement par amour pour l'humanité qu'elle en dérobait les fruits malsains. Son hospitalité philanthropique n'était qu'un moyen de déguiser son commerce abject ! La Marquise, pour mieux s'exercer, n'avait pas craint de déroger, en payant patente comme *gardienne d'enfants !* Elle s'abaissait jusqu'à tenir école dans *son château !* Et quelle école? l'école du vice.

Avant de s'ouvrir à ses élèves, l'adroite commère étudiait leurs instincts! Elle s'initiait à leur goût! elle ne révélait l'avenir odieux qu'elle leur préparait, que lorsque leur nature répondait à la perversité à laquelle étaient vouées ses élèves, que

leur douteuse famille, le plus souvent, ne lui récla-
mait presque jamais.

La Marquise ne livrait rien au hasard.

Lorsque ses *enfants*, stylées par elle, arrivaient
à l'âge de treize à quinze ans, elle se chargeait de
leur trouver une position, c'était le plus souvent
avec le consentement tacite de leurs filles-mères
ou des femmes en puissance de mari.

Ordinairement, cette position consistait à devenir
bonne chez un célibataire. La Marquise connaissait
tous les vieux garçons riches de Paris.

Lorsqu'elle se rendait chez ces libertins pour y
placer une de ses élèves, la Marquise changeait tout
à coup d'allures et de langage.

A son *château*, elle avait les yeux baissés, le
maintien réservé, la parole onctueuse de la femme
toute confite en bonnes œuvres. En ville, chez ses
clients, la Marquise dépouillait la femme pieuse,
pour se montrer sans fard ; elle redevenait la bacchante éhontée des anciens jours, qui de Messa-
line était passée marchande d'amour.

Pour donner une idée des bénéfices qu'elle
recueillait dans son infâme commerce, je vais citer
un fait caractéristique, il peint bien les mœurs de
son monde étrange.

La Marquise possédait au Marais, dans l'ancienne
rue Saint-Louis, appelée aujourd'hui la rue de Tu-
renne, deux clients, deux célibataires dont elle ex-
ploitait les passions séniles.

Le premier était un homme de cinquante à
soixante ans, peu fortuné. Par son origine, par
son esprit, par son élégance, il achevait l'éduca-

tion des pensionnaires de la Marquise. Petit rentier, gentilhomme, ancien garde du corps du roi Charles X, il représentait la suprême élégance du dernier siècle, fourvoyée à notre époque de prosaïsme. La Marquise aimait ce client, moins pour ce qu'il rapportait que pour la façon dont il achevait l'éducation de ses pensionnaires. La femme se façonne vite au contact du beau et de l'élégance. Ce petit rentier du Marais, gentilhomme jusqu'aux moelles, n'avait qu'à vivre en intimité avec le sexe aimable, lui, le plus aimable des hommes, pour transformer une servante en duchesse.

Le second, au contraire, était un homme très riche. Par sa naissance, par son tempérament, par son entourage, il était le contraire du gentilhomme. C'était un ancien fabricant retiré, qui avait fait une grosse fortune dans le commerce des zincs. Il avait le même âge que le gentilhomme, c'était tout. Ces deux individus avaient cependant les mêmes passions : l'un était aussi brutal que l'autre était raffiné ; ils se voyaient souvent à la place Royale, aujourd'hui place des Vosges.

Ils étaient rivaux ; rivaux par les opinions, rivaux par les femmes.

D'ordinaire, par la Marquise, le gentilhomme avait les primeurs de ses jeunes servantes ; mais l'industriel retiré finissait par posséder leur affection pleine et entière, grâce aux manèges de la fournisseuse ordinaire des deux céladons.

Ces vieillards n'en étaient que plus ennemis !

Au fond, le gentilhomme n'était qu'un sceptique ; il n'était pas fâché de ses défaites le débarrassant d'une responsabilité fâcheuse, endossée par son rival, et qui lui promettaient une nouvelle recrue.

Un jour que le gentilhomme était encore sans bonne, il vit venir la Marquise, elle lui recommandait comme toujours une de ses pensionnaires :

— Je te connais, coquine ! lui dit-il ; tu as besoin de me donner un caillou pour que je le change en pierre fine ! Lorsque j'aurai poli le bijou que tu es inhabile à perfectionner, c'est encore à mon rival que tu iras porter mon trésor !

La Marquise s'attendait à cette remontrance.

Elle savait ce vieillard très égoïste, elle savait que, de la variété de ses bonnes, naissait chez ce gentilhomme un désir plus ardent de connaître en entier son répertoire féminin.

Tout en se défendant contre ce reproche fondé par l'expérience, la Marquise amena le lendemain chez son noble client une de ses plus jolies pensionnaires, plus décidée encore que toutes les autres.

Le rival du gentilhomme, en rencontrant celui-ci, à la place des Vosges, bras dessus bras dessous avec cette autre servante, en conçut une profonde jalousie. Il résolut de le supplanter de nouveau.

Deux mois s'écoulèrent, durant lesquels l'industriel écrivit lettres sur lettres à la procureuse pour employer tous les moyens, afin de lui faire connaître la nouvelle servante de son heureux rival !

Comme il savait que la Marquise ne résistait pas au nerf de la guerre, il lui promit tout l'argent qu'elle désirait si elle parvenait au but de ses rêves.

La Marquise fit la sourde oreille. Etait-elle intimidée par les paroles du vieux gentilhomme qui connaissait son jeu, ou plutôt voulait-elle irriter les désirs de son rival pour se faire payer plus cher ?

Ce dernier motif était le vrai, en raison du caractère vénal de la procureuse.

Cette fois, ce ne fut plus la Marquise, mais le gentilhomme qui prit les devants.

Un jour, sa servante révéla à son maître, tout en pleurant, qu'elle se trouvait par sa faute dans une position intéressante.

Le gentilhomme, qui n'aimait pas le scandale, feignit une grande surprise et un profond chagrin; il lui tint à peu près ce langage :

— Chère petite, je ne suis plus d'un âge où l'on aspire au bonheur d'être père! Je ne suis pas non plus assez niais pour croire qu'on répare l'*honneur* d'une jeune fille élevée à ton école! Tu es aussi avisée qu'ambitieuse, je t'engage donc à raconter tout ce que tu me racontes là au *zingueur!* Il te croira, parce qu'il t'aime! Et lui du moins est assez riche pour se permettre le luxe de la paternité.

Le conseil du gentilhomme ne tomba pas dans l'oreille d'une sourde. Le jour même, sous un prétexte futile, la jolie bonne de l'ancien garde du corps se rendit en commission chez l'ancien zingueur, de la part de son maître.

Quelques jours après, la bonne avait un nouveau patron.

Le gentilhomme se frotta les mains! Il fut aussi heureux que son rival de la détermination de sa servante! Sept mois après, par un phénomène que

l'ancien garde du corps aurait pu expliquer au zingueur, la fille mineure devint mère!

La Marquise intervint chez le nouveau maître!

Elle parut très émue de la position de cette mineure ; elle prétendit que cet accident pouvait la
compromettre autant qu'elle le compromettait lui-
même. Elle finit par demander, pour la famille de
cette fille, une somme assez ronde, au sujet d'une
affaire tournant si mal, et qu'elle n'avait faite à
son profit, prétendait-elle, que sur ses pressantes
correspondances.

La Marquise mentait.

Mais elle cherchait, par tous les moyens possibles, à tirer pied ou aile de cette situation sca-
breuse, dont s'était si adroitement tiré le gentilhomme.

Le zingueur paya. Puis, pour ne pas passer en
justice comme ayant détourné une mineure, il finit
par épouser la servante.

Dans l'intervalle, la Marquise alla trouver le rusé
gentilhomme, elle lui dit :

— Mon cher! on n'a pas plus d'esprit que toi. Tu
es parvenu à styler mon élève, de façon à ce qu'elle
a dupé avec toi ce vieil imbécile de zingueur! Il se
figure être le père de ton enfant! C'est ta plus belle
vengeance! Moi qui sais tout, je ne puis pourtant
être frustrée par toi, par son rival et par une enfant, une ingrate qui me doit tout! Il faut, d'abord,
que tu me payes le tort que tu me causes, ou je dirai
ce qu'il en est, ce qui sera tant pis pour toi comme
pour les futurs!

— Ma chère Marquise, lui répondit le gentilhomme, tu ne ferais pas cela, parce que tu sais que tu en serais la mauvaise marchande. Cependant, comme il faut que tout le monde vive, je veux bien mettre un prix à ton chantage, quoique je sois gueux comme un rat d'église! J'ai un billet de mille francs à ta disposition, un acompte sur ta prochaine fourniture! J'ai dit mille francs, mais encore comme acompte, tu m'entends bien? Je t'estime trop pour me confondre avec le zingueur que tu as grugé avec notre élève. Ce qui me flatte, puisque j'ai complété une éducation que tu lui avais si bien commencée.

La Marquise, encore une fois, était devinée par le rusé gentilhomme; cependant, sa cupidité l'emportait.

Elle hésitait encore, le noble vieillard ajouta:

— Ne me force pas à te mésestimer, à te traiter comme le ferait un manant! Accepte mes mille francs, ou demain je porte une plainte au parquet au sujet de ton dangereux commerce, ce qui causerait bien des ennuis à ton nigaud de zingueur.

Alors la Marquise accepta avec empressement, sinon avec reconnaissance. Du reste, elle bénéficiait de deux mains. Ce qui n'empêcha pas de qualifier de jésuite le gentilhomme, bien plus fort qu'elle.

La Marquise, le lendemain, n'oublia pas de lui recommander une autre mineure, en prévision d'une nouvelle aubaine comme celle qui lui était survenue après l'accident de sa pensionnaire, et elle se dit:

— Il est facile d'attraper les hommes, quand ils ne sont des gentilshommes!

Ne croirait-on pas retrouver dans cette histoire,

qui date de vingt ans, un scénario de la *Comédie humaine* de Balzac, avec deux de ses types immortels: l'adroit chevalier de Valois et le brutal du Bousquier, et ici avec la marchande de mineures en plus?

Les mineures, exploitées par leurs odieuses marchandes, ont, de bonne heure, les sens émoussés comme le cœur! Si elles éprouvent quelques sentiments, ils se tournent contre les femmes qui les vendent et les vieillards dont elles sont plus ou moins les victimes.

En voici un exemple. Un vieux journaliste, célibataire, avait possédé autrefois, par l'entremise d'une autre marquise, une bonne mineure. Elle n'avait pas tardé à devenir sa bonne maîtresse. Plus au courant de la politique que de la polémique de l'amour, ce journaliste avait fini par avoir dans son intérieur un vrai tyran domestique. Le pauvre homme, sous l'influence de la passion, essayait, par toute sorte de condescendances, de se faire pardonner des erreurs que la jeune fille, maîtresse de son maître, ne lui pardonnait pas.

Il l'aimait, elle ne l'aimait pas.

En tête-à-tête, il était son esclave. Il n'était maître dans son intérieur que les jours de réception accordés à ses confrères.

Encore était-ce Victoire, c'était le nom de sa bonne, qui réglait les jours de cérémonie, comme elle réglait les habitudes de la maison.

Un jour, le journaliste est obligé, par devoir professionnel, de faire un grand voyage, de passer les mers ; non seulement sa mission politique l'exige, mais ses affaires privées. Car sa bonne, qui n'en avait que le nom, avait pour son maître des caprices aussi cruels que ruineux.

Il les satisfaisait pour étouffer, croyait-il, les remords de sa domestique.

Elle prétendait, pour mieux se faire payer, ne se pardonner jamais la perte de son honneur, la honte qu'elle avait portée dans le sein de sa famille, en se donnant à un *monsieur*.

Le vieux journaliste, pour apaiser les remords de cet ange déchu, pour qu'elle s'oubliât aussi dans de nouvelles faveurs, n'hésitait pas à complaire à toutes ses exigences. C'était une Auvergnate. Sa beauté plantureuse ne le cédait en rien à cette cupidité qui caractérise les petits-fils et les petites-filles de Vercingétorix.

Autant pour mettre de l'ordre dans ses affaires que pour échapper aux exigences de celle qui lui faisait payer si cher la perte de son innocence, il se décida, un jour, à passer les mers.

Les devoirs de la politique, les réclamations de ses créanciers lui en faisaient impérieusement une loi.

Comme il avait toute confiance en sa bonne, il eut soin en se séparant d'elle, pour se garer de ses créanciers, de mettre son riche mobilier, et le loyer de son appartement au nom de sa maîtresse.

Un an se passe.

Le journaliste revient en France. Sa mission une fois accomplie, il est heureux de retrouver Victoire, après être parvenu à dépister ses créanciers dont la légion se grossissait naguère, en raison des caprices de son adorée. Désormais, il n'y a plus d'obstacles entre eux.

Il sonne chez lui, Victoire vient lui ouvrir.

Il veut entrer, embrasser sa bonne. Elle le repousse d'un air d'étonnement, elle lui demande d'un air de majestueuse dignité :

— Que voulez-vous? que demandez-vous?

— Mais, reprend le journaliste interloqué, je demande d'abord à rentrer chez moi, ma chère Victoire!

— Insolent, se récrie-t-elle en appelant un monsieur, son ancien frotteur.

Le monsieur arrive, il est en bras de chemise; il lui réplique, au lieu et place de la bonne, et en menaçant l'intrus :

— Vous êtes chez moi. Depuis six mois, je suis l'époux de madame! Si vous continuez à appeler ma femme par son petit nom, je vous jette par la fenêtre, ou vous flanque en bas de l'escalier.

Le journaliste avait été la dupe de sa confiance et de ses passions séniles. Sa bonne avait profité du pouvoir légal que lui avait donné son maître pour loger un autre que lui dans ses meubles et dans... son cœur !

On a vu précédemment, par la fin horrible du sénateur de L***, mon protecteur avant M. Thiers, comment s'éteignit ce malheureux galantin. Il périt étouffé au fond d'une armoire. Il y fut traîné par un sergent de la garde impériale, parce que celui-ci trouvait qu'il ne mourait pas assez vite, parce que son rival inspirait une invincible horreur à sa maîtresse.

Les exemples de ce genre pullulent dans le monde des vieillards ! Ils ont à craindre avec les haines de leurs maîtresses un autre danger, la spéculation des chanteurs qui s'acharnent après ces vicieux, gouvernés par leurs servantes.

Chose terrible à dire, les intéressés de ces maîtres de maison se font souvent les complices de ces chanteurs. Je vais citer un exemple que je tire de mes notes secrètes.

Un grand industriel, d'une notoriété commerciale très connue, inscrit naguère au tableau du tribunal de commerce, avait épousé une très jeune femme, dont la fortune ne répondait pas à la sienne.

Sous le pouvoir de ces passions séniles, il espérait que l'amour de son épouse suppléerait à l'argent qu'elle n'avait pu lui apporter.

Comme il arrive dans ces sortes de passions, ce fut le vieillard qui se lassa le premier de sa femme.

Il courut à d'autres beautés moins chastes, mais répondant davantage à ses désirs inavouables.

Alors, son épouse, qui se fût contenté du culte de son vieil époux, ne lui pardonna pas son abandon.

Elle ne tarda pas à se lasser de la solitude et elle prit un amant,

Où le prit-elle ?

Dans le magasin qu'elle gérait à la place de son mari courant trop le guilledou. Elle aima, qui ?

L'homme qui avait toute la confiance de l'époux, son caissier.

Deux ans après ce mariage, le caissier ne possédait pas que les clefs du coffre-fort du magasin, il avait aussi la clef du cœur de la patronne. Elle ne tarda pas à détester autant son mari qu'elle aimait de plus en plus son amant.

La haine qu'elle éprouva pour l'un se changea en adoration pour l'autre.

C'était ce que voulait le caissier ; car son ambition grandissait avec la passion qu'il inspirait à sa maîtresse. Il rêvait d'en faire sa femme !

Bientôt le couple coupable n'eut plus qu'une idée, devenir un couple légitime et se débarrasser de celui qui n'était plus époux que de nom.

Dans ce but, le caissier se mit à poursuivre en cachette son patron, pour bien connaître dans quel bourbier pataugeait le lubrique vieillard. Il apprit que cet industriel, pour satisfaire ses grossiers instincts, et contenter ses appétits déréglés et commandés par ses écarts cérébraux, avait loué aux environs de Sceaux une petite maison.

Là, il recevait, la nuit, toutes les mineures, toutes les traînées du boulevard, petites bouquetières d'occasion qui vous abordent, le soir, les cheveux au vent, toutes décoiffées, toutes préparées aux orgies qu'elles promettent à qui veulent bien leur acheter leurs bouquets.

Une fois maître de ses secrets, le caissier ne tarda pas à en instruire sa maîtresse.

La dame entra dans une fureur folle.

Elle ne croyait pas être assez vengée en trompant son époux ; elle jura avec son vengeur de pousser plus loin ses représailles.

Les deux amants, pour ne pas se compromettre, avisèrent alors un *chanteur* de profession, agent d'affaires en sous-ordre, qui se chargea, moyennant une forte provision, de se mettre en campagne pour opérer avec *célérité* et *discrétion* sa vilaine besogne d'espion.

J'ai parlé de ces sociétés douteuses qui, à l'instar de la société *Triquet, Galopin et C*, inventent des fonds de commerce, comme ils se mettent à l'affût de tous les scandales à exploiter, de tous les chantages à commettre.

L'agent d'affaires qu'employèrent les deux amants appartenait à ces sous-ordres de policiers, il tenait à la fois de l'homme d'affaires et de l'avocat, et il se faisait, selon les circonstances, ou *Triquet* ou *Bri-d'oison*. En grossissant ainsi la nuée de ces bohèmes judiciaires il ne vivait exclusivement que de la chasse aux scandales!

Après tout, il faut bien que tout le monde vive.

L'agent d'affaires manœuvra si bien au compte des deux amants, que huit jours ne se passèrent pas sans qu'une plainte ne fût déposée au parquet, par tous les parents des mineures aux violettes.

On accusait à la fois le vieillard de *détournements de mineures et de viol!*

Les plaintes des parents étaient formelles et catégoriques.

Lorsque le juge d'instruction en fut informé, des inspecteurs de police purent constater que la petite maison des environs de Sceaux existait bien en ce lieu, et qu'elle servait de temple impur aux gamines reçues là par le grand industriel, plus honorable qu'honoré !

Alors un mandat d'arrêt fut lancé contre lui.

Une escouade d'agents cerna la maison, au moment où le vieillard allait se livrer avec les gamines du boulevard à tous les excès de la passion.

A la nouvelle de son arrestation, cet honorable industriel n'attendit pas le châtiment de la justice. Il devança l'arrêt qui le déshonorait.

Il s'empara d'un pistolet à sa portée et se brûla la cervelle. Quand les agents ouvrirent la porte, il était mort.

Le trépas de cet homme fut attribué à des embarras d'argent.

Un an après, la femme de ce vieillard épousait le caissier, instrument de cette vengeance mutuelle. Mais la femme et le mari ne purent s'envisager sans remords, sans revoir entre eux le mari, aux passions séniles. L'ombre de leur victime leur apparaissait toujours comme la statue du Commandeur.

Le secret de cette mort, même pour la victime, n'en fut pas un pour l'homme d'affaires dressé à ce guet-apens, et il fit payer très cher plus tard son silence.

Ce fut par cet homme qui, un jour, eut maille à partir avec la justice, que j'appris, à mon tour, ce terrible secret. Il prouve une fois de plus que les gens les plus punis le sont surtout par leurs propres passions.

Les passions séniles ne causent pas des ravages que dans la haute société, elles engendrent des drames aussi terribles dans le petit monde. Un procès criminel en fait foi. Il eut lieu à Versailles, il y a quelques années. Un concierge de cette ville, nommé *Piplet*, un nom prédestiné qui, depuis le roman des *Mystères de Paris*, généralise l'inté-

ressante classe des concierges, aimait à soixante-
quinze ans son *Anastasie*; il l'aimait comme le véritable Pipelet devait aimer sa *pipelette*, si tourmentée par Cabrion.

A soixante-quinze ans, le Piplet de Versailles,
ancien couvreur, incapable de grimper sur les toits,
incapable par sa surdité de répondre aux appels
réitérés de ses locataires, est à la fois remercié
par son patron et par son propriétaire.

Alors, ses neveux recueillent sa femme qui n'est
pas fâchée de quitter son mari, vu les ardeurs pas-
sionnées de son vieil époux, que l'âge, en dépit de
ses infirmités, n'a rendu ni moins tendre, ni moins
ardent.

Le vieux Piplet amoureux ne peut vivre sans sa
femme; il la prie, il la supplie de ne pas le laisser dans l'abandon; elle reste aussi sourde que lui.
Elle n'écoute ni ses prières ni ses menaces. Ne pouvant supporter la solitude, n'écoutant que son désespoir, le mari attend un soir sa vieille femme;
armé d'un couteau il essaye de l'assassiner, parce
que son épouse lui résiste encore.

Appelé aux assises, le vieillard sanglote! il est
fou, il demande pardon aux juges, il demande pardon à sa femme. Il supplie les jurés, il supplie sa
femme pour qu'on le réintègre dans le giron matri-
monial. Il demande son Anastasie ou la mort qu'il
a bien méritée pour son crime, si on ne lui rend pas
la compagne de sa vie?

Le tribunal est touché de ses larmes. Il est acquitté, on le rend à sa vieille Lucrèce; les époux
Piplet ont encore de derniers beaux jours!

Après tout, ils sont plus à plaindre qu'à blâmer ; ces malheureux : « Femmes, leurs fautes ou leurs crimes ne proviennent que de leurs ardeurs hystériques, hommes, que du dérèglement cérébral provoqué par leurs passions. » La justice n'a qu'un devoir, quand ces fous menacent la société, les en retirer, comme elle fit du marquis de Sade qui, dans sa captivité, s'amusait, dans ses loisirs, à couvrir de boue toutes ses fleurs!

CHAPITRE X

UN AGENT ENTRE DEUX INFANTICIDES.

Un crime, qui émut tous les cœurs, qui mit le comble à l'indignation dans la population de la ville du Havre, se passa vers la fin de janvier 1875.

Il s'agissait d'un enfant brûlé et roué de coups, d'une mère qui avait failli être jetée dans un four de boulanger pour être aussi brûlée vive par son mari, pourtant un monstre comme elle.

Les deux époux, tout en se menaçant de mort, à la suite de leurs nombreuses querelles, n'étaient pas moins d'accord pour se faire journellement les mystérieux bourreaux de leur enfant.

Comme ces deux criminels, boulangers de leur état, étaient deux étrangers de la ville du Havre, la police de Paris fut chargée de rechercher leur origine, de fournir des renseignements à la police locale.

Lorsque le dossier de cette affaire passa sous mes

yeux, je dus recourir à l'expérience d'un de mes anciens agents, vu le nouveau personnel qui m'arrivait je ne sais d'où, aussi étranger à la tradition policière qu'hostile à ma personne.

En vertu de mon pouvoir discrétionnaire, j'allai chercher Requin. Officiellement il ne faisait plus partie de mon administration ; je le chargeai d'aller d'abord au Havre pour prendre les premiers renseignements que l'on désirait tirer de la sûreté, et je l'engageai à se rendre aussi sur les lieux qui avaient vu naître ces intéressants personnages.

On sait que Requin était un dépisteur de première force ; il me l'avait prouvé dans l'affaire Avinain, dans l'arrestation de le Marchand, etc., etc.

Je savais que son flair ne lui faisait jamais défaut, ne fût-il plus secondé par mon ancien état-major, bien entamé par la guerre, brisé à jamais par les vengeurs du 18 Mars, qui envahissaient en 1875 les rangs de mes inspecteurs commandés, encore au-dessus de moi, par les anciens fonctionnaires de l'empire

J'ai expliqué dans un précédent chapitre mon étrange situation qui, avec les événements politiques, ne devait qu'empirer. On sait que je n'étais plus disposé à les attendre, puisque ma démission était prête.

A cette époque, comme je ne me considérais attaché à la préfecture que par le passé, il était bien juste, dans les graves et délicates affaires qui m'étaient confiées, que je n'eusse recours qu'à des hommes du passé et dont j'étais sûr.

Du reste, Requin en retraite, après les affaires de

Limours et d'Eure-et-Loir, ne s'était pas moins signalé comme policier indépendant, à propos de la femme du frère d'un ancien ministre.

On se rappelle que ce fut Requin qui favorisa la fuite de cette mère pourchassée par son mari, au sujet d'un enfant que cette mère, ancienne comédienne, reprit à son père, et que finalement ce fut Requin qui aida cette femme, déguisée en vieille, à traverser la légion des fileurs la traquant au moment où elle allait retrouver ce fils à l'étranger.

Encore une fois, il s'agissait pour Requin d'arracher un enfant à des ennemis implacables et à une famille dénaturée. Cette fois, il arriva trop tard. Il ne put que constater l'accomplissement de cet infanticide.

Voici les rapports qu'il m'envoya, au sujet du crime du Havre, sitôt son arrivée dans la ville :

« Depuis la nouvelle de l'horrible événement d'une petite fille brûlée vive par les époux Brest, boulangers, une foule considérable se pressait devant leur boutique, rue Saint-Jacques, boutique fermée depuis le décès de cette enfant.

« Il paraît que cette petite fille, revenue depuis six mois de Marseille, avait été, depuis son retour au Havre, l'objet des plus mauvais traitements de la part de son père et de sa mère.

« Le médecin du parquet, sur les rumeurs populaires, ordonna le transport du cadavre à la Morgue, et Brest est déjà en état d'arrestation. La population est très surexcitée. »

Voici maintenant de nouveaux détails que Requin me fit passer, après enquête, sous forme de note, et qui parut plus tard dans le journal de la localité :

« Les époux Brest sont originaires des Bouches-du-Rhône. Brest est âgé de vingt-sept ans ; la femme Brest, née Tesras, âgée de vingt-huit ans, appartient à une famille aisée.

« Le ménage a éu quatre enfants, dont deux étaient restés à Marseille, entre autres, Anastasie, la victime.

« Dès son arrivée au Havre, Anastasie fut l'objet des plus mauvais traitements, surtout de la part du père.

« A peine était-elle chez ses parents, depuis une semaine, que l'on constatait sur son corps des marques de violences. La mère, peu soucieuse de la défense de son enfant, aidait, au contraire, son père à la brutaliser. »

Requin constatait alors le genre de brutalités auxquelles le monstre se livrait contre cette malheureuse enfant.

Après l'avoir battue, il la plaçait sur une pelle à *fournil*, il la tenait ainsi exposée dans le four encoie chaud pour faire sécher, disait-il, la *cuisson* de ses blessures.

La malheureuse poussait des cris déchirants qui émurent tous les voisins. Ils l'attirèrent chez eux ; Anastasie, malgré les mauvais traitements dont elle était l'objet, était restée une belle enfant, au visage régulier, aux traits fins, aux yeux expressifs, avec ce teint chaud des Méridionaux. Touchés de ses malheurs, plusieurs voisins demandèrent aux époux Brest de confier à leurs soins l'éducation de la petite fille, dont l'infortune et la gentillesse les intéressaient vivement.

Mais le père, redoutant les indiscrétions de la victime, répondait à ces propositions :

« — Adoptez-en un autre, mais pas celle-là. »

Lorsque la police fut avertie des mauvais traitements de l'enfant, ses parents la dérobèrent à toute surveillance.

On ne la revit plus.

Lorsqu'on demandait au père ce qu'était devenue la petite Anastasie, il répondait :

« — Elle est dans une école payante. »

Et le jour du décès, Brest ayant été chez un voisin pour l'informer de la mort de son enfant, celui-ci n'hésita pas à lui dire qu'il l'avait tuée en la laissant brûler vive dans son four !

— Tata ! conte de vieilles femmes ! se serait contenté de répondre Brest en haussant les épaules avec un sourire narquois.

Voici, continuait Requin dans son rapport, l'aspect du corps de la petite Anastasie, actuellement à la Morgue :

« Les deux pieds sont entièrement brûlés; la peau du corps est enlevée à toutes les extrémités des membres. Les poignets et les bras sont également couverts de brûlures. Ce qui semble confirmer que les brûlures ont dû être causées par de la braise enflammée, c'est que les reins, les cuisses jusqu'aux

jarrets ne forment plus qu'une plaie à vif, et horrible à voir ; le dos est également brûlé de place
en place. »

Lorsque Requin m'envoyait son second rapport,
la dame Brest n'était pas encore arrêtée.

Toutes les charges incombaient au père d'Anastasie. La justice n'avait sévi que contre l'exécuteur de cet horrible infanticide. Mais Requin n'était
pas homme à se laisser égarer par l'opinion.

En vain Mme Brest prétendait-elle que son époux
l'avait forcée à ne pas protester contre les outrages
qu'il faisait subir à sa malheureuse enfant, Requin
n'était pas convaincu de l'innocence de cette marâtre.

Pour mieux se disculper auprès des voisins qui se
doutaient avec Requin de sa participation au crime,
cette femme disait :

— Un jour que je voulais m'opposer aux tortures qu'il faisait subir à ma fille, Brest me menaça de me jeter dans le four avec mon enfant ; depuis, je me suis résignée à laisser faire ce que je en
pouvais empêcher.

Mais les raffinements de cruautés avec lesquels
avaient été exercées ces tortures, disaient que le génie
malfaisant de la femme y avait au contraire présidé.

Le père pouvait bien être le bourreau de son enfant, mais la cruelle marâtre avait arrêté certainement le plan de cet abominable forfait.

En effet, il n'y avait qu'une main de femme qui
pût conduire si patiemment, si atrocement celle
de ce bourreau.

X.   9.

Du jour où les voisins s'émurent des tortures endurées par la petite Anastasie, le père et la mère ne mirent aucune mesure dans leurs atrocités contre leur martyre.

Après l'avoir séquestrée, en la faisant presque mourir de faim, il ne la sortait de sa retraite que pour la battre! Il la battait jusqu'à ce qu'elle tombât évanouie!

Le père barbare ne s'arrêtait pas à ces voies de fait.

Elles n'étaient que le prélude de violences plus atroces.

Alors Brest se jetait avec rage sur le corps de l'enfant évanouie, il lui mettait les bras en croix et, muni d'un couteau, le misérable s'acharnait à lui faire des incisions sur toutes les parties tuméfiées. Dans les horribles douleurs causées par ces incisions, l'enfant sortait de son évanouissement et poussait des cris horribles! Alors le père étouffait ses cris, en lui introduisant des charbons enflammés dans la bouche; puis étendait la malheureuse toute sanglante, toute garrottée sur la longue pelle.

Il s'avançait vers son four encore chaud, à la suite de sa levée des pains, il y suspendait sa pelle *garnie* de son enfant! Il tenait ainsi la malheureuse suspendue quelques minutes dans l'atmosphère ardente du four presque incandescent! Il y grillait les plaies de sa fille :

« — Histoire, disait-il, de les faire sécher! »

On sentait du dehors l'odeur des chairs brûlées. De pareilles scènes n'auraient pu s'imaginer que chez les cannibales, si la mère elle-même n'avait raconté ces atrocités, si l'aspect du corps brûlé de l'enfant, déposé à la Morgue, n'avait attesté les effets monstrueux dus aux tortures de cet épouvantable infanticide.

Requin se dit avec raison qu'une mère, digne de ce nom, n'aurait jamais pu supporter la vue d'un pareil supplice, si elle n'en avait été la complice ; eût-elle dû, par ses protestations, partager, de la part du bourreau, les tortures de son enfant !

Bien convaincu de ce raisonnement, Requin alla trouver cette marâtre, que la justice laissait en liberté, après la mort de sa fille et l'arrestation de son mari.

Il la retrouva chez elle, dans sa boutique fermée, entourée de ses autres enfants, et pleurant comme une Madeleine.

— Elle n'osait sortir, disait-elle, parce que la calomnie la rendait responsable des atrocités de son mari, parce qu'elle avait peur d'être huée par les voisins, à la suite de la mort de sa fille qu'elle déplorait bien plus que tout le monde !

Requin eut l'air de compâtir à la douleur hypocrite de cette mégère. Il se fit raconter, par elle, ce qu'il savait dans ses moindres détails, c'est-à-dire toutes les atrocités commises par ce père barbare.

Elle n'hésita pas, en sachant ce qu'était Requin, à rappeler avec un sang-froid qui accusait la sécheresse de son cœur, les scènes de révoltantes barbaries qui avaient amené la mort de l'enfant.

Rien que par la lucidité avec laquelle cette ma-

râtre exposa ces faits odieux, Requin eut une idée
de la froide cruauté de cette femme.

Par une habileté de policier, il eut bien soin
de lui faire détailler ces odieux tableaux, sans renvoyer les autres enfants qu'elle gardait autour
d'elle, depuis l'arrestation de son mari, pour se
rendre plus intéressante.

En rappelant la scène du four où Brest brûlait
vives les plaies saignantes d'Anastasie, un des enfants ne put s'empêcher de s'écrier, pour compléter
l'horrible récit de la mère :

— Mais tu oublies, maman, de dire à monsieur
que c'est toi qui tenais ma sœur en croix sur la
pelle, avant que papa la mît au four !

Cette réplique était accablante, foudroyante pour
la mère.

Requin s'attendait bien à une sortie de ce genre,
de l'un de ces innocents, pour englober dans la
même accusation les deux infanticides.

Ce fut après cette révélation que Requin prit sur
lui de conduire la marâtre chez le juge d'instruction. Elle n'en sortit que pour être immédiatement
conduite en prison et partager le sort de son mari.
Requin ne s'arrêta pas là. Il avait fait parler la voix
de l'innocence; il voulait maintenant connaître, de
la bouche du coupable, ce qui avait amené ce misérable à perpétuer son infanticide.

Sur mes instructions, Requin s'était déjà rendu à
Marseille; il savait, par les parents de la mère, ce
que leur fille leur avait écrit avant le meurtre :

« — Ne me renvoyez pas Anastasie ! écrit-elle
nos affaires vont mal ! Ma dot a servi à nourrir nos

enfants et à payer nos créanciers ! Si vous me renvoyez ma fille, mon mari serait capable de la tuer pour ne pas avoir la charge d'un enfant de plus ! Je le connais, il est féroce depuis que nos affaires vont de mal en pis ! »

A Marseille, Brest, dans de mauvaises affaires, avait voulu faire signer un reçu à un nommé David qui venait réclamer son argent ; il lui avait dit, tout en se refusant à le payer :

— Signez ce reçu ou je vous f.... dans le four.

C'était sa femme qui avait imaginé ce guet-apens.

Fort de ces renseignements et de ces documents de famille, Requin, après avoir rabattu au juge d'instruction la meurtrière de la petite Anastasie, alla trouver le meurtrier dans sa prison, sur une autorisation de la magistrature locale.

Lorsque Brest apprit de Requin que sa femme venait d'être arrêtée, il s'écria :

— C'est pain bénit ! Sans ma femme, je n'aurais jamais eu l'idée de faire griller ma fille ! Ah ! ma femme faisait l'hypocrite, après m'avoir conseillé la chose ! Eh bien ! la justice, pour une fois, a vu clair ; je n'en suis pas fâché ! Si je suis un *mauvais père*, c'est la faute de mes affaires ; ma femme, qui n'enrageait pas moins de notre situation, n'est pas meilleure que moi... nous nous valons !

— Cependant, répliqua Requin, qui me rendit compte de sa double entrevue avec ses deux infanticides, votre épouse prétend qu'elle s'est opposée à vos brutalités ? Un jour, exaspérée des violences que vous exerciez sur votre fille, elle vous en fit, prétend-elle, de sanglants reproches, au point que, furieux de ses remontrances, vous la menaçâtes de la jeter dans votre four et de lui faire partager le sort de votre enfant !

— Laissez-moi donc tranquille, répondit Brest avec un geste négatif, ma femme, en disant cela, se gardait à carreau ; c'était pour se blanchir près des voisins ! Et si j'étais furieux de l'entendre parler ainsi, c'était parce que ses paroles m'irritaient. Elles étaient en désaccord avec son précédent conseil ! Et si elle devenait si sensible, pourquoi m'aidait-elle alors dans la besogne, chaque fois qu'il fallait *jeter la petite dans le feu ?*

Ces paroles s'accordaient avec les aveux du père, de la petite Anastasie qui, innocemment, venait donner tant de poids aux accusations de Brest contre sa femme.

Mon agent, que j'avais placé entre ces deux infanticides pour provoquer leurs aveux et éclairer la justice, s'était donc tiré de sa mission secrète, avec un tact qui faisait honneur à sa perspicacité mûrie par l'expérience.

Le boulanger Brest parut devant les assises avec sa femme ; il eut le maximum de la peine comme ayant porté des coups et blessures sur la personne d'un de ses enfants ; quant à sa femme, elle fut acquittée, quoiqu'elle fût l'inspiratrice de cet horrible infanticide.

La population du Havre, dans son indignation contre cette marâtre et le bourreau de leur fille, voulut revenir sur ce jugement ; elle faillit se faire justice elle-même; elle menaça de tuer, au sortir du palais, ces deux criminels.

Les lois humaines sont souvent moins implacables que les lois de la nature, que le vulgaire, pourtant, ne permet pas d'outrager.

CHAPITRE XI

UN DOUBLE SUICIDE PAR AMOUR, UN SURVIVANT DÉSESPÉRÉ,
DEVENU BORGNE ET ASSASSIN

J'ai parlé précédemment de la pernicieuse influence de la promiscuité des sexes dans les ateliers. Je me suis prononcé contre la tendance des fabricants parisiens à ouvrir aux femmes les portes de leurs usines, pour les placer côte à côte avec leurs ouvriers et pour leur faire partager leurs travaux, uniquement dans un but d'économie.

Les grèves qui se multiplient, qui tendent à faire surenchérir la main-d'œuvre, entrent pour beaucoup dans cette détermination, parce que nos chefs d'industrie ne sont plus maîtres d'équilibrer, en raison de nos nouvelles conditions, leurs dépenses et leurs recettes.

Je n'ai pas la prétention de faire un cours d'économie industrielle; la confession d'un policier ne peut avoir l'ambition de résoudre la moindre question sociale; tout au plus peut-elle se prononcer, au nom de la sécurité et de la morale, contre cette promiscuité funeste engendrant les mœurs les plus détestables, propageant cette débauche, qui désorganise la famille et corrompt de plus en plus la classe ouvrière.

Lorsque ce nouveau système de travail ne provoque pas dans les ateliers des commerces obscènes, il donne lieu à des drames terribles.

L'aventure qui eut lieu dans une fabrique de bijouterie, à Belleville, entre un ouvrier très rangé et une jeune ouvrière de même état, prouve, par ses conséquences fatales, la justesse de cet exorde.

Moreau travaillait chez un fabricant de bijouterie nommé Chevalier. C'était un ouvrier très assidu, d'une humeur un peu sombre. Il avait remarqué dans son atelier une jeune ouvrière, nommée Victorine Guerval; c'était une jeune personne dont la beauté était l'objet de toutes les attentions des ouvriers. Comme son habileté à l'ouvrage la plaçait sur le même rang que Moreau, Victorine avait été à même de remarquer plus particulièrement ce dernier.

Sa nature triste, un peu élégiaque était devenue l'objet des railleries de la jeune ouvrière, très ouverte et très coquette.

A force de s'amuser de la sauvagerie de son collaborateur, Victorine avait fini par le faire sortir de sa réserve, dissimulant un grand fond de sensibilité !

Et Victorine ne tarda pas à réchauffer, comme

elle le disait elle-même, ce glaçon. Elle fut très étonnée de l'incendie qu'elle avait allumé.

Le proverbe aura toujours raison. *Il ne faut jamais jouer avec le feu.*

Un beau jour, Victorine devint la maîtresse de Moreau. Dès qu'ils furent unis secrètement, l'ouvrière, qui avait mordu au fruit défendu, voulut se hasarder à lui parler mariage.

Moreau, comme les natures ardentes et sauvages, était aussi ombrageux qu'orgueilleux. Il fit la sourde oreille, non parce qu'il n'aimait pas Victorine profondément, non parce qu'il voulait faire d'elle la dupe de ses caprices, mais parce qu'il se disait que, dès que Victorine avait fait un premier faux pas avec lui, elle pouvait bien en faire un second avec un autre.

Alors Victorine, furieuse du silence de Moreau, surtout lorsqu'elle constata qu'elle était enceinte de lui, n'hésita pas, pour se venger, de faire la coquette avec un autre ouvrier.

Ce rival travaillait dans le même atelier que le séducteur.

Moreau souffrit horriblement des manèges de sa maîtresse. Il l'aimait plus encore qu'il ne le pensait; il ne tarda pas à lui faire des reproches de sa conduite.

Victorine se contenta de lui répondre :

— Au moins, celui-là m'aime pour le bon motif, il va m'épouser.

Alors Moreau se tut, il n'avait rien à répliquer à son infidèle.

Cependant Emile Moreau, à peine âgé de vingt-sept ans, est accusé, quelque temps après, d'assassinat sur la personne de sa maîtresse.

Lorsque Moreau s'était aperçu que Victorine Guerval avait un autre amant, la jalousie l'avait dévoré.

Victorine n'avait fait passer cet autre amant pour un fiancé que pour forcer Moreau à une rupture avec elle, rupture nécessaire à son prétendu mariage.

Néanmoins il ne pouvait se faire à la pensée qu'un autre devînt aussi son amant ; convaincu cependant qu'il existait des relations intimes entre Victorine Guerval et son prétendu fiancé, il résolut de donner la mort à cette jeune fille et de se tuer ensuite.

Il acheta un revolver à six coups, le 15 octobre 1874. A l'heure du déjeuner, il s'approcha de Victorine Guerval. Elle déjeunait auprès de son établi. Il ne restait plus à l'atelier qu'un apprenti.

Moreau était sombre et concentré, c'était du reste son attitude ordinaire. Un ouvrier passa à côté de lui et lui dit :

— Ça va-t-il bien ce matin ?

Il répondit :

— Ça boulotte !

La fille Guerval mangeait un hareng saur, et Moreau lui dit :

— Ça pousse à la soif !

Victorine ne lui répondit pas ; car depuis quelque temps elle ne lui appartenait plus.

Lorsque tous les ouvriers se sont retirés, à l'exception d'un apprenti, Moreau pousse le verrou, il s'élance sur Victorine, il lui tire un coup de feu. Elle est atteinte à la tempe ; une heure après elle rend le dernier soupir sans avoir repris connaissance ; dans cet intervalle Moreau se tire un coup de revolver.

Il avait acheté, pour ce double suicide, un revolver à six coups. Il avait attendu, pour commettre ce double crime, le départ de ses camarades. Avant le meurtre, il était pâle et agité ; il interrogeait fréquemment l'horloge, comme si l'heure le pressait, comme si ses compagnons ne partaient pas assez vite de l'atelier.

C'est au moment où un jeune apprenti, le jeune Valette, se trouve seul avec lui et sa maîtresse qu'il se décide à aller fermer le verrou de la porte par laquelle les ouvriers pouvaient encore revenir.

Lorsqu'il a tué sa maîtresse en présence de l'apprenti, l'assassin tourne donc son arme contre lui-même, et il se tire un second coup.

Des ouvriers accourent au bruit de la double détonation ; ils aperçoivent le jeune homme et la jeune femme, atteints l'un et l'autre à la tempe. La fille Guerval a succombé sans avoir repris connaissance ; Moreau, grièvement blessé, tente de ressaisir son revolver pour achever son suicide.

On l'en empêche ; il remet alors, à l'un des témoins de cette scène, la lettre qu'il avait écrite à son patron, M. Chevalier, elle expliquait sa tragique détermination.

Son ardente passion pour cette fille aux mœurs légères l'a seule poussé au crime, la lettre écrite à son patron le prouve suffisamment. A l'audience

le président donne lecture de cette lettre, ainsi
conçue :

« Monsieur,

« Je ne peux plus longtemps survivre à la douleur qui m'accable et dont je vais vous faire l'ana-
lyse.

« Le 28 septembre dernier, j'étais étonné de voir
Victorine aussi gaie, elle qui depuis six semaines
pleurait tous les jours. Il devait donc y avoir pour
elle une résolution bien arrêtée. Je me promis de la
suivre le soir même, et je la vis comme d'habitude
s'en aller au bras de celui qu'elle appelait son fiancé ;
mais ils ne prirent pas le même chemin que d'habitude, ils descendirent la rue Oberkampf et tournè-
rent la rue Saint-Maur à gauche. Aussitôt je les vis
entrer chez un marchand de vin et monter un petit
escalier tournant qui, selon moi, ne pouvait conduire
qu'à un cabinet particulier. Afin de me convaincre
davantage, j'entre aussitôt après, et je demande au
maître de l'établissement s'il n'aurait pas un cabinet
à ma disposition pour une heure ou deux, il me dit
que oui, et je m'y installai.

« Alors j'entendis ce que je n'oserai répéter.
J'avais rêvé pour ma maîtresse une existence
exempte de chagrins, je la voyais, avec cet homme,
plus méprisable *qu'avec moi-même*. Je vous jure
que si j'avais eu sur moi de quoi me donner la mort,
vous n'auriez pas eu aujourd'hui un crime à me reprocher.

« Le lendemain, pour que ma maîtresse ne se

doutât pas que je savais tout, je m'efforçai de faire
bonne contenance ; je lui souriais, quoique la mort
dans l'âme. Ma maîtresse était aussi bien perdue
avec le misérable qu'avec moi !

« Je ne pouvais plus l'épouser, car mon rival
la trompait après moi ! alors je vous demandai
30 francs, sous prétexte de m'acheter des habits. Je
savais que vous ne me refuseriez pas cela ; ce n'était
pas chez le tailleur que j'allais, c'était chez l'ar-
murier.

« Elle m'avait trompé en me disant qu'elle allait
se marier avec son fiancé, et ce fiancé n'était,
comme moi, que son amant.

« Je lui dis quelques jours après, ne pouvant plus
me contenir :

« — Tu as manqué à tous tes serments. Tu m'avais
juré que tu n'aurais pas d'autre amant que moi, si
ce n'est un mari ; tu m'as trompé ; celui qui était
ton fiancé hier est ton amant aujourd'hui.

« Eh bien ! je t'aimais sincèrement ; tu te serais
mariée que cela m'aurait fait plaisir. Tu as eu un
autre amant, j'en mourrai, et j'ai acheté à cette occasion cela.

« Je lui montrai le revolver.

« Alors nous avons passé cette journée ensemble ;
elle m'a fait promettre que je ne mettrais pas mon
projet à exécution ; mais maintenant je souffre trop,
je ne peux pas la voir prodiguer plus longtemps ses
caresses à un autre, et je ne veux pas qu'elle traîne
dans la boue comme toutes les perverses d'ateliers
qui grouillent dans le faubourg. Elle quittera la vie
et nous la quitterons ensemble.

« Je vous dis adieu à tous, et je vous prie d'assister à mon enterrement.

« EMILE MOREAU. »

Cette lettre est le cri d'un cœur ulcéré. Son éloquente simplicité met à nu l'âme de ce jeune homme, trop fier pour épouser sa maîtresse, trop amoureux cependant pour la voir tomber plus bas, dans le bourbier où il l'a le premier précipitée.

La faute de ces deux amoureux ne revient-elle pas à la funeste fréquentation qui s'établit trop facilement entre jeunes gens et jeunes filles, dans les ateliers parisiens?

A l'audience, le prétoire est occupé par des gens du monde, par de jeunes femmes dont les noms aristocratiques ont figuré dans les fastes du règne impérial. Les dames de l'Empire, qui se connaissaient en galanterie, ne peuvent laisser passer un procès qui révèle, dans la classe ouvrière, un amour scandaleux et tragique rappelant le bon temps des chasses à Compiègne et des fêtes aux Tuileries! Elles constatent, en République, que la galanterie n'est pas morte, qu'elle a, comme aux époques impériales, ses aventures tragiques..... jusque dans la classe ouvrière!

Une ambassadrice très connue assiste à ces débats, curieuse de voir un ouvrier mis sur la sellette par l'amour, en face de juges qui ne comprennent en aucune façon le Desgrieux de cette bijoutière, morte par sa faute, morte par celui qui ne lui pardonne d'être infidèle avec un autre qu'à la condition de l'épouser !

Orgueil et amour, tels sont les deux mobiles qui ont fait agir le justicier de Victorine.

Il ne voulait pas être son mari parce qu'il avait été son amant ; il ne voulait pas qu'elle eût d'autre amant que lui, à moins que cet amant ne réparât le tort qu'il avait fait à son idole, qu'il n'osait pourtant réparer lui-même !

Il aimait assez Victorine pour la faire respecter par un autre, ne pouvant plus l'estimer ; d'un autre côté, il avait trop le respect de sa personne pour lui servir de plastron.

Comme on l'a vu, il avait payé cher son orgueil et son amour ! Après avoir traîné le cadavre de sa maîtresse à ses pieds, il était traîné aux pieds du tribunal.

Après avoir été puni dans son amour, il était puni dans son orgueil !

Le caractère ombrageux et les violentes passions de ce malheureux ouvrier lui faisaient décidément une destinée trop cruelle. Elle n'en était que plus intéressante pour les femmes du monde qui assistaient à ce procès renouvelé des anciennes chroniques galantes du précédent règne.

Plus d'une grande dame, dans l'auditoire, aurait envié, probablement, d'être aimée comme l'avait été Victorine, à la mort près !

Cependant, à l'audience, le caractère ombrageux de Moreau s'accuse de nouveau ; il dit au président :

— On peut avoir une maîtresse, mais on ne l'épouse pas!

Et le président lui répond :

— On ne la tue pas non plus!

Moreau réplique :

— Je préférais la voir morte que déshonorée par un autre.

Le magistrat hausse les épaules et s'écrie :

— C'est bon dans les romans! Non, ajoute-t-il avec force, c'est mauvais même dans les romans. Mais, dans la vie réelle, les choses ne se passent pas ainsi.

L'ouvrier courbe la tête, soupire, ne répond pas.

Il est incontestable que le juge ne le comprend plus et que Moreau ne le comprend pas davantage.

Si Moreau, qui ne lisait que dans son cœur, eût pu analyser ses sentiments, il eût pu répondre à ce juge :

— Mais, brave président, les romans ne sont que les miroirs de la société. Les romanciers ne sont, après tout, que les interprètes des mœurs et des faiblesses de leur entourage. Bernardin de Saint-Pierre, l'abbé Prevost, Balzac, Alexandre Dumas fils, ne sont pas autre chose que les sténographes de leur temps. Mais Moreau n'était pas un lettré, pas plus qu'un président de cour d'assises n'est l'ami des lettres!

Lorsque le président continue de l'interroger en voulant le forcer à lui faire connaître le mobile de son suicide et de l'assassinat de sa maîtresse, Moreau ne trouve que cette réponse :

— On m'avait volé l'amour de Victorine, moi je l'ai tuée.

Le président, qui n'entend rien à cette jalousie, lui demande :

— Et vous n'avez pas été chercher un prêtre ?

— On ne pense pas à tout, répond-il.

Il aurait pu ajouter, sans chercher à se retrancher derrière des arguties :

— Qu'après le meurtre de sa maîtresse, il était dans un état trop désespéré pour songer à un prêtre.

En effet, la balle de son revolver qu'il s'était dirigée sur la tempe après la mort de Victorine, ne lui donnait plus de liberté d'action.

Lorsqu'il sort la tête de ses mains pour montrer son visage couvert de larmes, on s'aperçoit, à l'audience, que ce martyr de l'amour est borgne.

Depuis le jour où il avait essayé de se tuer en dirigeant le canon de revolver à son front, la balle lui est entrée dans la tête, elle n'a pu être extraite, et elle lui a crevé l'œil droit !

Moreau n'est-il pas déjà assez à plaindre ?

Il n'a plus la maîtresse qu'il voulait réhabiliter. Ne pouvant lui rendre un bonheur qu'il n'espérait plus pour lui, il l'avait tuée !

Après, il avait espéré se tuer à son tour !

Il n'avait que perdu la vue. Il vivait encore, avec le regret de n'avoir plus sa maîtresse, avec les remords de son assassinat, depuis que cet assassinat n'était plus la conséquence d'un double suicide !

Voilà ce que des âmes délicates comprenaient dans ce jugement qui mettait sur le banc des criminels un homme qui ne demandait qu'à aimer, à être aimé, et qui se voyait traîné aux assises pour devenir l'opprobre de la société.

Après l'audition des témoins, le tribunal rend son verdict; Moreau est condamné à dix ans de travaux forcés et à la surveillance de la haute police. Pour un martyr de l'amour, borgne et forçat par excès de tendresse, c'est dur

CHAPITRE XII

UN VOLEUR DE ONZE ANS, VOLÉ, ÉTRANGLÉ ET JETÉ A
LA SEINE PAR SON COMPLICE, AGÉ DE DIX-SEPT ANS.

Il y avait au marché des Carmes, vers la fin de
l'année 1874, une fruitière et une charcutière. Non
seulement elles étaient voisines au marché, mais
jusque dans leur maison ; elles habitaient porte à
porte.

La charcutière prospérait aussi peu dans son com·
merce que la fruitière prospérait dans le sien.
Toutes les deux avaient un fils : l'un, Émile-Pierre-
Célestin, âgé de onze ans ; l'autre, Eugène Henry,
âgé de dix-sept ans.

Au point de vue de la maternité, ces deux femmes étaient aussi mal partagées ; ces enfants étaient
deux petits vauriens.

Il est vrai que la fruitière, par sa vie exemplaire, par son économie, par les soins qu'elle ap-
portait dans son commerce comme dans son mé-

nage , aurait mérité de posséder un plus digne héritier que le petit Célestin

Il n'en était pas de même de.la charcutière, dont le fils n'était que le résultat d'une vie déréglée et malsaine. Eugène Henry était un enfant naturel, il avait hérité de tous les vices de l'auteur de ses jours.

Paresseux, envieux, débauché, quoiqu'il eût à peine dix-sept ans, Eugène ne s'était lié avec Célestin que pour assouvir sur lui les mauvais instincts qu'il avait sucés avec le lait de sa mère.

A force d'entendre maudire sa mère, — la femme ou la fille Henry qui reportait sur ses voisines la misère qui l'accablait, — son rejeton avait épousé ses injustes griefs suscités par la méchanceté et l'envie.

Il ne s'était fait le camarade, l'ami du jeune Célestin que pour inoculer dans ses veines le mauvais sang qui coulait dans les siennes.

On les voyait souvent ensemble sur la berge, jouant ou causant, à la sortie de l'école, d'une façon mystérieuse. A la suite des longues conférences entre ces deux gamins, des vols étaient constatés dans le ménage Maranne. Le ménage Maranne, c'était celui de la fruitière.

Cette marchande, la mère du petit Célestin, était mariée à un honnête fumiste. Les deux époux quittaient ordinairement ensemble leur domicile , le mari pour se rendre à son travail, la femme à son établissement de fruiterie au marché des Carmes.

Lorsque la femme Maranne, au marché, se plaignait à la voisine des larcins dont elle était l'objet en son absence, la femme Henry lui insinuait que son mari, pour aller boire, aurait bien pu être l'auteur de ces vols.

Alors la fruitière, qui avait pleine confiance en sa voisine la charcutière, se promettait de surveiller son mari pour le surprendre, un jour, en flagrant délit.

D'un autre côté, la femme Henry, pour achever de détourner les soupçons sur les voleurs véritables, faisait entendre méchamment à toutes les commères que « la Maranne avait une liaison avec un rival de *son* homme, qu'elle ne serait pas étonnée d'apprendre qu'elle se volait elle-même pour enrichir son amant. »

Elle ajoutait à qui voulait l'entendre :

— Attendez-vous, un jour, de la part de cette vieille C***, à un vol plus *important*.

Ce jour-là arriva.

On apprit, peu de temps après, qu'une forte somme avait été volée chez la Maranne ; et ce qui frappa de consternation les gens du quartier, en accablant de douleur la malheureuse mère, ce fut qu'avec l'argent disparu, disparut aussi son garçon, Emile-Célestin !

Immédiatement une plainte au parquet fut adressée par les époux Maranne, à propos de ce vol et de cette disparition d'enfant.

Je fus chargé de rechercher l'auteur ou les auteurs de ce double attentat.

Mais, je le répète, je n'avais à cette époque qu'une médiocre confiance dans le nouveau personnel d'inspecteurs qui m'entourait, plus chargé, depuis quelque temps, de m'espionner que de surveiller les malfaiteurs de la grande cité.

En dehors des considérations politiques qui me forçaient à considérer mon nouveau renfort d'inspecteurs comme une légion ennemie, fournie par un pouvoir occulte, en dehors de la haute administration ministérielle, je ne me fiais que médiocrement à son expérience et à sa perspicacité.

Le filage policier exige une longue pratique. La subtilité d'un agent ne se perfectionne qu'à la suite d'un long stage dans le monde des voleurs et assassins. Pour être au courant de leurs ruses, il faut avoir subi beaucoup d'échecs! Les mystifications, dont je fus victime de la part des voleurs, me servirent plus que mes succès, pour pouvoir être à même de remporter plus tard un plus grand nombre de victoires.

A l'occasion de ce vol opéré chez les époux Maranne et de la disparition de leur enfant, je pus me convaincre de l'inexpérience de mon nouvel état-major.

A peine eus-je donné l'ordre à mes agents de suivre cette affaire qu'ils donnèrent tous dans la version fournie par la fille Henry.

Au lieu de serrer de près cette femme et son fils qui, pour se disculper et s'excuser, créaient des personnages imaginaires, auteurs présumés du crime qu'ils avaient mission de poursuivre, ces agents se mettent à courir après des personnages fictifs.

Ils ne tardent pas à faire de fausses pistes.

Après avoir moi-même bien étudié cette affaire, je résolus, en dehors de mon nouveau personnel inexpérimenté et malintentionné, de faire agir un de mes anciens fileurs, mis à la retraite.

Encore une fois j'eus recours à Requin.

Après lui avoir mis sous les yeux la plainte des époux Maranne, je lui fis part de mes soupçons concernant les deux enfants, l'un appartenant à la fille Henry, qui avait bien pu concevoir le crime signalé; l'autre, aux époux Maranne, élevé à la vicieuse école de la fille Henry et de son digne rejeton.

Sur mes données, Requin, qui devait son sobriquet aux qualités qui caractérisent les squales, Requin ne quitta plus les bords de la Seine.

Il n'y avait pas trois jours qu'il flairait sa proie au bord de l'eau qu'il m'écrivait :

« Enfant de onze ans trouvé noyé et étranglé dans la Seine qui se bifurque à la pointe Notre-Dame. La corde trouvée à son cou est une corde comme en possèdent les enfants pour jouer. Le signalement répond au signalement donné par les Maranne. Indubitablement c'est l'enfant cherché; la corde qui a causé l'asphyxie avant de noyer la victime est la corde d'un enfant de son âge. Avec la victime je tiens le meurtrier : cet enfant c'est Célestin, et son meurtrier ne peut être qu'Henry. »

Immédiatement j'informai la préfecture de cette découverte, sans dire à qui je la devais, puisque Requin était en disgrâce, et je m'en attribuai tout l'honneur.

Du reste, n'avais-je pas été la main dirigeante de mon dépisteur expérimenté? Lorsque M. Renault apprit cette découverte, il dit devant sa nouvelle administration, fort dépitée de mon nouveau succès :

— Claude est un sorcier! Par quel charme sait-il découvrir du premier coup tous les coupables?

Une expérience acquise par ma longue carrière, telle était ma magie. Elle était secondée, comme en cette circonstance, par des adeptes que j'avais depuis longtemps façonnés à mon image.

Souvent les criminels, je l'ai dit, reviennent, poussés par un instinct fatal, sur le lieu de leurs meurtres. Requin, qui connaissait bien cette particularité, n'avait pas quitté l'endroit de la Seine avoisinant le quartier où demeuraient les Henry et les Maranne.

Après avoir interrogé tous les boutiquiers, qui lui avaient assuré, jusqu'au jour de la disparition du petit Célestin, que celui-ci et Henry ne s'étaient pas quittés, Requin n'avait plus abandonné sur la berge son poste d'observation.

Il savait qu'un jour ou l'autre l'odieux garnement, dont il s'était fait donner le signalement, reviendrait, soit par remords, soit pour savoir si le corps de l'enfant n'était pas découvert, à l'endroit où il avait commis son crime.

Pour Requin, et d'après tout ce que je lui avais dit, la disparition de Célestin n'était due qu'à la main criminelle d'Henry. Ce n'était pas en vain que le fantôme de Célestin l'attirait au bord de la Seine, à la suite de leurs vols mutuels.

Après deux jours d'exploration, Requin vit un soir un garçon pâle, aux yeux glauques, à la mine inquiète, arriver à l'endroit qu'il m'avait indiqué dans son rapport.

Il le laissa d'abord, comme il me l'avoua lui-même, contempler la place où il avait jeté à l'eau son complice. Lorsqu'il parut bien absorbé dans sa

contemplation sinistre, lui donnant comme une espèce de frisson, Requin lui frappa vivement l'épaule
et lui dit :

— N'est-ce pas que c'est là qu'est Célestin?

Le misérable, comme si cet attouchement lui eût
produit l'effet d'un fer rouge, poussa un cri déchi-
rant.

Il voulut fuir.

Les mains de Requin l'enserrèrent comme dans
un étau.

Sans se faire reconnaître, il appela deux gardiens de la paix, il commanda sous leurs yeux le
curage de la Seine à l'endroit où s'était porté l'incriminé. Ensuite Requin faisait emmener Henry chez
le commissaire. Pendant qu'on l'interrogeait, on
découvrit le cadavre, et Requin me fit parvenir la
nouvelle de cette découverte.

De leur côté les agents P*** et G*** m'envoyaient
des rapports plus explicites dont ils ont rapporté la
teneur quand le criminel parut plus tard devant les
juges.

« J'étais sur la berge, m'écrivait P***, quand on a
levé le cadavre du petit Célestin. On n'a pu d'abord,
vu le courant de l'eau, le saisir à l'endroit où il
avait été fixé par accident ou par toute autre cause.
Ce n'est qu'à l'écluse de la Monnaie qu'un éclusier
a pu le saisir. On a trouvé auprès du cadavre la
corde qui s'était détachée du cou. J'ai été chargé
de rechercher si l'on avait vu quelquefois des cordes semblables sur la berge. On m'a répondu que
jamais charpentier, couvreur ou marinier ne se servaient de cordes pareilles. »

« J'arrivai, dit le second rapport de G***, le lendemain matin de l'arrestation d'Henry, à la place qu'occupait sa mère au marché des Carmes; elle attendait son fils pour déjeuner. Comme l'affaire avait déjà été ébruitée dans le marché, pour ne pas éveiller les soupçons, nous sommes allés en observation : mon collègue G*** s'est placé dans la rue des Carmes, moi je me suis mis à l'entrée de la rue Monge. Peu de temps après mon collègue me fit un signe; j'approchai, il me dit :

« — Mme Henry vient de disparaître.

« Je lui répondis :

« — Il n'y a plus de doute : Mme Henry sait que son fils est inculpé d'assassinat ; elle a connaissance du crime et de la provenance de l'argent volé au préjudice de Mme Maranne. »

On sait que, pendant que je recevais les rapports, Requin avait mis la main sur l'assassin et m'envoyait le premier la nouvelle de sa découverte, que je transmettais à qui de droit.

Voici maintenant les faits tels qu'ils relèvent de l'instruction :

Le 16 novembre 1874, Mme Maranne, après son mari, laissait son fils à la maison, en lui recommandant de se hâter pour la rejoindre au marché.

Une heure après, comme le jeune Célestin n'était pas venu la rejoindre, elle rentre chez elle. Il n'y était plus. Mais elle vit avec effroi que son armoire avait été ouverte à l'aide d'effraction et qu'une somme de 900 francs, les économies de vingt ans de la dame et de son mari, avait disparu.

Depuis ce jour, les époux Maranne ne revirent

plus leur fils. Le 13 décembre suivant, le chef éclusier du barrage de la Monnaie retira son cadavre de la Seine ; il venait de l'île Notre-Dame, car on y trouva une corde nouée en forme de nœud coulant.

L'autopsie a fait connaître que la pression de la corde avait dû produire une suffocation immédiate, et que l'assassin avait profité de cette situation pour jeter l'enfant à la Seine.

Les soupçons ne tardèrent pas à se porter sur son camarade Henry, qui, jusqu'au moment du meurtre, ne le quittait plus d'une semelle. Tout fit supposer que le jeune Célestin Maranne avait été conseillé par Henry pour voler sa mère ; ce dernier l'avait attendu ensuite sur la berge pour profiter seul, par un assassinat, du vol commis par son jeune complice.

Il était établi, par la procédure, que Célestin Maranne, d'une intelligence précoce, mais qui avait manifesté d'assez mauvais penchants, avait commis plusieurs fois de légers larcins au préjudice de ses parents, et Henry le savait.

Dans la journée précédant le vol des 900 francs, ce malheureux enfant avait dit à l'un de ses camarades qu'il devait enfoncer l'armoire de sa mère *sur le conseil* d'Henry et en prendre l'argent.

Il est donc certain qu'Henry a excité les instincts irréfléchis du jeune Maranne pour le pousser au vol ; qu'il s'est emparé ensuite de la somme volée par le voleur, et qu'il a fini par avoir recours au meurtre pour ne pas partager avec son complice le fruit de son crime et pour mieux s'en assurer l'impunité.

La corde dont s'est servi Henry est assez semblable à celles dont les enfants se servent dans leurs jeux ; elle a été apportée par Henry et préparée par lui, car elle était nouée aux deux extrémités pour qu'il fût plus facile d'en faire rapidement usage. L'étranglement et la noyade de Célestin par son odieux camarade ont dû être instantanés.

Dès ce meurtre accompli, Henry fait des dépenses hors de proportion avec ses ressources, et l'étal de sa mère est constamment pourvu. Le prix de son loyer, jusqu'alors en retard, est acquitté avec l'argent volé de son fils. Donc la mère a profité de ce vol, et l'information a complètement démontré qu'elle en connaissait l'origine.

A la cour d'assises, Henry et sa mère viennent s'asseoir devant le jury.

La tenue du principal accusé est déplorable ; elle produit une pénible impression sur l'auditoire. Edouard Henry pose ; il feint l'émotion, mais cette émotion n'a rien de sincère. Son œil reste sec pendant que sa voix *déclame!*

Et l'on frémit en l'entendant raconter tranquillement comment il a passé la corde au cou de sa pauvre petite victime, et comment il l'a jetée ensuite dans la Seine.

A côté de cet enfant cynique, au visage imberbe déjà disgracié par le vice et la cruauté, le visage vulgaire de la mère disparaît.

Elle n'a pas eu connaissance, prétend-elle, de l'assassinat du petit Célestin ; mais l'accusation lui reproche d'avoir recélé une partie de la somme enlevée à ses voisins, les époux Maranne.

En effet, tous les témoins viennent constater que, depuis le meurtre de Célestin, la gêne a disparu chez la charcutière du marché des Carmes.

A l'audience, le président interpelle ainsi le jeune Henry :

— Vous vouliez sauver votre mère de la misère. Mais on sait ce que ce sentiment très respectable a de valeur dans vos explications! Vous ne cédiez qu'à l'envie avant d'obéir froidement à vos terribles instincts. Lorsqu'on a porté le corps à la Morgue, à la suite de votre première arrestation, on vous a laissé libre, c'était pour mieux vous surveiller. Qu'avez-vous fait alors? Vous êtes allé à la Morgue pour voir votre victime, comme vous vouliez la voir au fond de l'eau, la première fois qu'un agent vous surprit sur la berge. Lorsque vous vous êtes bien assuré à la Morgue que c'était le corps du jeune Célestin, vous êtes allé, le soir, au spectacle. Et c'est le lendemain, que vous avez été définitivement arrêté.

Après le fils, le président interpelle ainsi la mère.

— Je ne prétends pas que vous ayez su que votre fils avait tué l'enfant de votre voisine; mais je prétends que vous n'ignoriez pas qu'il avait participé au vol. Votre fils a dit quelque chose de très grave contre vous. Il a dit : « J'ai mis 120 francs dans le comptoir de ma mère. » Avez-vous, oui ou non, ces 120 francs?

L'accusée ne répond pas, elle se contente, pressée par le président, de balbutier des phrases inintelligibles.

Après l'audition des témoins, dont l'ensemble des dépositions ne fait qu'amplifier l'exposé du crime du jeune Henry, le jury rapporte un verdict affirmatif sur la question du meurtre, affirmatif aussi sur la question de complicité de vol à l'égard d'Henry et de sa mère ; mais, pour cette dernière, il est admis des circonstances atténuantes.

Henry s'écrie :

— Ma mère est innocente !

La cour, après délibération, condamne Henry à vingt ans de travaux forcés et sa mère à deux années d'emprisonnement.

CHAPITRE XIII

ROQUES, LE PARRICIDE.

Devant les enfants Plais qui avaient assassiné leur mère, accusée aussi par l'opinion publique d'avoir fait mourir son mari, un président de cour d'assises disait en pleine audience :

« — Autrefois, le parricide était si rare qu'on osait à peine prononcer son nom, peut-être parce que la famille était constituée sur des bases plus solides, et le respect des enfants envers leurs parents était garanti, protégé par des lois sévères. Oh! la cupidité! Voyez quels en sont les fruits? Elle amène devant vous un frère et une sœur, en face desquels les forçats, dont ils partageront les chaînes, auront le droit de dire : Tout ce que nous avons pu faire n'approchera pas de l'horrible crime de celui-ci. »

Eh, bien! tout ce que disait le président, à propos de ces êtres dégradés, dressés au vol, au meurtre par des parents sanguinaires et pillards, peut s'appliquer aujourd'hui à des gens élevés dans un milieu moins abject.

Maintenant, comme je l'ai signalé dans le chapitre des *Parricides et des fratricides*, ces crimes ne sont plus aussi rares ; et il faut bien à chaque session criminelle en prononcer le nom.

Le parricide ne se commet plus que dans les bas-fonds de la société ; et il n'est que plus condamnable dans les hautes sphères, parce qu'il devrait avoir là pour sauvegarde ce qui lui est refusé dans le monde interlope : l'éducation.

A quoi tient l'élargissement de cette nouvelle lèpre ? A la cupidité, comme l'a dit le juge des Plais, et à l'égoïsme qui sape de plus en plus les bases de la société.

Pour ma part, devant ce crime abominable, j'ai essayé, autant que possible, d'en étouffer les horribles scandales. J'ai réussi quelquefois, moins dans l'intérêt des particuliers que pour combattre le danger de montrer au vulgaire l'exemple funeste de parricides, n'ayant pour guide que l'amour du gain. Je n'ai agi favorablement vis-à-vis d'eux, dès que la loi me le permettait, que pour ne pas anéantir le seul point d'appui qui reste à la société : le respect et l'amour de la famille.

Au mois de juin 1875, un parricide, l'un des fils de Mme Roques, rentière, rue Saint-Jacques, vint donner un nouvel exemple de ce que peut engendrer la cupidité dans l'âme d'un enfant dénaturé reniant tous les liens de la famille, et ne mettant aucun frein à ses détestables appétits.

Mme Roques, qui avait atteint sa soixante-septième

année, était restée veuve avec trois fils. L'aîné, Frédéric, directeur du dépôt de papiers de la maison Voisier, habitait avec elle un appartement composé de quatre pièces, au troisième étage d'une maison dépendant du lycée Louis-le-Grand, sans concierge. L'autre, Edmond, était surveillant dans le lycée ; il venait voir constamment sa mère qui n'avait qu'à se louer des témoignages de tendresse de ses deux fils.

Il n'en était pas de même de son troisième enfant, Auguste Roques, qui, autrefois, avait été le préféré de ses garçons. Il avait, comme l'on dit, *mal tourné.*

Paresseux, débauché, d'un esprit volontaire et violent, il n'avait pas tardé à quitter le domicile de sa mère, après avoir comme son frère Frédéric partagé ce logement.

Il l'avait quitté pour aller vivre maritalement avec une femme séparée de son mari, une femme Gressier, dont il avait fait la connaissance dans un bal public.

Il courait avec elle de brasserie en brasserie, oubliant de se rendre dans la maison de commerce que son frère aîné dirigeait et où il était entré en sa qualité de commis aux écritures.

Le 5 juin, vers cinq heures du soir, Mme Roques était vue dans la rue Saint-Jacques pour la dernière fois... A six heures, une blanchisseuse arrivait, lui apportant un panier de linge. Elle sonnait, on ne répondait pas. A sept heures, le frère Frédéric revenait pour souper avec sa mère. Il avait la clef de l'entrée principale et veut ouvrir.

La porte est fermée au verrou en dedans.

Il pense que sa mère n'est pas rentrée, qu'elle a été, comme elle l'avait projeté, à l'Exposition. Il descend, il va faire un tour jusqu'à la rue Soufflot; il revient, il retrouve la porte fermée de la même façon. L'inquiétude le gagne, il va chercher le serrurier et se fait ouvrir par la cuisine.

Après avoir parcouru tout l'appartement, il arrive à un petit couloir obscur. Là, il trouve le cadavre de sa mère couché sur le dos, de la tête partent deux filets de sang qui ont coulé en forme de V.

Frédéric Roques, qui se refuse à croire à un crime, va chercher un médecin, il pense que sa mère a pu tomber et se frapper la tête contre les meubles.

Mais le médecin requis constate que la blessure de la dame est le résultat d'un crime.

Immédiatement la préfecture et le commissaire de police sont avertis. J'arrive rue Saint-Jacques, à la demeure de Mme Roques en même temps que le commissaire de police du quartier.

A mon arrivée, on procède à une première constatation légale. J'interroge le fils de cette dame qui me dit qu'il est sûr que sa mère devait avoir deux cents francs en or. Il indique le placard où cette somme devait être déposée.

Dans ce placard que le commissaire fait ouvrir, parce que la clef en a été enlevée, on trouve un porte-monnaie vide, sur sa commode un autre porte-monnaie également vide.

Evidemment Mme Roques a été assassinée pour être volée.

Par malheur, lorsqu'on dresse le premier procès-verbal où le médecin conclut à un crime, personne ne parle du troisième frère, Auguste Roques, qui n'habite plus dans la maison.

Ce n'est que le lendemain qu'il est question de l'auteur du parricide.

Lorsque je m'informe auprès des voisins de l'entourage de la vieille dame, j'apprends qu'en dehors de ces deux fils, il en existe un troisième dont l'existence n'est rien moins qu'exemplaire.

Le docteur, pour motiver son opinion sur le meurtre dont avait été victime Mme Roques, constata l'existence au côté gauche du front de deux plaies parallèles très profondes, au côté droit du cou d'un sillon circulaire produit par la pression d'une corde.

La corde se retrouva sur une caisse, dans le couloir où gisait le cadavre; elle formait lacet et s'adaptait aux blessures constatées sur le cou.

Dans la chambre à coucher, on aperçut la barre de fer encore tachée de sang et où adhéraient des brins de cheveux blancs.

En rentrant à la préfecture, et en possession de la copie du procès-verbal du commissaire, je me mis en campagne pour découvrir le meurtrier.

J'appris par une lettre anonyme ce que je désirais savoir. On m'écrivait qu'une femme Robbe, l'amie de la femme Gressier, avait reçu de celle-ci de terribles confidences. Cette Gressier, en revoyant, à neuf heures du soir, son amant qu'elle attendait à sept heures, avait été frappée du caractère extraordinaire de ses allures.

Il s'était jeté dans un fauteuil, se cachant le visage avec les mains. La femme Gressier ayant voulu aller à lui pour l'embrasser, il s'était écarté d'elle en prononçant des paroles incohérentes, telles que celles-ci :

— Je suis indigne, mère morte!... mère morte!... Moi cause, malheureux !

Sa maîtresse, bouleversée, frappée de stupeur, honteuse d'être avec un parricide, appelle tout à coup sa voisine, la femme Robbe, pour lui faire répéter ce qu'il venait de dire :

— Il prétend, s'écrie la femme Gressier indignée, qu'il vient de tuer sa mère?

— Moi qui l'aimais tant ! répète Roques.

— Alors, si c'est vrai, réplique sa maîtresse, tue-toi! et je t'aimerai encore!

Lorsque je reçus la lettre anonyme qui m'indiquait l'adresse de la maîtresse du parricide chez qui il habitait depuis qu'il n'était plus chez sa mère, je me rendis à l'adresse indiquée, le parricide était absent.

Là, je vis avec sa maîtresse une fille B*** qui m'avoua avoir écrit la lettre anonyme. Elle dit qu'elle n'avait agi que pour disculper son amie ; car dans les circonstances fatales provoquées par le parricide, Mme Gressier aurait pu être inquiétée avec son amant.

Cette Gressier, encore très émue, répondit à toutes mes questions. Elle me dit qu'en revoyant son amant, à neuf heures, dans une surexcitation incompréhensible, elle crut qu'il était en proie à l'ivresse de l'absinthe. Alors elle se mit à genoux devant lui, elle voulut l'embrasser, il la repoussa avec ces paroles incohérentes relatées dans la lettre :

« — Mère morte! Moi cause! »

Lorsque la femme Robbe était entrée, elle avait dit à Auguste :

— N'est-ce pas que vous n'avez pas tué votre mère?

Et Roques répondit :

— Je suis bien misérable!

On connaît cette réponse de la femme Gressier :

— Si c'est vrai, tue-toi! je t'aimerai encore!

La déposition de la maîtresse de Roques énonçait un fait encore plus grave que les paroles incohérentes du parricide! elle déclarait que son amant avait une tache de sang à son pantalon et qu'il lui avait dit :

« — Lave-moi ce sang, il me brûle la peau! »

La déposition de cette femme fut envoyée au commissaire de son quartier. Un mandat d'arrêt fut lancé contre son amant, le soir même, et le dimanche, Auguste Roques était arrêté.

Quel autre, en effet, que le fils de Mme Roques aurait pu commettre ce crime, avec une connaissance aussi complète des êtres de la maison et des habitudes de la locataire?

D'après les renseignements qui me furent fournis, j'appris que l'accusé, qui avait été brutal envers sa mère, avait redoublé de violence depuis qu'il n'habitait plus avec elle. Il s'était fait donner de l'argent ; sur son refus de multiplier outre mesure ses libéralités, il s'était livré vis-à-vis d'elle à des menaces et à des mauvais traitements.

La pauvre femme, émue de ces procédés, des tristes sentiments dont il témoignait, avait annoncé quinze jours auparavant que, dans sa pensée, *son* Auguste, autrefois *son préféré*, finirait par tourner mal !

En effet, quinze jours après, Mme Roques était volée, tuée par son fils. Pour continuer sa vie de débauche, il commit ainsi le plus monstrueux des attentats.

La blanchisseuse, au moment du meurtre, déposait à la porte de la victime son panier de linge, et quelques heures après, ce panier n'y était plus. Alors Frédéric Roques entrait, par la cuisine, dans l'appartement de sa mère.

Il retrouvait ce panier dans son domicile.

Il était évident que le meurtrier, pour ne pas attirer l'attention des voisins, rentrait le linge dans l'appartement, au moment où il achevait sa mère.

Voici comment le crime avait dû se commettre : Auguste était entré chez Mme Roques dans l'intention bien arrêtée de l'assassiner ; il s'était précautionné d'une corde en forme de lacet pour l'étrangler.

Une fois que la dame avait perdu connaissance, il l'avait traînée de sa chambre dans le cabinet noir ; il s'était mis à fouiller les endroits où il savait depuis longtemps qu'elle déposait son argent.

Au moment où il opérait ses vols, à la suite de son horrible crime, la blanchisseuse sonnait à la porte.

Auguste s'était arrêté dans l'exécution de son forfait ; il avait laissé sonner la blanchisseuse, qui, persuadée que Mme Roques était sortie, descendait l'escalier laissant son linge sur le palier.

Dans l'intervalle, Mme Roques, remise de son éva-nouissement, essayait par des efforts inouïs à se dégager de la corde qui l'étranglait. Roques, une fois certain que la personne qui avait sonné n'était plus sur le carré, s'était rapproché de la victime.

S'apercevant que sa mère luttait encore contre son agonie, et qu'elle ne se dissimulait plus le mobile qui avait fait agir le parricide, le misérable n'avait pas hésité à achever son œuvre infernale.

Il avait pris une barre de fer trouvée dans la chambre à coucher ; revenant sur sa mère, la corde au cou, agonisante, il l'avait frappée à deux repri-ses différentes aux tempes, pour qu'elle ne vît plus rien, et pour qu'elle ne *remuât* plus !

Une fois son forfait accompli, Roques, le parri-cide, poursuivi comme Caïn par le fantôme de sa victime expirante, était tombé chez sa maîtresse, le cœur déchiré de remords, les poches pleines d'or, le pantalon taché de sang !

On sait la scène qui se produisit chez sa maî-tresse, attribuant à l'ivresse le désordre des facultés de son amant.

Lorsque cette femme, qui n'est qu'une hétaire, est bien convaincue que Roques vient de tuer sa mère, elle a peur. Elle craint autant pour elle que pour lui. Elle fait avertir la police par une de ses amies ou confidentes comme les filles de ce genre en ont toujours pour déguiser leurs intrigues.

Je reçus de cette confidente la dénonciation de ce crime.

Aussi, lorsque Auguste Roques apprend qu'il est

dénoncé par sa maîtresse, il devient implacable pour elle.

A l'audience, Roques nie la scène qui s'est passée entre lui et la femme Gressier.

Le défenseur de Roques se sert des dénégations du parricide pour laisser supposer que, s'il n'eût pas fréquenté des filles de mauvaise vie, peut-être ne fût-il pas tombé aussi bas. Au besoin il ferait de la Gressier, cette femme plus que légère, dont les nombreux amants ne se comptaient plus, la complice d'Auguste Roques.

Ces suppositions retombent d'elles-mêmes.

Auguste n'a pas été perdu par cette courtisane, au contraire; lorsqu'il est réduit à la misère, après avoir perdu sa place, pour un vol considérable qui l'oblige à fuir en Belgique, c'est sa maîtresse qui le reçoit, et le cache chez elle.

Cette courtisane aime ce débauché, cet ivrogne, ce despote si exigeant et si irritable et qui lui fait peur.

Les femmes de ce genre adorent les amants qui les dominent.

'L'enfant gâté, qui a fait plier sa mère à ses caprices, est heureux, lorsqu'il est en proie à ses fureurs d'ivrogne d'absinthe, d'avoir en la femme Gressier un nouveau souffre-douleur.

La preuve c'est que, lorsqu'il a commis son parricide, c'est chez sa maîtresse qu'il revient, afin de donner un libre cours à ses terreurs, et de lui montrer l'abîme de sang qu'il a creusé entre lui et sa mère.

En vain renie-t-il plus tard, pour se venger de sa

maîtresse qui l'a dénoncé, ses paroles arrachées par le remords, les témoins qui l'ont entendu chez cette fille viennent le démentir.

Non seulement cette hétaire n'est pas sa complice, mais lorsque Roques n'était plus que le voleur de sa famille, il a vécu de la vie de cette prostituée.

Ce qui l'a fait voleur, puis parricide, ce sont ses mauvais instincts, que n'a pas su combattre une famille honorable, trop faible pour son Benjamin.

Même après sa honte, après son crime, ses frères, au tribunal, viennent lui serrer la main, comme si cette main n'était pas tachée du sang de leur mère!

Faiblesse condamnable que celle-là, car elle influence le jury. Auguste Roques n'avait aucune excuse à donner à son parricide; ses frères, par leur affection irréfléchie pour cet enfant gâté, en fournissent une devant les juges.

Puisqu'il n'a pas tout à fait perdu leur amitié, à défaut de leur estime, c'est qu'il y avait donc dans la querelle de la mère et du fils une ombre de raison en faveur de ce grand coupable?

Cependant Auguste Roques, aux yeux des hommes et de la loi, est d'autant plus criminel qu'il n'a pas, comme les enfants Plais, par exemple, à suivre les mauvais exemples de sa famille!

L'un de ses frères est à la tête d'une importante manufacture, un autre est employé dans un lycée.

Il a reçu l'éducation désirable qui pouvait le laisser sur le droit chemin dont il a dévié.

S'il n'est pas resté honnête, considéré, s'il est tombé de la famille la plus honnête, dans un monde de filles perdues, fréquentant les bals, les brasseries, pour vivre plus tard de leur prostitution, avant de commettre un crime dont on osait à peine autrefois prononcer le nom, c'est la faute de ses mauvais instincts.

Son parricide n'a pas d'excuse.

Si, une seule, la faiblesse de ses parents qui lui tendent la main au moment où ses juges se préparent à le retrancher de la société.

Cette faiblesse-là prouve ce que disait un jour un président des assises :

« Si les parricides sont aujourd'hui plus fréquents, c'est que la famille n'est plus constituée sur des bases aussi solides, c'est que le respect des enfants envers leurs parents n'est plus garanti, protégé par des lois sévères. »

Aussi Auguste Roques, le parricide qui a doublement mérité la mort, n'est-il condamné qu'aux travaux forcés à perpétuité.

CHAPITRE XIV

LES FOUS.

Où commence la folie, où cesse le sens commun.

La science et l'esthétique prouvent l'insuffisance à définir la raison et la déraison. Il est très difficile d'établir le parallèle des passions allant jusqu'au délire et de certains états psychologiques frisant l'aliénation mentale.

Dans certaines phases de la vie, il devient impossible d'assimiler le délire à la folie, parce que le délire provoqué par la passion est aussi éloigné de l'aliénation mentale que la folie de la raison.

Faute d'un diagnostic certain pouvant déterminer l'invasion de la folie et de ses nombreuses espèces, que d'abus cruels, que de crimes se commettent dans la société contre des martyrs visés presque à coup sûr par l'intérêt ou par la vengeance.

Durant ma longue carrière, j'ai été à même d'abandonner au nom de la loi *tournée*, bien des coupables qui n'échappaient à la prison que pour prendre la route de Bicêtre ou de Charenton.

Ces coupables, pour ne pas paraître devant leurs juges, étaient singulièrement sauvegardés par leur famille ; ces malheureux ne se sauvaient de la prison que pour se voir enfermés dans un cabanon !

Cela suffit aux familles ; elles se consolent de la perte d'un des leurs, en recueillant par anticipation leur part d'héritage, représenté par un martyr retranché de la société, avant d'être retranché des vivants.

Sous le second empire, après le coup d'État, un homme gênait-il par quelques sanglants secrets où le meurtre se mêlait à une passion d'alcôve, à un scandale de cabinet, vite il disparaissait, soit par le poignard d'un Corse, soit dans une maison d'aliénés.

J'ai raconté l'histoire de l'amant d'une grande dame enfermé comme fou, uniquement parce qu'il connaissait trop bien la cause de la mort d'un de ses compétiteurs qui, comme lui, vis-à-vis de l'Excellence de cette dame, avait été son rival, et parce qu'il avait eu le tort ou l'imprudence de s'en vanter !

Ces gens retenus comme fous, à l'exemple de cet amant évincé, finissent par le devenir, en partageant leur triste existence.

Il suffit pour déterminer chez ces malheureux un véritable état de folie, qu'ils soient doués d'une grande sensibilité, qu'ils soient en proie à de légitimes impatiences provoquées contre des compagnons déraisonnables. Alors elles ne tardent pas à leur causer des hallucinations funestes avant de les forcer à vivre comme eux, hors d'eux-mêmes.

La folie, pour les gens passionnés, prédisposés à l'aliénation mentale, est toujours contagieuse. Les gens qui, par vengeance ou par cupidité, veulent se débarrasser d'un parent gênant, ont contre lui une arme à peu près sûre, s'ils sont assez puissants pour se la procurer.

Je connais une famille millionnaire du Midi, dont les héritiers collatéraux font peser sur ses aînés cette épée de Damoclès de la folie.

Depuis près de quarante ans ces parents jouissent de l'usufruit de la fortune de leurs chefs qui, de père en fils, ont passé la vie dans une maison de santé. Ils ont eu l'art de prouver que la folie était héréditaire chez leurs aînés.

Vers les dernières années du règne de Louis-Philippe, le doyen de cette famille avait été mordu par son chien dans une de ses fermes. Il ne tarda pas, après un accident étranger à la morsure de l'animal, à être atteint d'une forte fièvre lui donnant un moment le délire.

Un de ses parents, cause principale de cet égarement, au sujet d'une question d'intérêt, profita de son état pour le dénoncer comme fou. Il s'ensuivit un conseil de famille, un procès-verbal médical qui le fit renvoyer au nom du préfet dans une maison d'aliénés.

Le parent qui avait provoqué l'état d'irritation de ce malheureux, était son héritier, et il fut chargé de la gérance de ses biens. Le prétendu aliéné était veuf; son épouse était morte, donnant le jour à un enfant, juste au moment où son père venait d'être mordu par son chien.

A l'époque de la majorité de l'enfant, son tuteur et ses ascendants prouvèrent que le fils du chef de cette famille, avait hérité du mal qui retenait son père dans une maison de fous.

Il alla y rejoindre l'auteur de ses jours; l'héritier collatéral prit de nouveau la place du second héritier, pendant que celui-ci, par la faute de ses millions, subissait le même sort que son père.

Alors il se passa dans cette maison de fous une scène des plus navrantes ; le fils qui avait conservé sa raison, retrouva son père qui, depuis vingt ans au contact des insensés, avait fini par devenir réellement fou.

Ce nouveau martyr de la cupidité adressa au gouvernement une plainte très touchante, très sensée, dans laquelle il exposait les manœuvres criminelles de ses odieux parents.

Je reçus personnellement un rapport très détaillé concernant les plaintes de ce fils spolié, détenu dans un cabanon, pareil à celui où son père, à bout de tortures, était devenu aliéné !

Une enquête ne tarda pas à être faite concernant le père et le fils, victimes des lâches manœuvres de leur famille.

Par malheur cette famille, grâce aux millions qu'elle détenait, était très influente dans le département. A l'époque où le nouveau reclus faisait appel à la justice on était sous l'Empire. Cet enfant avec son père, comptait en deux générations près de trente ans de captivité; et sa famille avait donné trop de gages au gouvernement depuis le coup d'État, pour qu'elle ne fût pas écoutée par la magistrature.

Les commissaires du gouvernement se présentèrent cependant à la maison de santé où étaient détenus le père et le fils! l'un fou, l'autre près de le devenir. Ils voulurent connaître la vérité, mais ces deux victimes tombèrent alors de la fièvre cérébrale en chaud mal!

Le fils du fou défendit son père et il se défendit lui-même avec tant d'exaltation que les commissaires mirent la véhémence du fils, les paroles incohérentes du vieillard sur le compte de la démence. Ils déclarèrent que la folie était en effet héréditaire chez les aînés de cette famille de millionnaires.

Aujourd'hui le fils proteste encore contre les détenteurs de ses biens et de sa liberté! Mais aujourd'hui, le père est mort fou, le fils ne vaut guère mieux.

Il arrive lorsque la justice est saisie d'un scandale qui frappe une famille puissante, dans la personne d'un de ses membres accusé d'une passion honteuse, que cette famille par son influence, le fait aussi passer pour fou.

Un vieillard obéit-il à ses instincts pervers, est-il en état de détournement de mineures, un fils de famille est-il accusé de pédérastie? Alors le vieillard obscène, le pédéraste, pour éviter l'infamie d'une condamnation, sont envoyés dans une maison de santé. Ils y entrent temporairement, sur les instances de leurs parents ; une fois dedans ils y restent.

Si le scandale a eu trop de retentissement, si l'opinion publique s'en est émue au point que la famille n'a plus le pouvoir de l'étouffer, l'avocat se charge de prouver aux juges et aux jurés que son client est atteint de folie.

Cette défense se produit invariablement chez des avocats de criminels importants qui n'ont pu échapper à la vindicte publique.

On l'a vu dans la cause célèbre des deux frères gentilshommes bretons se disputant leur servante, lorsque l'un des deux, pour venger son amante, n'hésita pas à tuer son frère.

Si dans cette affaire la justice ne fut pas dupe, de la défense de ce fratricide ; si les jurés ne confondirent pas l'égarement de la passion avec les écarts inconscients de la folie, le verdict rendu par le jury ne fut, en cette circonstance, qu'une exception.

Il y avait autrefois pour les pédérastes, pour les vieillards aux passions séniles, pour les femmes hystériques, une maison de santé, pour ainsi dire clandestine. Elle ouvrait ses portes moyennant une forte pension, à ces tristes héros pour qui certains médecins légistes n'auraient osé donner un certificat de crétinisme.

Une fois ces monomanes pris en flagrant délit de passions honteuses, la famille les envoyait dans ce refuge pour leur éviter le huis clos criminel. Elle les claquemurait pour le restant de leur vie dans cette prison, afin que la honte de leur châtiment ne rejaillît pas sur leur génération.

J'ai vu dans cet établissement une jeune femme qui y était entrée coupable d'adultère, monomane par hystérie, qui avait fini par y devenir complètement folle.

Il est vrai que son mari, en frappant sur son organisme irritable et sensible, en y provoquant des spasmes étranges, avait amené des désordres cérébraux qui préparent la cause *déterminante* de son aliénation mentale.

Le mari avait agi par vengeance. Voici à quel sujet.

Cette jeune femme, mère d'un enfant, parisienne par le caractère comme par les mœurs, était mariée à un vieux général; ne pouvant complaire à toutes ses fantaisies, il avait trouvé son remplaçant dans la personne d'un de ses plus proches parents.

Celui-ci s'était fait l'ami de la jeune femme parce que, par goût, et par tempérament, il avait bien mieux su répondre que le général aux folles excentricités de la capricieuse Parisienne.

Le mari avait confiance en son parent. Il n'aurait jamais pu croire à une trahison de la part d'un membre de sa famille. Il avait donc été le premier à laisser faire ces jeunes gens en leur accordant des libertés qu'il n'aurait jamais permises à tout autre, et que, par respect pour son âge, il ne se permettait pas lui-même.

Mais l'amour, quand il parle, étouffe bien vite la voix du sang. Les lauriers ne préservent pas de la

foudre! Un jour le vieux militaire, en entrant dans.
la serre qui donnait sur ses appartements, sans.
songer à rien, aperçoit qui? Sa femme plus qu'en
tête à tête avec son jeune parent!

Cette fois il ne peut plus douter de son malheur!
Il se retire sans rien dire, en dévorant sa honte. Il
s'éloigne sans bruit du lieu de délices où sa femme
et son parent se débattent encore sous le spasmes
de la plus douce volupté!

Lorsque la femme sort de la serre pour rentrer
dans l'appartement, le vieux général ferme la porte.
Il lui dit qu'il sait tout. Pour la punir il ajoute
que désormais elle ne verra plus non seulement son
parent, qu'il va faire chasser par ses domestiques,
mais qu'elle ne communiquera plus avec qui que ce
soit au monde! Il la condamne au silence perpétuel,
puis à une réclusion absolue!

Cette femme, qui ne vivait que par l'amour du
plaisir, des jouissances mondaines, descend tout
à coup de l'état le plus brillant dans le néant le plus
profond.

Elle supplie son mari de lui trouver un tout autre
genre de supplice. Elle le conjure de lui prendre la
fortune, la vie, et non de la condamner à une liberté
plus cruelle que la mort. A cette liberté dans le vide
et dans la solitude, n'ayant en face d'elle que son
bourreau!

Le mari est inflexible. Il a bien raisonné sa vengeance. Il sait que cette femme frivole, avide de
sensations, n'aspirant qu'aux hommages rendus à
ses charmes, ne pourra vivre longtemps privée d'ad-
mirateurs et de flatteurs. Il n'ignore pas que ce

sont les joies sensuelles qui entretiennent son éclat et donnent autant de prestige à sa beauté.

Il tient à la faire mourir lentement, à lui rendre le mal qu'elle lui a fait ; il veut la frapper jusque dans son amour de mère, jusque dans son affection pour ce parent qui l'a trompé comme elle !

Il la sépare du monde, de son enfant. Plus elle souffrira dans la solitude en s'y voyant oubliée, plus il jouira de ses souffrances. Il a perdu en elle deux affections, celles de son parent et de sa femme, ce sont pour lui deux indignes !

La voilà qui ne vit plus que seule, dans son hôtel cloîtré, dans sa voiture où les stores sont constamment baissés, jusque dans sa chambre à coucher, où ne paraissent pas ses domestiques, où son vengeur se montre chaque soir pour la saluer et lui dire :

— Demain sera comme aujourd'hui, et demain sera comme toujours !

Un an de cette vie monotone, irritante, insupportable, suffit à la malheureuse femme pour la mettre dans un état de surexcitation ou d'énervement qui finit par la rendre insupportable à elle-même.

Un soir que son mari se présente, comme tous les soirs, à son chevet désert pour lui répéter les mêmes paroles, la pécheresse se traîne à ses pieds et lui fait ce terrible aveu :

— Monsieur, vous êtes assez vengé ! Je le sens, cette vie atroce, inspirée par votre vengeance implacable, va me rendre folle ! Seule, toujours seule, vous m'avez rendue telle que vous me vouliez. Maintenant j'éprouve une jalousie violente contre le monde dont vous m'avez retranchée! Autrefois je n'étais que légère, aujourd'hui je suis devenue méchante! Je ressens, dans le silence auquel vous m'avez condamnée, des hallucinations de l'ouïe et des visions dans le cerveau! Elles me font éprouver d'étranges sentiments! Non seulement vous m'êtes odieux, mais votre vengeance, en me privant de la parole, en m'entourant d'un silence continuel, a jeté mon âme dans la nuit. J'éprouve une telle confusion d'idées, que mon enfant, que vous m'avez retiré, si vous me le rendiez, maintenant que je n'ai plus d'empire sur ma volonté, me deviendrait aussi odieux que vous! Par pitié, délivrez-moi! Ne me rendez pas folle! Délivrez-moi ou tuez-moi, pour que, dans ma démence, je ne devienne pas mauvaise mère comme j'ai été mauvaise épouse!

Le cruel reste sourd à sa prière! il est inflexible, comme toujours, devant sa femme, c'est là où il l'attend.

Quelques jours après cet aveu, il fait venir exprès près d'elle son enfant, qu'il lui avait jusqu'alors retiré.

Elle était précisément dans l'état de délire chronique qui égarait sa raison.

Alors elle se jeta comme une furie sur son enfant, elle voulut le tuer en l'étouffant de ses mains.

Le mari, qui s'attendait à cette crise et qui l'avait préparée, fit appeler deux médecins pour constater la folie furieuse de sa femme.

Et, sur le rapport signé de ces médecins, la femme du général fut envoyée dans la maison de santé dont j'ai parlé, à propos de cet épisode.

L'époux était bien vengé ; il tuait sa femme comme sa femme l'avait tué dans ses affections. En lui infligeant les déceptions les plus cruelles, il était parvenu à la rendre aussi odieuse à elle-même que son amant et son épouse lui étaient insupportables.

J'ai été à même de voir autrefois, dans la maison de santé qui recueillait tous ces fous, victimes de leurs passions inavouables, cette femme adultère, rendue insensée par son mari. Cette personne, si remarquable autrefois par sa grâce, par sa beauté, par son esprit, n'était plus qu'une vieille décrépite, hébétée, presque gâteuse. Elle était atteinte de la paralysie des aliénés ; un embarras de la langue l'empêchait de prononcer certains mots. Elle était hideuse par la contraction spasmodique des muscles de la face. Elle avait la démarche vacillante, inégale et saccadée. Elle s'embarrassait dans ses phrases comme dans ses mouvements. Elle allait progressivement à la tombe où l'avait conduite son mari, ne s'occupant plus d'elle depuis que la mort se chargeait d'accomplir jusqu'au bout l'œuvre de sa vengeance !

Si tous les époux se vengeaient de la sorte sur les femmes qui les trompent, il n'y aurait pas besoin de lois pour régler les peines infligées à l'adultère !

Dans cette maison de santé, comme dans d'autres peut-être plus recommandables, et qui, dans l'intérêt privé des familles, ne devancent jamais les dispositions de la folie, j'ai remarqué ceci : c'est que la folie est plus souvent engendrée par des causes morales que par des causes physiques.

L'histoire de ce mari outragé, qui isole sa femme du monde et de son enfant, pour la préparer graduellement à la mort, en est un exemple.

Non seulement la folie est contagieuse, mais elle est héréditaire. La folie est une maladie transmissible comme bien d'autres maladies! J'ai connu un médecin qui, à l'époque de l'invasion du choléra, soutint que cette épouvantable contagion pouvait se transmettre uniquement par la peur!

Il eut le triste courage d'en faire l'expérience, de donner cette terrible maladie à un malheureux timoré qui, persuadé par son médecin qu'il était en proie au choléra, finit par l'avoir et par en mourir.

Pour moi, la femme adultère dont j'ai parlé a été condamnée à la fois par son mari et la crainte de devenir folle, cette crainte aboutit chez cette malheureuse au triste état où je la retrouvai avant de succomber. J'ai parlé précédemment d'un grand nombre d'aliénés qui le devinrent après le siège de Paris, autant par les privations qu'ils eurent à subir que par les déceptions éprouvées par leur patriotisme, trop surmené.

La prédisposition de la folie existe dans les affections chroniques, qui entretiennent le cerveau dans des conditions anormales. J'ai parlé des cas d'aliénation produits par l'ivrognerie, j'ai signalé les nombreuses victimes du *delirium tremens*. D'autres causes de folie amènent des effets identiques : les tempéraments nerveux, les professions qui favorisent leur développement dans le monde des artistes, des lettrés et des savants, offrent mille prédispositions à la folie !

L'ambition, l'orgueil sont également des causes déterminantes de folie.

Dans toutes les maisons de santé, le nombre des fous qui se croient roi, lion ou soleil, et qui comptent leurs millions chimériques, est incalculable.

Les affinités se touchent. Entre la crédulité naïve et les génies orgueilleux venant échouer dans une maison de santé, il n'y a aucune différence à établir. Les expressions de physionomie de la brute, et de l'homme de génie, tombé à l'état de brute, sont les mêmes. Frappés par le même mal, les expressions de leur visage, qui sont comme les saillies de l'homme intérieur, présentent des phénomènes semblables ; les colorations rapides du visage, les mouvements convulsifs des lèvres, des joues, des sourcils, des paupières, l'irrégularité des regards, la mobilité extraordinaire ou la fixité étonnante de l'œil offrent toujours les mêmes symptômes.

Pour les fous, il faut noter deux cas extrêmes : celui d'un besoin de mouvement continuel et celui d'une apathie, d'une immobilité, d'une torpeur qui résistent à toutes les sollicitations.

Rien n'est plus près de la folie que le génie. Entre l'abrutissement le plus complet et l'exalta-

tion la plus tendue, il n'y a que la distance d'un
fil !

Dans le cerveau d'un être prédestiné, surchauffé
par l'imagination, il y a toujours quelques cases qui
souffrent de la marche trop rapide de son système
cérébral. Pascal croyait voir un abîme à ses pieds;
Jean-Jacques Rousseau voyait sans cesse des ennemis qui le talonnaient.

Sans aller chercher bien loin, les grands inventeurs modernes n'ont rien à envier aux inventeurs
des autres siècles, pour la persécution. Ils la doivent
aussi bien à l'envie qu'à leur caractère! Il n'y a pas
que Salomon de Caus qui ait fini à Bicêtre. De nos
jours Sauvage, l'inventeur de l'hélice, Amédée
Couder, dotant la France de nos expositions universelles, ont eu le même sort. L'un a fini dans une
maison de santé, l'autre est mort de faim sur un
canapé où étaient entassés des trésors d'art qui ont
enrichi toutes nos industries de modèles dont elles
vivent encore depuis trente ans.

On a dressé une statue à Sauvage; on en dressera
peut-être une, un jour, à Couder.

En tous les cas, Béranger a raison lorsqu'il
chante :

« Pauvres soldats de plomb que nous sommes,
　　Au cordeau, nous alignant tous,
　　Si de loin, sortent quelques hommes,
　　Nous crions tous : A bas les fous ! »

Par les exemples que je viens de citer, par les

abus qui les ont fait naître, on voit que les fous ont besoin d'être plus protégés par la magistrature qu'ils ne le sont encore aujourd'hui.

Ces fous sont-ils des fous sublimes, comme ceux que je viens de signaler à la fin de ce chapitre? Ils sont fatalement condamnés à la misère par le système économique qui régit la société moderne.

Ces fous ne sont-ils que des brutes? Ils sont menacés d'être les victimes de leur famille, toujours prête à les faire interdire, à les faire disparaître dans l'isolement d'une maison de santé, leur tombeau!

Il ne s'agit pas, dans l'intérêt de l'hygiène ou de la sécurité, que d'enfermer les fous; il s'agit, au nom de la morale, de prévenir les causes qui peuvent déterminer la folie.

Que de fois, en recevant du préfet de police une ordonnance d'office plaçant dans un établissement d'aliénés une personne interdite, dont l'état d'aliénation compromettait l'ordre public ou la sécurité des personnes, que de fois j'ai eu affaire à un martyr ou une martyre de sa famille.

Sous l'empire, la politique abusa de ces ordonnances provoquées par des certificats de médecins complaisants. Plus tard, l'abus se continua au nom des intérêts privés. Il se continue encore. Les rapports que j'ai sous les yeux en font foi! Lorsque la justice peut répandre la lumière sur les intrigues qui ont condamné ces martyres, il est trop tard, les victimes de ces menées infâmes sont réellement folles!

Puisque la société, de nos jours, a créé la *Société protectrice des animaux*, pourquoi ne créerait-elle pas aussi la *Société protectrice des fous?*

L'homme vaut la bête.

CHAPITRE XV

UNE RÉPUBLICAINE..... AU PÉTROLE.

Au moment où mes ténébreux ennemis m'obligeaient à donner ma démission, je devais entendre parler de la famille de Mme C*** qui les faisait agir jusque dans mon administration.

Un jour, un incendie éclatait dans les appartements de la sœur de cette femme qui m'avait voué une haine implacable.

La rumeur publique s'émut de cet incendie ; elle fit connaître par les journaux hostiles au parti du mari de cette dame, qu'un jeune homme touchant de très près à cette Égérie de l'opposition, avait mis le feu par vengeance à son foyer.

Sans nommer la personne, on désignait son incendiaire. Le jeune homme avait joué un rôle important dans l'organisation du Comité central, mais il avait eu l'art, par le pouvoir occulte de sa famille, de se désintéresser ensuite des excès du Comité de salut public.

Les juges de Versailles avaient absous le coupable, en considération de sa protectrice, parce que avant d'appartenir à l'opposition gouvernementale dont M. Thiers était devenu le chef de file, cette dame avait été la protégée d'un grand dignitaire de l'ex-empire.

Voici de quelle façon la chronique scandaleuse expliquait le sinistre. L'incendiaire, fils naturel de la dame, avait éprouvé une jalousie féroce, en apprenant que sa mère venait d'épouser un homme qui, cependant, appartenait de loin à son parti.

Ce bâtard fut d'autant plus furieux de cette union que sa mère avait un intérêt particulier à cacher le fruit d'une de ses liaisons, entre deux mariages. Par respect pour son nouveau nom, elle avait désavoué ce fils gênant.

Usant de son droit anonyme de sa position de femme libre, la dame, rentrée dans le rang des *régulières*, avait condamné sa porte au représentant de ses anciens écarts !

Alors le jeune homme, soutenu jusque-là par cette femme, si heureuse de trouver autrefois en lui une affection désintéressée, se vit réduit à la misère par son abandon ; il résolut de se venger.

Un jour, à la suite d'une scène épouvantable, la mère renia positivement son enfant. Elle alla jusqu'à invoquer la loi et les droits de son nouveau mari. Elle défendit à cet enfant naturel l'entrée de sa maison, celui-ci lui répondit :

— Soit, madame, vous me traitez en étranger,

en ennemi! Eh! bien, je vous rendrai la haine que j'ai le droit d'exercer contre une société aussi marâtre que vous! Votre fils vous traitera comme vous me traitez, je pousserai plus loin que vous la conséquence de cette haine contre cette société que vous ne battez en brèche, vous, que pour l'exploiter, et que moi, plus conséquent dans mes principes, je tiens à détruire! Je vous en avertis, je commencerai par vous.

Il sortit pour tenir sa parole.

Le lendemain, après une brillante soirée donnée par cette mère dénaturée, par cette républicaine qui travaillait à la revanche de Thiers, revanche arrêtée plus tard par sa mort, le feu se déclarait dans l'hôtel de la sœur de Mme C***.

A cette époque la sœur de Mme C*** recevait chez elle tout ce qui devait amener la chute du septennat! des députés de l'opposition, des officiers ambitieux, des aventuriers élégants, des gentilshommes tarés, des avocats politiciens et des artistes non arrivés; toute cette bohème correcte appartenant à cette nouvelle couche, placée au-dessous de la République aimable et un peu au-dessus de la République jacobine.

Du reste, cette dame, courtisane sous l'empire, ou femme mariée sous la République, n'a jamais tenu d'autre réunion que celle qui s'amuse.

Or, à trois heures du matin, les bougies des lustres étaient à peine éteintes dans les salons de la sœur de Mme C***, qu'une autre lumière y flambait, plus sinistre et bien plus active : la lumière dévorante du pétrole.

Mes deux agents ne tardaient pas à arrêter un jeune homme qui s'échappait en courant, de la maison où s'accusait par ses fenêtres ce commencement d'incendie.

On se le rappelle, j'avais chargé Requin et Œil-de-Lynx de surveiller les deux femmes qui avaient été pour beaucoup dans leur récente disgrâce.

Or, c'étaient eux qui, la nuit de la grande réception politique de la sœur de Mme C***, s'étaient tenus de planton, une partie de la nuit, autour de la maison.

Fidèles à la consigne que je leur avais donnée, autant pour se venger, que pour me venger moi-même, Requin et Œil-de-Lynx, n'avaient cessé de flâner, en *amateurs*, autour de l'habitation de leur ennemie.

Ils la surveillaient autant pour leur sécurité que pour la sécurité du gouvernement battu en brèche, à cette époque, par tous les amis de la sœur de Mme C***.

Il est vrai qu'à l'heure où ils arrêtaient l'inconnu, ils espéraient plus découvrir, de l'endroit où ils étaient postés, des conspirateurs qu'un incendiaire.

Quand Requin et Œil-de-Lynx mirent la main au collet de l'homme suspect, celui-ci les regarda d'un air d'effronterie qui en aurait imposé à des inspecteurs moins habiles :

— Pourquoi m'arrêtez-vous? leur dit-il, je sors comme tout le monde, de chez la maîtresse de maison dont vous voyez les fenêtres éclairées ! Si vous tenez à savoir ce que c'est que cette femme-là, c'est ma mère! Donc, laissez-moi tranquille.

— Il est possible, lui répondirent-ils que vous sortiez de chez madame votre mère; en tous les cas, comme vous êtes très en retard sur les autres invités qui ont déjà pris congé d'elle, quand ses lumières brillent d'une façon insolite, vous allez achever de nous instruire devant le commissaire.

Les deux agents voulurent conduire cet homme, au poste et au commissariat; mais il avait été trop lié avec Rigault pour ne pas connaître la police et la manière de s'en servir et de s'en défaire; il demanda à OEil-de-Lynx et à Requin :

— De quel droit m'arrêtez-vous? Quel mandat avez-vous pour m'arrêter, dès que je vous ai dit ce que j'étais.

A cette question, Requin et OEil-de-Lynx parurent bien embarrassés.

Ils ne faisaient plus partie de la Préfecture.

D'un autre côté, l'incendie redoublait d'activité.

A l'étage où il avait lieu. personne ne s'en apercevait, et ses flammes menaçaient la façade extérieure.

Alors mes deux agents révoqués prirent un parti extrême. Convaincus par les allures de l'inconnu, par ses habits tachés d'huile de pétrole, qu'ils tenaient l'incendiaire, ils ne le lâchèrent que pour le remettre à d'autres inspecteurs, qu'ils reconnurent dans le groupe formé, malgré l'heure avancée de la nuit, aux lumières de plus en plus intenses de l'incendie.

Dès que l'incendiaire fut entre bonnes mains, Requin et OEil-de-Lynx coururent réveiller le concierge qui avertit la locataire, la sœur de Mme C*** que ses appartements brûlaient.

Pendant que Requin et OEil-de-Lynx avisaient avec les gens de la maison et avec les voisins, au moyen de conjurer ce sinistre, mes agents n'avaient garde de se faire reconnaître de la locataire.

Ils savaient qu'elle était leur implacable ennemie, parce qu'ils n'avaient cessé de m'être dévoués.

Une fois dans la maison, et une fois le danger conjuré, mes affidés demandèrent secrètement aux domestiques comment ce sinistre causé par l'incendiaire, avait pu se perpétrer.

Alors un des serviteurs de la dame vendit, moyennant une forte récompense promise par Requin et OEil-de-Lynx, une partie des secrets du criminel.

Il leur raconta l'entrevue qu'il avait surprise avec sa mère le jour qui précéda l'incendie. Il leur rapporta mot pour mot, les paroles de ce fils jaloux et vindicatif à cette marâtre, dès que son orgueil, son envie de parvenir étouffaient les sentiments les plus naturels.

Ce serviteur acheva sa confidence, en faisant connaître à mes agents que lors de la soirée donnée par elle ou par son mari qui n'était que *sa chose*, son fils s'était glissé subrepticement dans ses salons.

D'accord avec un autre domestique, un ancien fédéré dont il avait été le capitaine, sous la Commune, il avait mis le feu aux appartements de sa mère.

L'ancien fédéré, lui, n'agissait que pour son compte, en continuant son rôle de pétroleur, vis-à-vis des riches, fût-il comme le mari de la sœur de Mme C***, un des représentants de ses revendications.

Le fils qui le commandait, n'agissait lui, que pour se venger de sa mère qui, en lui contestant son titre, ne voyait plus que les jouissances dont il était privé, après en avoir été sevré.

Il fallait voir, ainsi que le disait le dénonciateur à Requin et à Œil-de-Lynx, comme ces deux pétroleurs s'en donnaient à faire flamber les meubles moelleux, l'appartement chaudement tapissé d'étoffes magnifiques de leur maîtresse.

Sans l'interventien de mes deux agents ils eussent été dévorés par les flammes.

Dès que Requin et Œil-de-Lynx eurent connaissance de ces nouveaux détails, ils m'en avertirent par un rapport secret. Ils appuyèrent d'autant plus sur le point scandaleux de cette affaire, qu'elle compromettait bel et bien la dame qui avait intérêt à étouffer ce scandale, autant pour ne pas armer ses adversaires que pour ne pas déconsidérer son époux,

Du reste, cette femme licencieuse et ambitieuse, ajoutait à tous ses vices, celui de l'hypocrisie.

Elle l'avait prouvé, lorsque par ce respect d'elle-même qu'elle ne gardait pas dans l'incognito, e'le avait enlevé, un moment, son enfant à sa sœur qui n'était pas comme elle, d'un âge à renier encore toute espèce de vertu !

Si l'effronterie du vice est un attrait de plus chez

la jeune bacchante, l'effronterie du vice est hideuse chez une vieille courtisane.

La sœur de Mme C*** avait trop d'intelligence pour ne pas le comprendre.

A la veille de rêver pour son mari, après l'effondrement du septennat, les plus hautes positions diplomatiques, que ses talents, son esprit, ses relations pouvaient lui faire obtenir, elle avait jugé utile de renier son fils adultérin. Ce fils devenait une tache, non pour elle, mais pour ses ennemis, jusque dans son monde, semi-bohème, où la fausse tenue faisait mieux ressortir ses gros mots et son absence de principes qui donnent à la prétention du beau et de l'élégance, le mépris de tout ce qui les fait respecter.

Lorsque j'appris, par les rapports de Requin et d'Œil-de-Lynx, de quelle façon ce fils pétroleur s'était vengé de sa mère, je me gardai bien, dans l'intérêt de la justice comme dans mon intérêt, de pallier les fautes de celle qui tenait un cercle où se réunissaient les adversaires du parti Mac-Mahonien.

Immédiatement les journaux du gouvernement parlèrent de ces scandales, à mots couverts, pour ne pas trop réveiller les haines des partis, qui tous s'abritaient derrière M. Thiers.

A cette époque, les adversaires du gouvernement étaient plus forts que le gouvernement même.

La sœur de Mme C*** eut l'art, après son sinistre, de rassurer ses amis *convaincus à l'avance*, en leur assurant que l'homme qu'on avait arrêté, le prétendu incendiaire de sa maison et son fils naturel, n'était qu'un fou, stipendié par la réaction pour la perdre et perdre son mari avec elle!

Elle rappella ce que la réaction avait déjà tenté contre son époux, en l'arrêtant au sujet d'un prétendu délit concernant la police des mœurs.

Encore une fois, ce fils qu'on lui donnait, n'était qu'un étranger, un fou, un intrigant, un vil suppôt de la police!

« Car, ajoutait-elle, après avoir interrogé ses serviteurs, elle était convaincue que c'était un de ses domestiques qui, par négligence ou imprudence, et en renversant une lampe à pétrole sur ses rideaux, avait été la cause involontaire de cet accident.

« Quant à l'étrange prétention de l'incriminé, terminait-elle, elle était aussi ridicule que mal fondée, elle tombait d'elle-même! Du reste, cet homme avait des antécédents trop détestables pour appartenir à sa famille. Par le rôle louche qu'il avait joué au 18 mars, n'avait-il pas prouvé qu'il n'était que le rebut de son parti, qu'il n'était bon qu'à devenir l'agent de l'*infâme* réaction! »

Le parti de cette dame avait plus d'intérêt qu'elle à étouffer ce scandale, il eut l'air d'ajouter foi à sa défense. De concert avec son mari, l'espoir de son parti, les adversaires du gouvernement se mirent à faire chorus avec elle, à crier aux manœuvres du pouvoir!

La magistrature fut intimidée, circonvenue par tous les partisans influents de l'opposition. Une première fois, le mari de cette femme astucieuse et puissante avait pu échapper des mains de la justice; une seconde fois cette Egérie, qui donnait à son époux tous les bonheurs accordés aux inintelligents, fut sauvée de ce nouveau ridicule, qui pouvait compromettre encore sa fortune politique.

Le fils qui avait voulu se venger de sa mère, en l'incendiant, ne tarda pas à devenir le bouc émissaire des amis et des ennemis de la mégère.

Les premiers ne lui pardonnaient pas d'avoir été un ancien soldat de la Commune, répondant si mal à l'indulgence de ses anciens juges. Les seconds lui pardonnaient encore moins d'avoir voulu compromettre la femme d'un homme, l'espoir et l'avenir de leur parti.

Le malheureux qui, grâce à un calcul de son ingénieuse mère, ne pouvait prouver par aucun acte civil, qu'il était son fils, fut considéré comme un monomane ou un idiot !

Il fut relégué, par un ordre préfectoral, dans une maison d'aliénés ! Il devait bien cela à sa charitable mère, à cette marâtre qui, en reniant tout sentiment, répondait ainsi au défi de son fils.

Elle sacrifia son enfant pour sauver l'honneur de son mari et de son parti.

Il y eut bien, dans son entourage, quelques gens qui ne crurent pas à l'histoire de son incendie par imprudence, mais la plupart furent assez insensés pour exalter le sacrifice de cette républicaine, préférant comprimer les élans de son cœur pour ne pas compromettre la flamme qu'elle entretenait sur l'autel de la foi démocratique.

Comme au *bon* temps de l'empire, les agents de la magistrature furent priés, par ordre, de ne pas donner suite à cette affaire, dès que l'incriminé ap-

partenait à l'autorité par son état mental et au nom
de la sécurité publique.

Mes adversaires ne bornèrent pas là leurs menées;
je reçus l'ordre, par une certaine malignité administrative, de me rendre personnellement auprès de la
sœur de Mme C***, de me renseigner définitivement
sur ce qui pouvait y avoir de louche dans cet incendie dont les journaux s'étaient trop occupés.

Je ne me méprenais pas sur la portée funeste que
mes chefs donnaient à ma démarche auprès de mon
implacable ennemie.

Mais, à cette époque, j'avais ou je croyais avoir
un plastron très cuirassé pour amortir les coups de
leurs flèches empoisonnées : ce plastron, c'était ma
démission déposée entre les mains de mon préfet.

Je me rendis donc, sans laisser deviner aucune de
mes appréhensions, chez la sœur de Mme de C***,
comme si, en me plaçant sous sa griffe, je ne faisais que remplir un des actes de mon devoir professionnel.

Elle habitait un des somptueux hôtels du quartier
Monceaux. Elle y recevait, comme je l'ai dit, l'élite
de la bohème politique et correcte, état-major, à
cette époque, de la bourgeoisie athée qui a remplacé
Dieu par Crésus.

Lorsque je revis la sœur de Mme C***, elle faisait
réparer les dégâts de son appartement incendié;
elle me reçut d'une tout autre façon que la première fois, lorsque son mari, à la place de son
fils, était encore sous le coup de la justice.

La première fois, j'avais vu en elle une artiste
exaltée par le danger, furieuse des coups que lui

portait la réaction triomphante, et qui avait su se modérer en face de l'agent de sa honte et de sa ruine.

Aujourd'hui qu'elle n'avait plus rien à craindre de ses adversaires, elle me reçut d'une façon courtoise, bienveillante, et le sourire aux lèvres.

Le grand jour, qui inondait sa figure encore correcte, mais très ridée, en dépit des cosmétiques, me la fit voir horrible, horrible jusque dans son sourire, et bien plus méchant qu'agréable.

Le peignoir de cachemire blanc, en dessinant sa taille encore flexible, droite et plantureuse, drapait ses formes, rappelant celles du tigre qui frémit à l'approche de sa proie.

Sous son cachemire blanc, sa peau me parut aussi brune que celle du loup du conte de Perrault, avant de dévorer le petit Chaperon Rouge.

A ma vue, ses faux cheveux s'agitèrent, se remuèrent, comme la crinière du lion qui s'apprête à dévorer la gazelle, ses yeux démentirent son sourire, ils étaient durs et clairs, et faits depuis longtemps pour dominer tous les hommes.

Pendant qu'elle me souriait en me tendant la main d'un air amical, je ne voyais que ses yeux. Ils étaient fulgurants, pleins de menaces, cependant elle se faisait câline et insinuante comme la chatte, pour mieux tromper sa proie sous sa griffe !

— Ah! me dit-elle, je vous attendais, monsieur le chef de la sûreté, monsieur mon ennemi politique ! Si la raison et la loi ont désarmé devant moi, mes ennemis n'ont pas fait comme elles. C'est juste !

la haine ne raisonne pas. Et vous êtes par votre position, par le défi que je vous ai jeté autrefois, au nombre de mes ennemis, n'est-ce pas ?

— Madame, répondis-je, sans lui presser sa main qu'elle me tendait, aujourd'hui comme autrefois, je viens au nom de la justice, pour savoir de vous, à propos de votre incendie et de son incendiaire, la vérité, toute la vérité.

— Mais, me répondit-elle, je n'ai pas autre chose à dire que ce que vous savez par monsieur le préfet de la Seine. L'incendie dont j'ai souffert provient de l'imprudence d'un de mes domestiques. Quant à ce fou qui prétend se venger de moi, en mettant le feu à ma maison, vous savez qu'il est tout le contraire de ce qu'en ont fait nos adversaires par l'organe de vos agents ! Ah ! monsieur Claude, me dit-elle sur un ton caressant et larmoyant, je ne vous croyais pas si rancunier ! car je sais que c'est par vous et vos inspecteurs *révoqués*, que vos journaux ont donné créance à cette fable absurde, inventée avant vous, par ce fou qui voulait me déshonorer après avoir déshonoré notre parti.

— Je veux bien vous croire, madame, lui répliquai-je, tout en restant debout, quoiqu'elle m'engageât à m'asseoir sur un large et moelleux divan où elle venait de s'engloutir; je veux vous croire, car si je ne vous croyais pas, si cet homme était bien votre fils, si, pour vous sauver du ridicule, vous aviez imaginé ce démenti donné aux journaux, à votre époux et à vous-même, ce serait infâme! Vous seriez, madame, la plus méprisable de toutes les femmes !

— Monsieur!... monsieur! — s'écria-t-elle en se levant d'un bond de son divan, les éclairs dans les yeux, la bouche crispée, le geste menaçant comme lorsqu'elle me menaçait de son éventail, — monsieur, vous m'insultez... et vous oubliez que... vous êtes chez moi.

J'avais blessé cette femme qui me haïssait, qui avait juré ma perte ; je l'avais forcée à sortir de son calme aigre-doux qui m'irritait plus que ses anciennes colères ; j'étais heureux. Je repris une attitude polie, en me calquant sur sa première manière.

— Excusez-moi, madame, si j'ai été impoli, brutal, un agent de la magistrature n'est pas forcé d'être un homme du monde. Soit, n'en parlons plus ! Votre indignation me prouve du reste que, aujourd'hui comme hier, vous avez été la victime de vos ennemis ! Vous ressentez comme moi, n'est-ce pas, l'indignité d'une mère qui, dans l'intérêt de sa fortune et de son parti, renierait son fils au point de le faire passer pour fou ! Vous reconnaissez comme moi, n'est-ce pas, l'infamie d'une pareille conduite ? N'en parlons plus !

— C'est cela, monsieur, fit-elle d'un rire qui partait des dents, n'en parlons plus et causons en amis. Oublions notre haine réciproque, depuis que je ne me souviens plus de mes menaces, aujourd'hui que, par le pouvoir qu'a pris mon parti sur le vôtre, vos menées contre moi deviendraient impuissantes.

— On n'est pas plus généreuse ! exclamai-je en hochant la tête d'un air ironique.

— Je suis femme, monsieur.

— Je croyais que les femmes outragées ne pardonnaient jamais! Et madame votre sœur, qui ne pardonne pas, elle, est de votre famille. Elle n'a donc pas les qualités de votre sexe?

— Ma sœur fait tout ce que je veux.

— Elle ne le prouve guère.

— Comment?

— En m'entourant d'ennemis jusque dans mon administration, en faisant destituer tous mes serviteurs.

— Prenez-vous-en à votre imbécile de Mac-Mahon!

— Il ne serait pas si bête s'il ne vous résistait pas, n'est-ce pas, madame?

— Plus il nous résistera, et plus nous lui ferons la guerre! Plus il acceptera la guerre, et plus vite nous le battrons.

— Vous croyez à votre triomphe prochain?

— Nous vous en donnerons des nouvelles dans un an.

— Alors, ce sera pour me renvoyer à la prison de la Santé? Pour me fusiller?

— Y pensez-vous, monsieur Claude? — exclama-t-elle avec un geste de main qui me faisait voir clairement son dépit de se sentir devinée, — y pensez-vous? Mais, quand bien même nous n'aurions pas fait la paix avec vous, est-ce que vous n'auriez pas pour vous protéger, M. Thiers? Aujourd'hui il est votre chef de file, et vous savez bien qu'il reprendra sa place, au premier rang, pour sauvegarder encore la vôtre?

— En effet, madame, je puis compter sur mon
ancien protecteur! mais j'y compte comme vous y
comptez vous-même. Uniquement pour qu'il vous
serve de pont! La République dévore, vous le
savez, tous ses enfants, comme Saturne! Une première fois, M. Thiers s'est tenu au pouvoir républicain par les néo-républicains; une seconde fois il
reviendra au pouvoir par des républicains qui le
brûleront, comme votre fils, pardon madame!
comme ce fou vous a brûlée!

— Ah! monsieur Claude, exclama la sœur de
Mme C*** en souriant avec un sourire plein de rage
et qui me fît peur, prenez-garde, c'est vous qui
jouez avec le feu, en ne me pardonnant pas mes
premières menaces! Prenez-garde, nous sommes
puissants aujourd'hui. Je vous l'ai prouvé en mettant à néant les calomnies déversées sur moi par
nos ennemis. Croyez-moi, par prudence, sinon par
sympathie, abdiquez vos rancunes ou vous êtes
perdu!

— Un homme averti en vaut deux. Soit, j'ou-
blie tout, puisque vous avez tout oublié et que vous
m'assurez que vous avez assez de puissance sur votre
sœur pour ne plus écouter ses revendications.
Excusez ces paroles amères. Ne voyez en ceci que le
mépris profond que je professe pour l'humanité par
mon habitude de vivre avec les scélérats! Hélas! que
la vertu est rude à défendre! ajoutai-je en soupirant,
et en imitant son hypocrisie, à une époque comme la
nôtre où la société n'est régie que par des bâtards!
Des bâtards de gentilshommes ont fait l'Empire, j'ai
bien peur que des bâtards de bourgeois ne refassent

la Commune! car la société appartient aux bâtards, ils brûleront un jour jusqu'au mobilier de leur père d'adoption, l'Etat, dont vous vous emparerez à votre tour ! Vous-même, madame, quoi que vous disiez, quoi que vous fassiez, l'exemple de votre maison incendiée me le prouve, vous êtes malgré vous poussée aussi par le courant ; vous êtes une future républicaine vouée.., au pétrole!

Encore une fois je venais de blesser cette femme, en lui prouvant que je n'étais pas plus dupe de son histoire que de sa fausse réconciliation.

Alors elle se leva, menaçante, de son divan ; je crus qu'elle cherchait encore son éventail pour me souffleter, comme elle avait tenté de le faire à notre première entrevue.

Elle se contint cependant ; elle me dit de son sourire le plus méchant :

— Mais il me semble que vous n'étiez ni aussi misanthrope ni aussi admirateur de la vertu quand vous *flirtiez* autrefois avec Mme de X***?

— Madame, lui répondis-je en la saluant prêt à la quitter, parce que je ne tenais plus à irriter cette lionne blessée, madame, sous l'Empire comme sous la République, on ne marche pas dans la boue sans se crotter !

Cette fois, je partis de chez cette dame sans vouloir rencontrer ses regards, qui se fixaient toujours sur les miens et qui me disaient, pendant qu'elle me tendait la main que je n'acceptai pas :

— Tu as beau faire, Claude, tu as beau insulter ton bourreau, tu n'es pas moins, un condamné à mort.

Mais ce qu'elle ne savait pas, cette femme, cette républicaine... au pétrole, c'est que j'avais, pour esquiver ses coups et ceux de sa digne sœur, ma démission, déposée entre les mains de mon préfet.

Cette démission devait-elle être pour moi une grande sauvegarde? L'avenir devait me le dire d'une façon plus certaine que les regards menaçants et terriblement fouilleurs de la sœur vengeresse de Mme C***.

CHAPITRE XVI

LES FRÈRES BANDITS.

Bien avant l'époque où eut lieu le parricide de Roques, rue Saint-Jacques, un cadavre était découvert sur les bords de la Marne. La victime paraissait avoir été assassinée dans une maison abandonnée située aux confins de l'île de Beauté.

C'était un homme de trente-cinq ans environ. Il fut reconnu pour être un ingénieur présidant au curage des bords de la Marne. Il commandait, en cet endroit, un grand nombre d'ouvriers dragueurs, la plupart Piémontais, Italiens, anciens forçats indigènes ou exotiques, bien capables d'être les auteurs de ce meurtre.

Lorsque le cadavre fut découvert, on reconnut par ses blessures au cœur et au cou, que la main ou les mains qui l'avaient frappé, étaient habituées à manier le stylet et à travailler... dans le meurtre.

Ce qui confondait toutes les conjectures, c'était l'endroit où avait été trouvée la victime. L'expression du visage du cadavre n'exprimait aucune émotion violente. Sa mort avait dû être foudroyante. On présumait qu'il avait été tué sur le coup et à l'improviste,

Comment si l'attentat s'était commis à l'insu de celui qui en avait été l'objet, avait-il pu se trouver de propos délibéré dans cette maison déserte pour se prêter si complaisamment aux tentatives des assassins ?

Évidemment il n'avait pu être qu'amené, après la perpétration du crime, dans cette maison, enfouie sous des taillis, aux touffes inextricables, télles qu'en présente l'île de la Beauté.

Cette île mystérieuse qui se dérobe pour ainsi dire à elle-même, est en effet, on ne peut plus propice aux amoureux et aux criminels.

Sa corbeille de verdure, son rideau d'arbres, sa double ceinture d'herbes épaisses flottant sur les eaux, forment comme un *retiro* naturel entre la montée fleurie de Nogent et les plaines à perte de vue qui s'étendent au-delà de l'île, de l'autre côté de la Marne.

Ce qui fit supposer que le cadavre avait été porté dans cette habitation, après l'accomplissement du crime, ce fut la découverte du portefeuille de la victime. On le trouva avec des papiers éparpillés sur les bords de la montée de Nogent, à peu de distance de l'endroit où s'effectuaient les travaux de cet ingénieur.

Immédiatement, la police, sur les constatations du commissaire, procéda à d'actives recherches pour découvrir les coupables de cet attentat.

Elles furent opérées sur les lieux où travaillaient les ouvriers suspects de l'ingénieur assassiné. Comme le portefeuille contenait des papiers qui constataient les sommes allouées aux ouvriers, ce furent sur eux et sur leur contremaître que se portèrent les premiers soupçons. Une fois interrogés par le juge d'instruction, ces manœuvres parurent très surpris des suspicions de la justice. Les Italiens sont gens retors. Ils cachent sous un air de fausse expansion, un esprit de ruse dont les détours impénétrables en remontreraient au juge le plus sagace.

Or, le magistrat ne put rien tirer des ouvriers, ni de leur contremaître. Tous, d'un commun accord, regrettaient leur ingénieur, dont ils n'avaient, disaient-ils, qu'à vanter la bonne humeur et l'intelligence? Ils partirent du cabinet du juge, les larmes aux yeux, l'indignation aux lèvres, parce que la justice osait les rendre responsables d'un guet-apens qui les privait d'un si bon maître.

Cependant l'instruction du magistrat ne fut pas tout à fait perdue; dans l'interrogatoire les ouvriers en se faisant blancs comme neige, aux yeux de la justice, lui donnèrent un point de repère.

Ils avouèrent que le marchand de vin chez lequel ils prenaient leurs repas, en compagnie de leur ingénieur et de leur contremaître, pouvait bien être l'auteur de ce crime mystérieux.

Ils laissèrent entendre ce que les rapports de mes inspecteurs, avaient aussi consigné lorsque je reçus l'ordre de suivre cette affaire.

A cette époque il existait, à la pointe de l'île, une bicoque en planches et en briques, dont l'aspect mystérieux et sinistre répondait à la portraiture du maître de ce débit de vin, où se réunissaient les ouvriers dragueurs.

Cet individu avait eu autrefois, maille à partir avec la justice. Pour se rendre favorable à la police, pour gagner son indulgence, il s'était fait depuis longtemps le mouton de ses clients.

Cet homme à la figure sournoise et farouche était un vrai gibier de potence. Il ne parlait presque jamais, il n'apparaissait dans ses salles qu'à l'heure où elles étaient encombrées de travailleurs, plus pour les surveiller que pour les servir.

Il était secondé dans son service par sa femme, autrefois sa servante, jolie, accorte, aussi séduisante, aussi hospitalière que son mari était repoussant, bourru et farouche.

Elle apparaissait dans le bouge, comme un rayon de soleil dans les tavernes fumeuses de Teniers. C'était une perle égarée dans ce fumier.

Le rapport disait que l'ingénieur, bon vivant, très amateur du beau sexe, s'était laissé prendre au séduisant éclat de cette perle de l'île de Beauté, la jeune femme ne demandant pas mieux, du reste, que d'oublier son mari, quand cet oubli faisait *encore aller le commerce*, et elle recevait toutes les nuits, dans une maison déserte de l'île, l'ingénieur préposé au curage de la Marne.

Le jour de la mort de l'amant de la belle, les buveurs de l'établissement avaient remarqué chez son mari un air de bonne humeur inaccoutumé. En servant, ce jour-là, l'ingénieur, sa physionomie ingrate avait gardé un ricanement sinistre, il ne l'avait pas quitté de la journée. Jamais il n'avait paru si gai, et ses lèvres n'avaient cessé de prendre l'empreinte du *rictus* de la bête fauve.

On savait l'hôtelier de l'île de la Beauté aussi cupide que jaloux! Il voulait bien posséder sa jolie femme comme enseigne, mais il ne tenait pas à en partager la possession.

Le cabaretier fut appelé chez le juge d'instruction, sur le rapport de mes inspecteurs et les dénonciations de ses clients; mais il prouva que la nuit du meurtre, il n'était pas sorti de chez lui, que sa femme, qu'on donnait, par *des propos méchants*, comme maîtresse de la victime, habitait encore, cette nuit-là, avec lui.

— D'ailleurs, ajouta-t-il au juge d'instruction, en haussant les épaules d'un air de pitié, comment aurais-je pu tuer à la fois l'ingénieur, et dans la maison de l'île et sur les bords de Nogent où l'on a retrouvé ses papiers teints de sang? Si vous tenez à connaître le butteur, vous n'avez qu'un choix à faire dans mes clients, la plupart d'anciens *fagots*. Au besoin je vous ferais la liste du *menu* de Mazas, ou du gibier à *Charlot!*

Les auteurs présumés de cet homicide renvoyaient, comme on le voit, la justice de Caïphe à Pilate. Cependant les raisonnements et les preuves de l'hôtelier de l'île de la Beauté, étant fondés, il ne fut pas plus inquiété que les Italiens. La police ne fut pas plus heureuse que la justice, elle ne put découvrir les coupables.

Au moment où se fit l'instruction, les ouvriers dragueurs sous la conduite d'un autre contremaître, finirent les travaux du curage de la Marne, une partie de son personnel fut même changée.

La plupart des Italiens, des manouvriers volants, retournèrent dans leur patrie. Il ne resta à Nogent dans un caveau provisoire, que le corps de l'ingénieur assassiné; il fut embaumé pour être exposé et confronté, le cas échéant, avec son meurtrier toujours à l'état de mythe.

Trois mois se passèrent! L'affaire n'avança d'un pas! Il fallut se résigner à rendre le corps à sa famille, à laisser dormir cette affaire. Elle rentra dans le cas des nombreux crimes que la justice est impuissante à punir.

A cette époque mon personnel de limiers était déjà bien réduit, il l'était par la maladie, par la la mort causées à suite de nos désastres, par la politique qui me privait de mes plus précieux agents dressés par la pratique et par l'expérience.

Convaincu par cet insuccès, de l'insuffisance de mes nouvelles recrues, je résolus une fois encore d'avoir recours à l'adresse de Requin. Quoique révoqué en apparence, il servait ma police comme jadis, les anciens *cosaques*, de Vidocq, gens très utiles, traqués par l'opposition, mais qui ne continuaient pas moins, en dehors de l'administration, de faire leur service au profit des tribunaux.

Une fois que je mis Requin au courant de l'affaire, ce squale fait homme ne quitta plus les bords de la Marne, les alentours de la maison déserte de l'île, ni son bouge suspect.

Guidé par son flair, il sentit d'où venaient les

coups de stylet qui avaient tué l'ingénieur. Il apprit ce que n'avaient pu connaître mes agents ordinaires. Le bouge de la belle cabaretière n'était pas seulement un centre d'espionnage et de vol, c'était aussi le lieu de réunion de bandits i alic.is.

Il se fit raconter par les voisins, les scènes atroces qui se passaient dans le bouge. La nuit venue, la grande salle des consommateurs, basse, longue et enfumée, aux fenêtres tournées vers le bord de l'eau, pour ne pas laisser voir ce qui s'y passait, la nuit, cette salle se changeait en préau. Les Italiens se livraient en masse dans les ténèbres une fois excités par l'ivresse, à ce terrible duel appelé la *cicitia*. Il consiste comme on sait, à perforer à coups de stylet des adversaires invisibles qui se rencontrent, dans la nuit, sous le fer des bourreaux.

De pareils gaillards avaient été bien capables d'avoir été les assassins de leur patron, d'après l'inspiration du mari jaloux, qui n'avait pas eu besoin, de prendre le stylet dont il n'avait fait que diriger la main.

Requin pour donner un corps à son hypothèse, se mit à étudier le lieu du crime. Une fois son exploration faite, une fois ses conjectures appuyées sur des preuves indéniables, il m'envoya un rapport concluant ainsi : que le cabaretier avait fait assassiner, par les Italiens, l'amant de sa femme sur les bords de la Marne ; et une fois le crime commis, pour détourner les soupçons, il avait fait porter la victime par les meurtriers dans une maison sise à l'île de la Beauté.

Deux jours après la réception de ce rapport que je m'empressai de remettre au juge d'instruction, j'en recevais un autre de Requin. Il le concernait personnellement.

Il me disait : qu'après ses nouvelles réquisitions faites dans le cabaret de l'île de la Beauté, il avait failli être assassiné la nuit suivante par des personnages masqués. Ils s'étaient rués sur lui, le visage couvert d'un mouchoir, le stylet à la main, à la place où avait été assassiné l'ingénieur.

S'il avait été sauvé de ce guet-apens, m'écrivait-il, il le devait à sa prudence. Se méfiant des ouvriers de la Marne, il s'était fait accompagner, pour opérer ses explorations, de son fidèle OEil-de-Lynx. Celui-ci était accouru à ces cris, il l'avait arraché des mains de ses assassins. Il n'en pouvait plus douter, par ce guet-apens même, c'étaient les mêmes meurtriers de l'ingénieur qui, à la veille d'être repris par la justice, tenaient à se venger sur lui de sa vigilance et de sa dénonciation.

Ce qui donnait plus de créance aux suppositions de Requin, ce fut ce qui se passa le lendemain. Le maître du cabaret et sa femme disparurent de l'île et on ne les revit plus. Le nouveau contre maître des ouvriers dragueurs compta le lendemain la moitié de ses manouvriers de moins pour terminer ses travaux, qui du reste touchaient presque à leur fin.

Quand la justice se rendit de nouveau sur les lieux, elle trouva le cabaret fermé. Quand elle interrogea les derniers ouvriers des travaux, pas un n'appartenait à la nationalité italienne.

Requin avait donné l'éveil à la justice, mais le chasseur du criminel distancé par son gibier, avait failli payer cher sa perspicacité.

Encore une fois la magistrature en fut pour ses pas, ses démarches et ses frais d'instruction.

Je l'ai dit longuement et précédemment, les malfaiteurs ont aussi leur police. Par ses renseignements universels, elle vaut celle du gouvernement. Elle n'est circonvenue ni par la routine administrative, ni par la fausse sentimentalité des adversaires de la police légale, qui, en voulant la circonvenir, par respect de la dignité humaine, livrent les honnêtes gens à la merci des coquins!

Comme je l'ai dit dans un chapitre intitulé : *le Brigandage moderne*, les bandits fameux n'opèrent plus aujourd'hui que dans une ville, ni sur un de ses points, mais dans le monde entier. Ils commandent une armée mystérieuse qui n'obéit qu'aux mouvements cosmopolites de leur mauvais génie.

A part les crimes inspirés par la passion, crimes individuels, les forfaits qui ont pour mobile l'amour du lucre sortent d'une officine étrangère que j'ai dénommée sous le titre de : *l'internationalisme du vol et du meurtre.*

Il forme, des bords du Rhin aux Alpes et des Alpes jusqu'en Sicile, une chaîne d'infamie dont les bandits faubouriens, ne sont que les derniers et chétifs anneaux! Jud et Troppmann ne sont eux-mêmes, je ne cesserais de le répéter, que les soldats de ces tristes héros dont les repaires se perdent près des entrailles de l'Etna et dans les forêts vierges du Mexique.

Ces chefs de bandits, aventuriers du monde entier comme les *Cernuschi*, les chefs de la Mafia et les Benson, pour mieux se délivrer des passeports dans toutes les patries, pour s'assurer des créatures jusque dans la magistrature, possèdent l'art d'élever leurs exactions à la hauteur des crimes politiques.

Lorsque je reçus le deuxième rapport de Requin, lorsque j'appris son guet-apens, lorsque je vis que la magistrature devenait, par la fuite des coupables, impuissante à les traquer et à les punir, je me rappelais les crimes de Limours. Je sentis de nouveau la main étrangère peser sur le meurtre de l'ingénieur de l'île de la Beauté. Je rappelai Requin, impuissant comme moi, comme les magistrats, à mettre la main sur ces meurtriers invisibles !

Pendant longtemps je n'entendis plus parler de l'ingénieur assassiné sur les bords de la Marne.

Un jour une révélation inattendue concernant une autre victime de ces meurtriers introuvables, vint donner raison à ma thèse.

Cette victime c'était une femme.

Au moment où se passait le parricide de Roques, qui devait terminer ma carrière de chef de la police, c'est-à-dire à l'époque où je donnai définitivement ma démission, une dame d'une grande beauté, d'une mise plus que sordide, demandait à m'entretenir dans mon cabinet.

Je la reçus avec la déférence que m'inspirait sa pauvreté, indigne de sa beauté; je l'accueillis avec des signes de respect d'autant plus réels que l'examen de ses traits, l'éclat fiévreux de ses yeux, me disaient qu'il fallait que sa beauté fût bien puissante pour ne pas s'être tout à fait dégradée sous le malheur et la douleur qui paraissaient l'accabler.

Voici en substance ce qu'elle me raconta :

— Monsieur Claude, me dit-elle, vous recherchez depuis longtemps le secret de l'attentat commis sur la personne de l'ingénieur de l'île de Beauté. Plus qu'un autre, je suis à même de vous dénoncer l'assassin.

A ces mots je fis un mouvement de surprise qui accusait et la méfiance et la satisfation que j'éprouvais.

Elle continua, sur un ton qui était loin d'être en harmonie avec mon étonnement :

— Je sais, me dit-elle, que le secret que je vais vous dévoiler me coûtera l'existence, mais, en venant auprès de vous, j'ai fait aussi bien le sacrifice de ma vie que de ma liberté.

Je réprimai mes élans pour être tout à la gravité de sa confidence. Elle continua :

— Monsieur, l'assassin de l'ingénieur de l'île de Beauté, c'est mon mari.

— Qui, votre mari? lui demandai-je brusquement.

— B***, me répondit-elle.

A ce nom, très connu de tous les policiers, je poussai une exclamation dans laquelle se mêlait un désappointement joint à une profonde pitié pour la malheureuse qui portait ce nom redoutable et maudit.

Elle continua, sans paraître s'émouvoir de ma surprise :

— Le corps qu'on a trouvé dans la maison de l'île de Beauté n'était qu'un moyen de déguiser un autre cadavre. Ce que fit, dans la nuit de ce premier meurtre, mon impitoyable et cruel mari.

— Comment, madame, lui dis-je en l'interrompant, ce meurtre n'a servi qu'à en dissimuler un autre ?

— Oui, monsieur, car dans la maison où fut porté le corps de l'ingénieur gît le corps d'une seconde victime, le frère de mon époux.

Cette fois j'allais de surprise en surprise. Je la priai de continuer en lui promettant de ne plus l'interrompre ; elle ajouta tout d'un trait :

— Avant d'en venir à ce double meurtre, il est urgent que je vous raconte en peu de mots l'histoire de ma jeunesse. Orpheline dès l'enfance, j'étais recueillie dans une famille qui tenait indirectement à la mienne par une parenté très éloignée. Considérée comme la Cendrillon de la maison, je ne tardai pas à m'affranchir d'une protection trop lourde pour moi, et à accueillir un jeune étranger fréquentant notre foyer. Il m'avait promis le mariage. Avant de m'unir à lui, j'eus l'imprudence de le suivre, de quitter mes parents d'adoption. Le jour même de ma fuite, il m'abandonna, non sans me laisser une forte somme d'argent qui me permit de vivre loin de ma famille détestée. Trois mois après, il revint, ou plutôt je crus que c'était lui qui revenait. Il m'épousait, après m'avoir éloignée de

France. Il m'épousait en Angleterre, où j'eus de lui un enfant.

— Pardon, madame, lui répondis-je, malgré mon vif désir de ne plus vous interrompre, je ne comprends plus bien. Vous me dites : « Il me revint, ou plutôt je crus que c'était lui qui me revenait. »

— Sans doute, monsieur, continua-t-elle, car cet individu, que j'avais pris d'abord pour le premier homme qui m'avait adressé ses hommages, qui m'avait fait fuir ma famille d'adoption, n'était que le frère de B***, le bandit fameux que j'ai connu plus tard et dont, pour mon malheur, je devins la femme. Le frère de B*** avait une ressemblance si frappante avec mon séducteur qu'il était permis de s'y tromper. B***, pour me soustraire à son frère, avait abusé ainsi de sa ressemblance ; il me fit à cet égard des aveux complets ! Ces aveux devenaient superflus pour moi, car j'étais mariée avec lui quand il me les fit ; de plus, j'étais mère.

— Pardon encore, madame, continuai-je à l'arrêter, jusqu'à présent je ne vois pas où cette fatale méprise peut nous conduire au double meurtre que vous me révélez.

— Attendez, répondit-elle. Six mois après, en revenant en France, après le départ de B***, qui voyageait aussi à travers l'Europe comme son frère pour des expéditions que vous connaissez, je recevais une lettre du frère de B***. Il m'annonçait qu'il revenait en France, pour accomplir sa promesse, ses serments de m'épouser. Vous jugez dans quel embarras je me trouvais. Je ne connaissais pas encore l'horrible et odieuse profession de ces bandits et les motifs de leurs incessants voyages. Je les prenais pour d'honnêtes gens, pour des négociants très affairés, dont les importantes relations nécessitaient ces voyages à travers l'Europe. Pour ne plus donner d'espoir à mon premier soupirant, je lui appris que, dans l'intervalle, je m'étais mariée à un autre, et que j'étais sur le point de devenir mère. Pour ne pas exciter la rivalité des deux frères, je me gardai bien de dire avec qui je m'étais unie, par quelle erreur préméditée de la part de ce frère indigne, j'étais devenue l'épouse de l'un au lieu d'être l'épouse de l'autre. Ce que je croyais très utile pour mon salut, et celui de mon mari, devint ma perte et la perte du frère de B***. Celui-ci, en apprenant que j'étais mariée, entra dans une violente fureur. Il en écrivit à B***; il lui dit, en raison des bandits qu'il commandait, qu'il fallait à tout prix qu'il le débarrassât du mari d'une femme qu'il aimait au delà de toute expression.

Vous jugez, monsieur, à quel point s'adressait mal le frère de B*** ! Si le premier ne connaissait pas son rival, le second ne le connaissait que trop. Il résolut de s'en débarrasser, fût-ce au prix d'un fratricide. Des hommes de ce genre ne reculent devant aucun crime, ce crime dût-il tourner contre eux-mêmes.

J'arrive maintenant à la nuit fatale dont vous n'avez deviné, jusqu'ici, qu'une partie des sanglantes péripéties.

Le rival de B***, malgré l'annonce de mon mariage, me donne rendez-vous, pour un jour dit, dans la maison isolée de l'île de Beauté. De son côté, B*** y arrive pour accomplir le meurtre prémédité contre son frère.

Celui-ci ne se doute pas qu'il s'est donné en B*** un bourreau.

De mon côté, je ne soupçonnais guère, malgré le supplice que j'éprouvais en me rendant au rendez-vous, ce qui allait se passer. Je croyais n'avoir à faire, dans cette maison déserte, qu'une confidence très pénible pour moi, très pénible aussi pour mon premier amant !

J'ignorais que j'allais me trouver en présence de deux bandits se disputant avec une égale férocité une femme aimée.

Je l'appris la nuit même.

B***, pas plus que moi, n'avait évité le double rendez-vous qu'il avait donné à la maison de l'île de Beauté, lui pour tuer son frère, moi pour lui faire des aveux dont aucun d'eux ne se souciait.

Mon mari, pour accomplir avec plus d'impunité son fratricide, en venant de l'étranger à Paris au rendez-vous assigné par sa future victime, avait eu soin de changer de costume et de figure, de station en station.

Là ne s'était pas borné ses précautions.

Il avait appris qu'un ingénieur des environs faisait la cour à la femme d'un cabaretier qui, pour se débarrasser de son rival, était résolu à le faire tuer par ses Italiens travaillant sous ses ordres. Alors B*** pensa, d'accord avec le cabaretier, son lieutenant, que le meurtre de l'in-

génieur coïnciderait avec le meurtre de son frère!
Une fois ce dernier frappé par lui, enterré dans la
maison de l'île de Beauté, on devait y placer le
corps de l'ingénieur pour dérouter la justice et
étouffer ainsi l'affaire du fratricide entre ces deux
bandits rivaux!

Tout ce qu'avait conçu d'une façon si horrible B***,
arriva. Je passe, monsieur, sur des détails oiseux
pour vous, sur l'étrange reconnaissance des deux
frères qui, en ma présence, dans la maison de l'île
de Beauté, se démasquèrent devant moi. Là, j'ap-
prenais que j'avais été l'enjeu de deux misérables
qui ne craignaient plus de me disputer, le poignard
à la main.

Pour ne pas éviter l'horreur du spectacle qu'ils
m'offraient, l'épouvantable honneur qu'ils me
donnaient, en me disputant au péril de leur vie,
un Italien me tenait rivée au sol! On craignait,
en ce moment terrible, que je n'avertisse l'autorité.

Vous dire que je ne faillis pas devenir folle, dans
ce duel odieux, ce serait mentir. En tous les cas, dans
cette scène épouvantable où le frère de B*** tomba
sous le stylet de mon mari, je m'évanouis. Lorsque
je repris mes sens, le frère de B***, tué par mon
époux, n'était plus dans la maison. A la place gisait
le corps de l'ingénieur.

J'appris plus tard que, durant la scène terrible
de ce fratricide, l'ingénieur immolé à la vengeance d'un mari, par un soldat de B***, avait été
porté à la place où était tombé son frère. Pendant
mon évanouissement, les meurtriers des deux ca-

davres avaient creusé au frère de B***, dans la salle
de la maison, une tombe au-dessus de laquelle gisait déjà, pour tromper la justice, le corps du malheureux ingénieur.

Voilà, monsieur Claude, la vérité, toute la vérité
du crime de l'île de Beauté. Mon mari, mon mari
seul est l'auteur de ce fratricide et l'auteur de la
mort de l'ingénieur de Nogent. Le cabaretier, les
Italiens, ne sont que les instruments de ce double
meurtre; ils ne sont que les bras qui ont frappé.
Encore B***, pour mieux assouvir sa vengeance,
s'est-il réservé le triste honneur de tuer son frère
de sa main.

Depuis ce terrible attentat, j'ai suivi mon mari
dans toutes ses horribles expéditions, allant de
crimes en crimes, et me forçant à me baigner de
plus en plus dans le sang, d'un bout du monde
à l'autre.

Au nom de mon fils, au nom de l'amour qu'il me
portait, j'ai espéré l'arrêter dans ses luttes féroces
contre la société. Que pouvais-je espérer d'un
homme qui m'avait possédée à l'aide d'une ruse
infâme, et qui ne m'avait conservée qu'en tuant
son frère? J'étais aveugle, j'étais folle!

Maintenant que j'ai mis mon fils à l'abri des coups
de son odieux père, je ne crains pas de subir les
siens comme ceux de la justice! Je déclare ici toute
la vérité, en me dénonçant moi - même comme
femme de bandit.

Lorsque cette dame eut achevé cette étrange et
dramatique confidence qui, malgré ses invraisem-

blances, me mettait sur la trace des asassins des
l'ingénieur, je lui dis sévèrement :

— Madame, d'après ce que vous venez de me
révéler, mon devoir serait de vous arrêter si j'étais
encore chef de la sûreté. Heureusement pour vous
que depuis ce matin, j'ai donné ma démission. Cette
affaire ne regarde plus que mon successeur. J'en
prends note, dans l'intérêt de la justice. Quant à
vous, dans votre intérêt, si j'ai un conseil à vous
donner, c'est de vous dérober à la police pour
n'avoir pas le sort qui, tôt ou tard, est réservé à
votre mari.

— En venant ici, monsieur, me répondit-elle avec
résignation, je savais le sort qui m'attendait. Et je
n'espérais même pas sortir de chez vous comme j'y
étais entrée.

J'appris le soir même que cette femme était sincère, du moins dans sa dernière résolution.

Le lendemain, les journaux annonçaient son suicide.

Elle s'était tuée, autant pour ne plus traîner sa
vie avec un bandit que pour ne pas mourir de sa
main, comme était mort son frère, dès qu'il était
dénoncé par sa femme, sa complice peut-être ?

J'appris aussi, malgré les révélations de cette
pauvre femme, que la police ne put mettre la main
sur B***, l'assassin de son frère, l'assassin de l'ingénieur de la Marne, pas plus que sur ses complices,
le cabaretier et les Italiens de Nogent. Le cosmopolitisme les protégea toujours contre les tentatives
des polices locales de tous les gouvernements.

Cette étrange histoire donne une idée du pouvoir

de la police des voleurs. Les drames de cour d'assises ne disent pas tout. Leur prologue, inconnu du public, est autrement émouvant que les témoignages des témoins, autrement dramatiques que le réquisitoire des avocats. On ne se doute pas des tragédies que les bandits fameux jouent dans le monde entier, ni des catastrophes qu'ils y préparent.

CHAPITRE XVII

MA DERNIÈRE ENTREVUE AVEC UN ANCIEN CHEF DE L'ÉTAT.

On ignore généralement ce qu'est au juste la *sûreté générale*. On la confond avec la *sûreté* que j'ai dirigée personnellement sous les ordres de la haute administration et de la magistrature.

Après M. de Maupas, la sûreté générale a été créée sous le second empire comme service du ministère de l'intérieur. Elle dirigeait toute la police de France, moins celle du département de la Seine attachée à la préfecture de police.

Dans le principe, le premier et le second empire avaient fait de la police, en général, un service tout ministériel. Après Collet Meigret, elle fut scindée : M. Lagrange fut chargé du service politique ; moi, du service municipal.

Depuis l'affaire Orsini jusqu'en 1875, je restai comme chef de la sûreté, dans mes attributions spéciales et locales.

Sous la présidence de M. Thiers, la sûreté générale passait encore à la préfecture de police. Je devenais le bras droit de mon préfet qui, par son action universelle, avait la puissance d'un ancien ministre de la police.

On sait que je protestai, lors de cette nouvelle réorganisation, contre cette centralisation, en dépit de la faveur qui m'incombait, de la puissance dont cette faveur m'investissait.

Pour moi, cette combinaison administrative rappelait trop, comme je l'ai signalé, les errements de l'empire. Et je n'avais pas à rechercher dans cette résurrection s'il ne valait pas mieux que la police fût double plutôt que d'être unique par une force homogène?

Non.

Ce que je voyais de plus clair, en dépit de mes intérêts et de ma sécurité, c'était l'abus qui devait résulter de cette suprême force de la police.

Le second empire et le gouvernement de M. Thiers avaient peut-être raison de fondre la sûreté dans le fonctionnement de la sûreté générale.

Aujourd'hui que les voleurs et les assassins ont un plus vaste théâtre ouvert à leurs crimes, par nos voies de communication qui les dérobent à l'action de la justice, la *sûreté* a peut-être plus de droits qu'autrefois à fusionner avec la *sûreté générale?*

A un autre point de vue, l'abus qui résulterait de cette fusion amènerait, par l'importance des deux services réunis, la création à nouveau d'un ministère de la police.

Et ce ministère devenu si fort avec notre gouvernement républicain qui se divise de plus en plus, serait peut-être, comme à la veille du second empire, un instrument à coup d'Etat.

Il en sera ainsi tant que son fonctionnaire en chef, en réunissant dans ses mains les deux polices, ne sera pas qu'un homme armé par la loi, au nom de la sécurité des citoyens ; tant que ses subordonnés n'avanceront pas hiérarchiquement, légalement ; tant qu'ils ne craindront plus comme aujourd'hui d'être remplacés par les amis politiques de nos divers gouvernements qui se succèdent plus vite en France que les saisons.

Par les aventures qui signalèrent jusqu'au bout ma carrière administrative, je suis un exemple vivant de ce que j'avance. On a vu, par l'isolement qui se faisait autour de moi, par les ennemis qui m'entouraient, que j'avais eu tort, personnellement, de ne pas accepter ma fonction de sous-chef de la police.

Par ma volonté absolue de me désintéresser de la politique, pour ne servir que les honnêtes gens et n'effrayer que les voleurs, je m'étais mis à découvert en face des ennemis d'un gouvernement que je servais, sans vouloir de ses faveurs dès qu'elles étaient préjudiciables à la société dont je ne tenais qu'à rester le gardien.

Lorsque, après l'affaire criminelle Roques, je donnai ostensiblement ma démission à M. Renault, qui l'acceptait en m'envoyant sa lettre élogieuse, seule récompense de mes travaux, de mes fatigues, de mes souffrances, j'en reçus une autre plus intime. Elle était signée de M. Thiers. En apprenant ma démission, il me priait, sur l'heure, de passer à son hôtel restauré de la place Saint-Georges.

J'avoue que sur le reçu de sa lettre, assez sèche, du reste, j'éprouvai une vive inquiétude. Je connaissais le caractère personnel de M. Thiers, je savais, et les événements me l'apprenaient, que l'ancien chef de l'État s'apprêtait, appuyé sur le parti républicain, à reprendre le pouvoir qu'il n'avait abdiqué que dans un moment de mauvaise humeur. Je savais aussi qu'il comptait sur tous ses anciens amis pour l'aider à reprendre sa revanche sur les *ducs !*

Ma démission, malgré la position peu enviable de mon emploi, n'était pas moins très puissante, comme levier, pour un autre que pour moi.

M. Thiers, toujours, considéra la police comme l'instrument docile de son ambition. A l'exemple de Napoléon III, il s'en servit pour déjouer les intrigues ourdies contre lui ; comme Napoléon III, il la mit sur les dents, en la plaçant exclusivement sous ses ordres.

Très méfiant, aussi remuant que méfiant, M. Thiers payait très cher, pour son usage, les anciens espions de l'empire, qui le servaient tout en regrettant *l'autre*. Aussi M. Thiers ne se fiait-il qu'à moi pour diriger ses plus fins limiers dont il n'était jamais bien sûr.

En quittant la préfecture, j'étais un atout de moins dans son jeu. A cette époque, le fondateur, malgré lui, de la République, était en train de brouiller toutes les cartes, afin de reprendre une partie qu'il n'avait consenti à abandonner ou à perdre que pour mieux avoir la belle !

Donc, pour la gagner définitivement, il avait besoin de tous ses valets !

Son esprit lucide, très clairvoyant, ne s'était jamais trompé sur moi qui, entre le devoir et la sympathie, n'hésitais point à me prononcer du côté de la sympathie, tant que mon devoir n'en souffrait pas.

En quittant la préfecture, je savais que M. Thiers n'oublierait pas, par intérêt, ce que j'avais fait pour lui, lorsque l'empire le menaçait à Chislehurst.

A la veille de reprendre sa revanche sur ceux qui s'étaient ligués avec les amis des fidèles de l'empire, pour le faire descendre de la présidence, il devait compter sur mon dévouement pour l'aider à l'y faire remonter.

En recevant la lettre avis qui m'invitait à passer chez lui, je m'attendais à une vive mercuriale de la part de mon puissant protecteur.

Mon repos, la crainte de mon avenir n'étaient pas pour lui des raisons sérieuses, me forçant à *l'abandonner* avec mon emploi.

Pour lui mon intérêt ne le regardait pas !

J'entendais d'ici ses remontrances et ses doléances !

Loin de moi l'idée de rapetisser le caractère de cet illustre homme d'Etat !

Malgré son esprit personnel et taquin, M. Thiers s'est élevé, lorsque l'amour de l'autorité ne l'a—

veuglait pas, à la hauteur des plus grands diplomates.

Si, durant sa longue carrière, il perdit les divers gouvernements qu'il était appelé à servir, du moins, pendant l'invasion, sauva-t-il la France meurtrie par la faute de l'empire.

Jamais je n'oublierai ce petit vieillard qui, à soixante-dix ans, partit seul en chemin de fer, par le plus rigoureux des hivers, pour aller courir l'Europe, implorer la pitié des potentats au nom de la patrie expirante, près de succomber sous les serres de l'aigle de Prusse, couvé naguère par l'aiglon napoléonien !

A cette époque, M. Thiers, malgré son exiguïté, me parut aussi grand que le monde. Il avait alors pour piédestal la France qu'il a toujours aimée autant que lui-même, c'est-à-dire avec fanatisme.

Il ne m'appartient pas de médire de mon protecteur, que j'ai servi avec abnégation, tant que mon dévouement était d'accord avec ma conscience.

Après tout, je dirai de lui ce que disait un contemporain du grand Richelieu. Il a fait tant de bien qu'on n'en peut dire du mal, il a fait tant de mal qu'on n'en peut dire du bien.

Seulement je dois l'avouer, la maudite lettre de M. Thiers qui m'appelait auprès de lui, au moment où je quittais la préfecture, précisément pour ne pas faire de la politique, ne me disposait pas en faveur de cet infatigable ambitieux que le grand âge ne domptait pas !

Je montai l'oreille basse la rue Notre-Dame de Lorette, vers l'hôtel restauré de M. Thiers.

Naguère incendié, cet hôtel, relevé plus splendide de ses cendres, semblait maintenant devenir incombustible, depuis que son propriétaire recevait comme hôtes, en leur qualité d'ennemis du septennat, jusqu'aux amis de la Commune !

J'étais mécontent de moi-même, mécontent de M. Thiers.

Ce quartier de Notre-Dame de Lorette, que j'avais habité jadis, par désœuvrement, me semblait bien choisi par cet ami de la révolution.

Après avoir tant blâmé autrefois Gambetta qu'il appelait un *fou furieux*, je voyais maintenant M. Thiers devenir son ami, pour en faire avec lui un *sage* furieux !

Dans mon dépit, je me disais ce que j'ai dit souvent et ce qu'un journaliste a répété après moi, parce que je n'avais plus de réserve à garder :

« Peut-être, M. Thiers est-il resté dans le quartier du demi-monde, pour honorer un jour cette vile multitude qu'il avait autrefois si méprisée! »

En tous les cas, j'arrivai ce jour-là chez M. Thiers de très mauvaise humeur.

De son côté, l'ancien chef de l'Etat n'était guère plus satisfait de moi. Il me reçut d'une façon qui donna raison à mes tristes présomptions.

A l'annonce de mon nom, il me fit pénétrer dans son magnifique cabinet, où il ne s'occupait à rien moins qu'à retourner à ses chères études. Il me poussa devant lui avec sa pétulance méridionale que je lui connaissais quand il était irrité.

Malgré ma mauvaise humeur, malgré la colère qui animait ses traits, je m'aperçus que, depuis deux ans, M. Thiers avait bien vieilli.

Sa physionomie était plus ridée, plus grimaçante qu'autrefois, elle tournait au fantoche. Le débit de sa parole stridente était arrêté souvent par un manque de respiration. Sa débilité fit plus d'impression sur moi que les désobligeantes paroles dont il m'accabla :

— Ah ! çà, mon cher Claude, me dit-il, en se croisant les bras, en hochant la tête, comme polichinelle qui salue le commissaire, avant de lui administrer des coups de bâtons : Ah ! çà, mon cher Claude, vous ne ferez donc que des sottises?

— Pardon, monsieur Thiers, lui répondis-je d'un air piqué en restant debout devant l'homme d'État qui, dans sa mauvaise humeur, avait oublié de me faire asseoir ; avant de m'accabler, veuillez me dire en quoi j'ai mérité vos apostrophes !

— Et vous le savez bien le pourquoi! s'écria-t-il en arpentant la longue galerie de son cabinet et en me tournant le dos. Le pourquoi? c'est votre démission que je n'accepte pas, moi, si vos chefs l'acceptent !

— Pardon, monsieur Thiers, mais avec tout le respect que je vous dois, avec toute l'autorité que je vous reconnais, vous n'êtes plus le Pouvoir !

— Je le serai demain ! Dans six mois, dans un ans au plus tard, me dit-il en se retournant vers moi pour me regarder bien en face et en ricanant, d'un rire strident, entrecoupé d'un essoufflement qui me fit de la peine.

— Eh bien, monsieur Thiers, lui répondis-je d'un air contristé, quand même vous seriez le Pouvoir, demain? Je ne suis pas moins aujourd'hui un homme à la retraite, par raison d'âge, par raison de santé! Auriez-vous l'autorité de me rendre, avec votre présidence perdue et retrouvée, cette santé que je n'ai plus? Auriez-vous la puissance de diminuer le nombre des années, qui me rend aussi inutile aux autres qu'à moi-même?

— La santé! la santé! exclama-t-il en battant l'air de ses bras avec agitation, comme s'il voulait lutter aussi bien contre moi que contre lui-même, Vous voilà comme les autres! Vous me jetez votre âge à la tête pour compter avec le mien, n'est-ce pas? Il s'agit bien de votre santé, de la mienne, quand il s'agit de sauver la France des sots qui la gouvernent!

— Tout le monde, me hâtai-je de lui répondre, n'a pas le privilège d'être aussi précieux que vous à la France!

— Trêve d'ironie, monsieur le policier, parlons sérieusement. Si je suis précieux à la République, à la République, entendez-vous? je ne puis pas l'être à moi tout seul. Pour sauver la République des griffes de ses ennemis, j'ai besoin de mes fidèles soutiens d'autrefois! Autrement je ne puis rien! Autrement, en devenant président comme devant, je serais Jean comme devant! La fièvre électorale qui me remettra sur le pavois ne tarderait pas à m'y étouffer! Autrefois on a commencé à m'abattre par un Barodet et l'on m'a achevé par un Mac-Mahon! Eh bien, ce sera pire, si je n'ai pas dans la main, le jour de la revanche, l'armée et la police! Hier, on m'a tué, en agitant, devant le centre gauche, le drapeau de la Commune. On m'a tué par les ducs! Demain, une fois triomphant, on me tuerait par la Commune! Ce que je veux moi, aujourd'hui, comprenez-moi bien? c'est la revanche des déshérités, sans qu'ils puissent prendre part à cette revanche qu'ils gâteraient par leurs violences et leur imbécillité!

— Je comprends, fis-je en souriant, vous rêvez, monsieur Thiers, la revanche des hommes de la Commune, sans la Commune! comme vous avez rêvé naguère la revanche de la République sans les républicains! Et vous comptez pour cela sur vos anciens serviteurs.

— C'est cela, à peu près cela! me répondit-il sur le même ton, vous comprenez que pour une tâche aussi difficile, pour rester le maître de mes adversaires, et d'une armée qui, sous la Commune, était mon ennemie, j'ai besoin du concours de mes anciens serviteurs, autrement je serais mis en pièces par ceux qui m'encensent encore aujourd'hui?

A ces paroles de l'adroit politique, je reconnaissais bien l'homme qui disait un jour:

« Du mépris des autres naît ma propre confiance. »

Ayant encore à la pensée la détestable opinion qu'il avait de lui et de l'espèce humaine, j'objectai en écartant ma personnalité et ma raison de santé:

— Mais, monsieur Thiers, en agissant ainsi dans l'intérêt de votre prochain triomphe, ne redoutez-vous pas de nouvelles rancunes ? Dès que vous savez que vos auxiliaires vous trompent, en vous servant, comme vous les trompez vous-même ! votre appui devient bien fragile ? N'avez-vous pas assez des averses d'injures dont vous inonde déjà la réaction ? Pourquoi risquer, à votre âge, de nouveaux hasards ?

— Bah ! bah ! s'écria-t-il, en sautillant et en rajustant ses lunettes d'un air narquois ; je suis un vieux parapluie, sur lequel il pleut depuis quarante ans ! C'est ce baptême d'injures qui m'amène des satellites dans un camp où je n'aurais jamais rencontré autrefois que des ennemis ! Enfin, c'est dit, vous me restez ? Cette sous-direction de la police que j'avais créée pour vous, et que vous n'avez pas acceptée, sous un gouvernement qui n'avait ni vos sympathies ni les miennes, cette sous-direction qui vous fera ministre sous mes ordres, vous l'accepterez quand je reprendrai le pouvoir, n'est-ce pas ? Mon but en vous rappelant à la nouvelle de votre démission, n'en avait pas d'autre, celui d'entendre, de votre bouche, ce que je vous exprime en ce moment ! dites *oui*, et je vous pardonne votre sottise, car votre affirmation me mettra à même de tout réparer plus tard.

Je regardai avec étonnement ce petit vieillard pour qui l'ambition était tout, qui ne pouvait supposer que l'ambition ne fût pas, jusqu'à la dernière heure, le mobile de tous les hommes.

Ainsi M. Thiers m'avait appelé parce qu'il croyait que ma démission n'était qu'une tactique pour me rapprocher de lui, c'est-à-dire du nouveau soleil levant, quand le soleil du septennat était à son couchant.

— Pardon, monsieur Thiers, lui répondis-je, nous ne nous entendons plus! Vous me jugez en homme d'Etat, et je ne suis qu'un humble fonctionnaire! En vérité vous me faites trop d'honneur, vous vous méprenez sur mes intentions! j'ai donné ma démission, parce que je sens que je suis incapable de continuer comme autrefois mes chasses à l'homme! Si je ne puis servir, même mes chefs, comment voulez-vous que je devienne un jour un ministre de la police? Mais avec mes jambes qui fléchissent, avec ma mémoire qui s'en va! tout au plus serais-je bon à devenir votre concierge?

— Ah! exclama-t-il d'un air étonné, interdit, comme un homme qui se demande si je parlais sérieusement, ah! c'est différent!

Puis me fouillant du regard, et m'inspectant de la tête aux pieds, comme quelqu'un qui s'entend à juger les hommes, il ajouta avec véhémence :

— Vous mentez! votre œil est bon! Votre taille a moins fléchi que la mienne. Votre excuse n'est qu'une défaite! Du reste, l'activité de l'esprit se conserve, se prolonge, s'alimente par la lutte dans votre métier de policier, et vous avez lutté autant que moi, dans mon autre métier. Donc, je puis compter sur vous, et je vous garde pour ma prochaine présidence.

Cette obstination de M. Thiers à me replacer en face d'ennemis que je fuyais, m'irritait. Je m'emportai et lui dis :

— Mais la lutte, à un certain âge, loin d'exciter
la verve, loin de rajeunir l'esprit, finit par user
l'un et par éteindre l'autre. Je le sens bien, moi,
qui n'ai pas comme vous déplacé, dans ma vie,
de si lourds fardeaux ! Je suis las, bien las, comme
vous devez être las vous-même ! Bref, puisque vous
me forcez à vous dire la vérité, je vais donc faire
pleuvoir sur vous des vérités que mon amitié et mon
estime me forcent à vous faire entendre. Voyons,
ne vous sentez-vous pas fatigué, après tous vos
travaux de Pénélope ou d'Hercule, entrepris depuis soixante ans? Sous la Restauration, vous ac-
culez le roi dans sa charte ; sous la monarchie
constitutionnelle, vous la paralysez ! Sous le second empire, vous êtes partout pour le briser. De
1870 à 1872, vous ne montez au pouvoir que pour
vous mettre en opposition avec les conservateurs qui
vous avaient mis à leur tête? Et en 1875, vous
pactisez, par dépit, avec la révolution extrême que
vous avez combattue en 1832, au 4 septembre, au
18 mars ! Voyons, tous ces travaux de politicien,
qui ont exténué la France, n'ont-ils pas fini par vous
user aussi, à l'âge où les forces humaines ont leurs
limites, assignées par la loi commune? Par grâce,
monsieur Thiers, prenez pitié de la France, de vous
et de moi ?

A mesure que j'avais débité ces paroles qui, devaient profondément irriter mon illustre protecteur, je le vis pâlir. Après s'être remis de son
émotion, il me regarda d'un air profondément
étonné.

Hélas ! je ne savais pas être aussi cruel, en lui di-

x.   15.

sant les vérités que les journaux lui disaient journellement, mais que ses flatteurs lui cachaient dans l'intimité.

Mais lorsqu'il voulut me répondre, il ne put parler, une suffocation lui étouffa la voix. A sa pâleur livide, succéda une rougeur subite qui empourpra ses traits! Il chancela comme si une syncope anéantissait son corps et paralysait ses membres.

Il fut obligé de s'appuyer contre un meuble pour ne pas tomber.

Je m'aperçus de l'émotion que je lui avais causée et je remarquai que l'âge était déjà plus impitoyable pour lui que mes paroles.

Enfin M. Thiers se remit.

Je remarquai qu'il faisait aussi des efforts inouïs pour être calme.

A la colère succéda une apparente quiétude.

Il me sourit, c'était l'homme fort, souriant dédaigneusement au chétif qui a essayé de le piquer, comme le moucheron qui tente de blesser le lion qu'il ne fait qu'importuner.

Ce petit corps qui renfermait parfois une si grande âme était revenu à la vie normale, par le pouvoir de sa volonté indomptable.

— Mon cher Claude, me dit-il, vous êtes plus diplomate que je ne le croyais! Si vous n'étiez pas pour moi un ami de quarante ans, je me fâcherais tout rouge, comme l'évêque de Grenade, de vos vérités à la Gil Blas! Je ne suis pas dupe du mobile qui vous fait agir. Vous êtes un poltron! Vous avez

donné votre démission de chef de la sûreté, parce
que vous avez peur, parce que vous n'avez pas confiance en moi? Oui, vous avez peur bien plus pour
vous que pour moi, en me rendant le service que
je vous demande! Eh bien! tranquillisez-vous ; sa-
chez-le, je saurai bien mettre à la raison les fous
qui ne se servent de ma personne que comme d'un
cheval de renfort! Et en ne voulant pas me servir comme j'étais en droit de l'attendre de vous,
vous manquez de courage! Après avoir été un sot,
en donnant hier votre démission, vous devenez
lâche!

A cette dernière injure qui me prouvait que mon
protecteur avait été profondément blessé par ma
leçon, je me regimbai comme un cheval, piqué par
l'éperon du cavalier.

Blessé à mon tour, je répondis à M. Thiers :

— Etais-je lâche, cependant, en 1830, quand
vous vous dérobiez à Montmorency, quand j'allais
chercher pour vous, à Paris, des nouvelles de la
royauté que vous faisiez sauter sous des barils de
poudre? Etais-je lâche, au deux décembre, quand, au
risque de ma position, je vous avertissais de votre
arrestation ? Etais-je lâche, en février 1848, quand
je restais à mon poste, pendant que les anciens
ministres de Louis-Philippe abandonnaient, vous
comme les autres, la roya uté qu'ils avaient minée?
Pardon, monsieur Thiers, si moi, un humble, je
vous rafraîchis ainsi la mémoire en opposant vos actes aux miens, vous un puissant de ce monde! Mais
c'en est trop, pour avoir fait mon devoir, il y a deux
ans, en refusant un poste au-dessus de mes facultés,

vous m'avez traité d'imbécile ; aujourd'hui, vous me traitez de lâche, pourquoi? parce que je ne veux pas affronter une nouvelle Commune, parce que, à mon âge, il est bien permis de me mettre à l'abri et de ne plus consacrer mes derniers jours à un homme, fût-il aussi éminent que vous !

— Ainsi, me dit-il vivement d'un air très piqué, vous refusez de prendre un poste que j'avais créé exprès pour vous ! En tous les cas, si, en refusant de me servir et de servir la France, vous avez été autrefois plus brave que moi, j'ai été et je le suis encore plus patriote que vous !

M. Thiers avait achevé ce mot d'une voix stridente, pleine de colère.

De nouveau il s'arrêta, comme s'il eût craint qu'une nouvelle émotion ne provoquât une autre syncope et ne brisât son corps.

Il pirouetta sur lui-même, mais avec une lourdeur que je ne lui avais jamais connue, lui autrefois si agile.

Il me fit peine. En me reconduisant d'un air de dédain jusqu'à la porte, comme un importun dont on se débarrasse, je remarquai que M. Thiers tremblait et trébuchait presque.

Alors je me ravisai par pitié pour lui. Je revins sur ma parole, je lui dis avant de prendre congé de mon ancien protecteur :

— Dès que vous faites appel à mon patriotisme, je consens à vous servir ! Quand serez-vous au pouvoir? Quand aurez-vous besoin que je reprenne mon poste ?

— Dans un an, un an et demi au plus! Mac-Mahon prétend aller jusqu'au bout, moi je ne donne pas dix-huit mois de son septennat!

— Dans un an, dix-huit mois, monsieur Thiers, je serai à vos ordres.

— A la bonne heure, vous redevenez un bon Français !

Ainsi se termina notre entrevue.

Je remarquai à la porte de son cabinet que deux dames s'avançaient pour couper court à un entretien, qu'elles avaient déjà jugé trop long entre moi et l'ancien chef de l'Etat.

Ces dames, c'étaient Mlle Dosne et Mme Thiers. Elles ne quittaient plus d'un pas leur *vieil enfant*, comme elles l'appelaient, depuis qu'il était envahi par le mal dont il devait succomber un an après.

L'ambitieux, après avoir planté l'arbre de la République, espérait grandir encore à son ombre. Il ne comptait pas avec les années. Elles devaient briser ses dernières espérances avec sa carrière trop longue en raison de ses fatigues et de ses travaux.

Ce rendez-vous de M. Thiers manqua comme le rendez-vous qu'il m'avait donné deux ans auparavant à Calais, quand la mort de Napoléon III le rendit inutile.

Cette fois, le terme qu'il avait fixé pour la réalisation de son ambition, devait être aussi le terme de la vie de ce dernier représentant de la vieille diplomatie française.

Quand je sortis de l'hôtel Saint-Georges, je ne me

doutais pas que je ne rentrerais plus à la préfecture. J'ignorais que c'était ma dernière entrevue avec M. Thiers, fondateur, par raison, d'une République qu'il n'avait acceptée qu'à la condition d'en rester le chef.

CHAPITRE XVIII

LES REPRÉSAILLES DE LA DESTINÉE.

Mme C***, l'espionne de Forbach, dont je refusai
en plusieurs circonstances le concours intéressé,
resta, jusqu'à ma chute, comme le pivot de mes
malheurs.

Elle associa sa sœur à sa haine contre moi. Elle
travailla à ma ruine, attendant que les événements
politiques activés par ces deux furies, l'une dans le
camp républicain, l'autre dans le camp bonapartiste, me reprissent comme otage.

Je sentais trop leurs coups, jusque dans mon administration, pour ne pas y être préparé.

Le hasard me servit autant que ma perspicacité,
il me mit sur la trace des nombreux ennemis que
ces femmes plaçaient toujours sous mes pas.

Lorsque je me sentis trop pressé par mes ennemis, je donnai ma démission pour me mettre défi-

nitivement à l'abri de leur vengeance dont la trame avait été patiemment ourdie par ces deux mauvais génies.

On a vu dans un précédent chapitre que je ne fus pas dupe de la fausse réconciliation de la sœur de Mme C***, lorsque, après l'incendie de son appartement, elle me tendit la main, probablement pour mieux me retenir sur l'abîme où elle voulait un jour m'engloutir.

Pour ne pas y tomber, ma démission était prête.

Le malheur voulut, par l'égoïsme et le despotisme de M. Thiers, que le danger, conjuré par ma prudence, se dressât de nouveau devant moi.

Le lendemain de ma démission, par pitié pour l'ancien chef de l'Etat, pour ce grand ambitieux qui ne se ménageait pas plus qu'il ne ménageait les autres, je me replaçais sous le couteau de mes bourreaux.

Je savais le sort qui m'attendait en revenant plus tard *par ordre* à la préfecture, lorsque M. Thiers reprendrait la présidence de la République. Je savais ce que son orgueil lui faisait nier, qu'il n'était qu'un pont sur lequel les républicains le poussaient pour laisser passer les vengeurs du Dix-huit mars ! Et je savais ce qui m'attendait quand cette heure-là aurait sonné : la mort à bref délai.

Mes ennemis n'avaient pas à se cacher avec moi, comme ils se cachaient derrière leur chef de file, ils avaient soin de me faire entendre ce qui m'était réservé.

Il ne se passait pas de jour, depuis que le septennat était si ébranlé, et que les élections creusaient un gouffre entre les amis du maréchal et les amis de M. Thiers, que je ne reçusse des lettres anonymes m'écrivant, au nom des Ferré et des Rigault : « *Souviens-toi !* »

D'une autre part, lorsque je quittai la préfecture, au moment où M. Thiers m'engageait à y revenir, il m'écrivait aussi : « *Souvenez-vous !* »

La politique me broyait de tous les côtés! Elle ne me laissait pas tranquille jusque dans la retraite.

Pourtant je ne fus rien moins que politique! Sous les divers régimes que j'ai traversés, même celui de la Commune, je n'ai jamais été que policier.

Pourquoi les malheurs de mon temps m'ont-ils mis dans la nécessité d'être le point de mire des adversaires de tous les gouvernements? Pourquoi, en refusant des faveurs, qui m'auraient éloigné de mes attributions, ne devais-je pas être aussi à l'abri des rancunes des partis?

Parce que l'homme, dès qu'il occupe une fonction de l'État, ne peut fuir impunément les envieux, les jaloux ou les martyrs qu'il fait par la loi, par les haines que l'application de la loi lui attire.

Cette cruelle nécessité, je l'avais reconnue à mes dépens au Dix-huit mars, en me mettant sous les griffes des vengeurs de la démocratie. Je craignais d'en connaître encore les effets, lors de la revanche de ces mêmes ennemis. M. Thiers, selon moi, n'était plus assez fort pour les terrasser, dès que, pour vaincre, il était obligé de prendre des auxiliaires dans le camp des partisans secrets de la Commune!

En tous les cas, pour me prémunir contre ce retour funeste, j'avais pris, je le répète, toutes mes précautions.

On se rappelle que, pour rester plus fort contre la femme qui travaillait à ma perte, qui me minait dans mon administration, j'avais mis en garde deux de mes fidèles agents sacrifiés par elle, en attendant que je le fusse aussi.

J'avais averti Œil-de-Lynx et Requin, en leur signalant Mme C***, la cause de leur disgrâce, en leur avouant le sort qu'elle me réservait. Alors ces deux inspecteurs ne la quittaient pas plus que son ombre.

En 1875, Mme C*** habitait une partie de la belle saison, dans sa villa de Ville-d'Avray. Le bruit qui se répandait autour d'elle, par les fêtes qu'elle donnait toutes les semaines et aux anniversaires du 15 août, autant pour narguer la République que pour s'attirer tous les partisans de l'ancien régime, avait éveillé l'attention de la police.

Les rapports que je recevais du gouvernement avaient beau être annulés par les contre-rapports de la sûreté, les faits et gestes de l'ancienne espionne de Forbach n'étaient pas moins surveillés par mes inspecteurs.

Œil-de-Lynx et Requin, qui faisaient partie, malgré leur retraite, de ma police volante, étaient chargés de surveiller spécialement la *bonapartiste* de Ville-d'Avray.

Ils s'en acquittaient en conscience depuis qu'ils

savaient qu'elle était aussi leur ennemie, comme ils étaient mes âmes damnées.

Pour faciliter leurs manœuvres contre cette femme fatale, je leur avais dit tout son passé. Je n'avais négligé aucun des côtés scandaleux de sa double vie de courtisane et d'espionne.

Depuis le jour où elle avait trompé Mme X*** avec un espion prussien jusqu'à l'époque où, à Forbach, elle avait vendu l'armée française à la Prusse, par un colonel, mort fusillé, je ne cachai aucun des épisodes de l'histoire de Mme C***.

Je glissai cependant sur certains détails personnels qui avaient trait à mes entrevues avec elle sous la Commune, à la préfecture, quand elle essaya de me captiver. J'évitai de leur dire que la haine qu'elle me vouait partait d'un orgueil blessé.

Il suffisait, pour Œil-de-Lynx et Requin, que j'eusse un intérêt à frapper cette ennemie, pour qu'ils se missent en campagne, qu'ils ne négligeassent rien pour la mener à bonne fin.

On connaît les ressources dont disposaient l'astucieux Œil-de-Lynx et l'impassible Requin.

Une fois désignés par moi pour *opérer la filature* de Mme C***, ils restèrent à poste fixe et à demeure à Ville-d'Avray.

Ils se firent passer pour de vieux sous-officiers en retraite désirant, à la suite des fatigues de la guerre, finir leurs jours dans une modeste maison de ce cottage.

Ils louèrent une petite habitation appartenant à un jardinier de la localité.

Ce jardinier, par un hasard un peu *trouvé*, était précisément le jardinier de la villa de Mme C***.

Mes agents ne tardèrent pas à connaître de lui la continuation de la vie si accidentée de Mme C***.

Voici ce qu'ils apprirent sur les rapports qu'ils me firent parvenir et qu'ils tenaient du jardinier indiscret.

Mme C***, à l'exemple de son ancienne rivale, mais bien moins excusable que Mme X***, ne recevait pas que des officiers français briguant ses faveurs. Comme par le passé, elle recevait aussi des Allemands qui, après la guerre, étaient revenus habiter une propriété contiguë à la sienne.

Lorsque ces officiers étaient venus la voir pour fêter l'anniversaire du 15 août et narguer ainsi la République, les Allemands ne tardaient pas, après la petite fête bonapartiste, de venir aussi chez l'espionne qui l'avait organisée.

Autant Mme C*** mettait d'ostentation à protester, avec les officiers de Metz et de Sedan, contre le gouvernement, autant elle mettait de discrétion à recevoir ses voisins, ses amis nos ennemis.

— Entre nous, disait ce jardinier à OEil de-Lynx et à Requin, qu'il prenait pour d'anciens sous-officiers, je crois que Mme C*** n'est qu'une moucharde. Elle n'est pas plus fidèle aux traîtres de Sedan qu'aux amis de Bismarck. Elle leur donne à souper à tour de rôle, pour leur servir des plats de sa façon. Ils ne profitent qu'à sa marmite. C'est une rusée commère! Elle fait flèche de tout bois, et elle pratique surtout l'espionnage en parties fines. Ce qui se boit de champagne chez elle emplirait les tonneaux de ma cave. Comme c'est aussi bien la France que la Prusse qui paye son Cliquot, elle ne le ménage guère. Le champagne délie la langue. Elle a besoin qu'on parle pour se faire payer plus cher ses rapports, dont les uns vont à la préfecture, les autres à la chancellerie. J'en sais quelque chose, car je suis lié avec son valet de chambre. Le lendemain de ses fêtes impérialistes et le lendemain de ses causeries intimes avec les Allemands, c'est lui qui met à la poste ses divers rapports chiffrés. Le plus drôle de l'affaire serait si, un jour, l'espionne se trompait d'adresse et envoyait à la destination de Berlin ce qui est à la destination de Paris !

Ces aveux du jardinier grossirent les informations que j'avais données à mes agents sur le compte de cette espionne, restant sous la République ce qu'elle n'avait cessé d'être sous l'empire.

Immédiatement mes inspecteurs voulurent connaître personnellement les gens les plus en évidence chez cette dangereuse sirène. Ils apprirent que les Allemands ses complices étaient des espions tarés, qui, avant la guerre, habitaient déjà Ville-d'Avray, dans la même habitation dont ils avaient oublié d'abord de solder la location. Après la guerre, ils y étaient revenus, en payant l'arriéré de leur dette, grâce aux butins qu'ils avaient faits ou fait faire durant nos désastres, dans les environs de leurs demeures.

Dans le pays, ces Allemands étaient très mal considérés. Tous ceux qui les connaissaient en France, depuis de longues années, leur imputaient une partie des incendies qui, à la campagne de France, avaient dévasté Sèvres et Saint-Cloud.

On ne les appelait pas autrement à Ville-d'Avray que les *anciens uhlans*! Personne ne les fréquentait, excepté Mme C***.

Encore ne les recevait-elle que la nuit, après les fêtes bonapartistes données à des officiers de l'empire qui, à Bruxelles, avaient été les premiers abonnés du journal *le Drapeau!*

OEil-de-Lynx et Requin, une fois bien renseignés, se mirent à l'affût dans les *sentes* touffues de Ville-d'Avray, pour voir de près sans être vus ces officiers signalés à la police depuis qu'ils se rendaient à la villa de la double espionne.

Comme tous les deux avaient servi au moment de la guerre, quand ils composaient l'équipage militaire de l'empereur, ils connaissaient un grand nombre d'officiers.

Très dévoués eux-mêmes à l'ancien régime, ils savaient quels étaient les hommes de l'armée qui gardaient leur dévouement à l'empire.

OEil-de-Lynx et Requin, une fois en observation aux alentours de la villa de Mme C***, ne tardèrent pas à reconnaître, dans ces pèlerins de Cythère à épaulettes, des officiers de Forbach sous les ordres desquels ils avaient eux-mêmes été commandés.

Cette remarque faite, il ne s'en tinrent pas là. Avant de se faire reconnaître auprès de l'un de leurs compagnons d'armes, ils voulurent savoir jusqu'à quel point leur propriétaire les avait bien renseignés sur le compte des espions allemands que

Mᵐᵉ C*** recevait après les serviteurs de l'ancien prisonnier de Wilhelmshœhe.

Un soir qu'ils avaient filé ces Allemands se rendant chez la belle Mᵐᵉ C*** à la suite d'une de ses fêtes, Requin et OEil-de-Lynx se mirent à grimper dans les arbres qui touchaient de plus près à sa propriété. Une fois parvenus sur des branches à la hauteur du premier étage de sa villa, ils virent aux fenêtres éclairées Mᵐᵉ C*** conférant secrètement avec ces Allemands. Ils recevaient d'elle plusieurs plis cachetés. Pour mes inspecteurs préalablement instruits par leur propriétaire, ils ne pouvaient renfermer que divers rapports concernant le compte rendu de la fête de la veille et les conversations échangées entre elle et les officiers français. Quant à eux, ils ne se doutaient pas que leurs espérances bonapartistes ou leurs projets de revanche étaient renvoyés par leur hôtesse à leurs plus implacables ennemis !

Dès que mes agents furent renseignés sur les faits et gestes de Mᵐᵉ C***, OEil-de-Lynx et Requin me firent part de leur découverte. Ils m'envoyèrent leur rapport, après avoir filé le lendemain le valet de chambre de Mᵐᵉ C***, trompant d'abord la police française pour la chancellerie, envoyant ensuite à la chancellerie de Berlin sa double délation remise à nos agents.

Dès que je reçus le rapport d'OEil-de-Lynx et de Requin, certifiant ce que le passé de Mᵐᵉ C*** justifiait tant, je les pressai d'agir contre cette femme funeste.

Pendant que j'adressais à la magistrature, au

ministère ces graves accusations, voici dans quel sens je pressais OEil-de-Lynx et Requin d'agir contre Mme C*** :

« Faire connaître à l'un des amants de cette femme le rôle ridicule, odieux qu'on lui fait jouer vis-à-vis de la Prusse; démasquer l'espionne par cet amant sans que celui-ci se doute d'avoir été l'instrument de la police. »

OEil-de-Lynx se chargea de cette mission délicate.

Requin avait le plus contribué à découvrir les espions allemands, et à se mettre sur leurs traces grâce aux premières indications de son propriétaire, maintenant il laissait à son collègue le soin de parachever son œuvre.

Précisément OEil-de-Lynx, lors du retour des wagons de gala de Sa Majesté, avait fait partie, à Forbach, du bataillon commandé par l'officier devenu alors l'amant en titre de l'ancienne espionne de Forbach.

Par un hasard très heureux pour la police, très malheureux pour Mme C***, cet officier avait été autrefois le camarade de Saint-Cyr du colonel fusillé la veille de la bataille de Forbach, par la faute de sa maîtresse, par cette dangereuse hôtesse de Ville-d'Avray.

Deux jours après les instructions que j'avais envoyées à mes inspecteurs, OEil-de-Lynx, en embuscade dans un sentier conduisant à la villa de Mme C***, avisait cet officier.

Il se faisait reconnaître de lui comme un ancien sous-officier de son régiment.

Celui-ci était un brave capitaine dont l'esprit de corps s'étendait avec bienveillance sur tous ses camarades, gradés ou non, dès qu'ils avaient partagé avec lui les malheurs de la guerre.

Encouragé par la bienveillance de son supérieur, Œil-de-Lynx aborde donc l'objet qui l'amène et pour lequel il a accosté l'officier :

— Mon capitaine, lui dit-il, ce n'est pas seulement dans le but d'une reconnaissance qui m'honore que je me suis permis de vous accoster. C'est pour vous rendre un grand service.

— Un service, fait le capitaine étonné, et quel service peux-tu me rendre, mon brave ?

— Un service signalé, ajouta-t-il en se rapprochant du capitaine. Vous connaissez Mme C***, n'est-ce pas, puisque vous alliez entrer chez elle ?

— Un peu ! répondit-il avec un sourire de fatuité qui en dit plus encore que sa réponse narquoise.

— Tant pis ! exclama Œil-de-Lynx en soupirant.

— Pourquoi tant pis ? riposta le capitaine sèchement.

— Parce que c'est une espionne prussienne.

— L'accusation est grave, se récria l'officier en pâlissant, mais à voix basse et en se rapprochant de son ancien sous-officier. Et sur quoi bases-tu cette terrible accusation ?

— Vous rappelez-vous à Forbach, ajouta plus bas Œil-de-Lynx, ce colonel de notre régiment fusillé la veille de la bataille ?

— Si je me rappelle mon malheureux camarade ?

je crois bien! Il est mort bravement sous le chasse-pot de ses soldats! Quoique traître à sa patrie, sa mort, affrontée sans pâlir, a racheté sa trahison.

— Croyez-vous, ajouta-t-il, qu'il ait trahi? Vous rappelez-vous qu'à cette époque une femme le suivait à Forbach?

— Oui, en effet, se dit-il en se frappant le front, et comme s'il se parlait à lui-même, si je ne me trompe il y avait à ce sujet-là une histoire de femme? Je n'y ai pas trop cru pour ma part! C'était sans doute une manière d'excuser mon pauvre ami! On le savait aussi étourdi que brave. On avait trouvé ce conte parce que cet étourneau aurait été très coupable de vendre inconsciemment à sa maîtresse tous nos plans de campagne.

— Eh bien! mon capitaine, se hâta d'ajouter Œil-de-Lynx, l'histoire de femme existe. Le colonel, très bavard en effet, a livré, sans mauvaise intention, nos plans de campagne à une espionne vendue aux Allemands, qui l'a perdu, parce qu'en s'adressant à elle, il s'adressait à la chancellerie allemande.

— Et... et..., balbutia le capitaine qui commençait à avoir d'étranges soupçons, tu connais le nom de cette femme?

— Comme vous le connaissez vous-même, mon capitaine, comme le connaissait, pour son malheur, votre colonel; c'est Mme C***, votre maîtresse.

— Assez! Assez!... j'en sais assez... coquin!

Et le capitaine, qui avait rougi, blêmi tour à tour, avant de sonner à la grille de Mme C***, tourna brusquement les talons à Œil-de-Lynx.

Cet officier était foudroyé par cette révélation ; elle lui déchirait, en lui montrant l'horrible réalité, un voile qui, en restant devant ses yeux, aurait pu aussi le perdre et le déshonorer.

En ce moment, il était terrifié honteux d'avoir été la dupe de cette créature. Il ne tenait pas à donner plus longtemps à un officier subalterne le spectacle de sa confusion.

Le soir, ce capitaine était appelé au ministère de la guerre. On lui lisait un rapport qui corroborait celui d'OEil-de-Lynx ; car il confirmait ce que lui avait dit cet inspecteur sur le compte de Mme C***.

Le gouvernement n'était que trop bien disposé à morigéner le capitaine. Ses opinions bonapartistes le rendaient très suspect. Ses chefs n'étaient donc pas fâchés de lui montrer dans quel piège il était tombé en faisant de Mme C*** sa maîtresse, elle qui avait toujours pour mission de vendre à la Prusse tous nos officiers.

On l'avertit que s'il reparaissait à la villa de Ville-d'Avray, il serait cassé, et qu'on le mettrait dans la situation de faire valoir ses droits à la retraite.

Mais, autant pour se venger de son espionne que pour venger la mémoire du colonel, son ancien camarade, le capitaine résolut, avec ses amis, de rendre une dernière visite à l'espionne.

Cette fois c'était pour lui rendre le mal qu'elle avait essayé de lui faire, et qu'elle avait causé à son ami d'école.

On voit qu'OEil-de-Lynx avait amplement suivi mes instructions et secondé ma vengeance.

Il est vrai qu'en cette circonstance mes intérêts étaient liés aux siens.

Là ne s'arrêtaient pas les effets de ces manœuvres policières contre cette femme fatale qui avait déjà brisé ma position avant d'essayer d'attenter à ma vie.

Un mois après, sur les instructions d'une commission militaire, et qui furent portées à l'ambassade de Prusse, des ordres d'expulsion furent dressés et contre les Allemands de Ville-d'Avray et contre Mme C***.

Les Allemands étaient rappelés dans leur patrie pour faire cesser en France des exactions qui ne sont permises que dans les pays en guerre; Mme C*** était expulsée de sa patrie parce que non seulement elle affichait en République, d'une façon scandaleuse, ses opinions bonapartistes, mais parce qu'elle corrompait l'armée, qu'elle ne cessait de livrer à la Prusse, comme sous l'empire, les secrets de notre état-major.

Je fus chargé de faire connaître à Mme C*** l'ordre qui lui enjoignait de quitter la France, et je dus procéder par voie de justice à son expulsion.

Autrefois Mme C***, par sa sœur, m'avait jeté un terrible défi; j'y répondais par un défi non moins sanglant. C'était de bonne guerre.

Le jour où j'arrivai à Ville-d'Avray pour lui faire sentir les effets de ses imprudentes menaces contre moi, la vengeance du capitaine m'avait devancé.

Je dirai comment, après m'être présenté à la villa de Mme C***, celle-ci expiait à son tour, par les représailles de la destinée, la mort de ma vieille amie Mme X***, tuée dans la même région, à la même place, par ses auxiliaires les Prussiens !

Lorsque, cinq ans après la guerre, je revoyais Ville-d'Avray, ses ruines avaient complètement disparu.

C'était au mois de juin de cette année 1875, année de ma démission. Un instant, en revoyant cette campagne, sillonnée comme jadis de sentiers fleuris, remplie de villas en partie reconstruites, quoique déserte, mais encore pleine de buissons de fleurs et d'arbustes, il me sembla que je revoyais ce village comme avant nos désastres.

Hélas! l'illusion que me donnait la nature, qui, à chaque printemps, rajeunit et égaye nos souvenirs, fut de courte durée.

Je me rappelai aussi la mort tragique de Mme X***, sacrifiée par celle que j'avais maintenant pour mission d'arrêter.

En dépit de la nature en fleurs et des ombrages verdoyants de Ville-d'Avray, les lugubres images de mon passé me revenaient en foule.

Je revoyais, en m'acheminant vers la villa de Mme C***, l'endroit où la malheureuse Mme X*** avait succombé dans sa maison brûlée. Je recherchais la place où les soldats de Bagasse, héros sublimes comme lui, tombaient dans le fossé qui les séparait de Mme X***, expirant dans les flammes sous les torches des Prussiens dont l'odieuse Mme C*** conduisait les mains meurtrières.

Enfin j'allais venger cette victime de Mme C***, plus audacieuse qu'elle dans ses folies, mais bien

x. 16.

moins criminelle que so   bourreau dans ses écarts

Après être descendu du chemin de fer, j'avais fait arrêter, au sentier des Jardies, un fiacre que j'avais pris à Saint-Cloud.

Des agents en étaient descendus pour prendre, à gauche de la propriété des Jardies, un sentier qui coupe le cottage de Ville-d'Avray, sépare la propriété et les jardins de Mme C^*** de ceux qui appartenaient à la villa de Mme X^***.

Après avoir fait cerner par mes agents cette dernière propriété, après les avoir dissimulés dans les bouquets d'arbres bornant le jardin, je sonnai hardiment à la grille.

J'avais d'autant hâte d'en finir que les souvenirs sanglants qui me revenaient de plus en plus, me donnaient le frisson, ils ne faisaient qu'irriter les désirs de me venger de la femme qui était encore le tourment de ma vieillesse.

J'eus beau sonner, pas un domestique ne vint m'ouvrir.

Mme C^***, qui appartenait à la police, avait-elle donc été prévenue par un de ses affidés, comme elle en possédait tant dans mon administration?

Ce soupçon me vint en sonnant plusieurs fois à la grille.

J'eus peur qu'elle m'échappât encore.

Après avoir sonné et resonné, je me décidai à ouvrir moi-même la grille en dedans.

J'entrai dans le jardin.

Là, pas un seul serviteur ne vint à ma rencontre, le jardin était désert. Cette solitude, ce silence m'étonnèrent.

Mme C***, fût-elle en fuite, avertie par la police, elle eût laissé ses serviteurs dans sa maison pour répondre en son nom, pour renseigner ses visiteurs sur la cause de son absence.

Ce qui m'intrigua plus encore, ce fut de voir le vestibule de la maison ouvert.

Dans le jardin qui lui faisait face, sur des tables, sur des bancs, je voyais des débris de cigare, des verres épars, comme si ce jardin, quelque temps auparavant, avait été plein de monde.

Il était sept heures du soir, la nuit commençait à tomber. Peut-être Mme C***, qui recevait très souvent, était-elle à table avec ses convives, pendant que ses serviteurs, occupés au service, n'avaient pas entendu mes nombreux coups de sonnette.

Je m'avançai vers le vestibule ouvert, tout en me rapprochant du treillage de clôture derrière laquelle étaient masqués mes agents.

Je leur fis signe d'escalader le treillage pour m'accompagner et venir me rejoindre au vestibule.

Le silence de cette maison commençait à m'inquiéter.

Mes agents, après avoir fait une trouée dans la clôture de lierre, vinrent me retrouver dans le jardin.

L'un d'eux, se séparant de la brigade, partit aux Jardies chercher le fiacre, qui stationna bientôt à la grille, prêt à emmener Mme C***, si elle ne nous avait déjà devancés.

Enfin j'entrai par ce vestibule, que formait une vaste véranda précédant la salle à manger.

Après l'avoir franchie, un spectacle aussi étrange qu'inattendu frappa mes regards ; il m'anéantit de stupeur, ainsi que les agents qui m'entouraient.

Au fond de la pièce, devant une table abondamment servie, dont les couverts n'avaient pas été touchés, une femme entièrement nue était garrottée à l'une des colonnes d'un dressoir monumental.

Je poussai un cri de surprise.

Cette femme, aux bras suspendus à l'aide de cordelières l'empêchant de faire aucun mouvement, aux pieds également attachés au bas du dressoir, c'était qui?

Mme C***.

Dévorant sa rage impuissante, après le châtiment que lui avaient infligé ses bourreaux, elle n'avait pas poussé un cri ni fait un seul mouvement, une fois garrottée. Elle aurait ardemment désiré alors que personne ne fût témoin de sa ridicule et humiliante situation.

Lorsqu'elle m'aperçut, moi le dernier homme qu'elle aurait voulu rencontrer, elle poussa cependant un rugissement de rage.

Elle se débattit comme une lionne sous les liens qui la serraient à lui faire des marques bleuâtres sur ses attaches d'une pureté de lignes, aussi adorables que ses formes.

Je remarquais au bas des reins, dont les courbes amoureusement arrondies eussent fait envie à Phidias, des traces sanguinolentes qui les zébraient horizontalement.

Il ne fut plus permis de douter que cette dame,

dans la situation d'Ève, avant le péché, avait reçu
de ses bourreaux, une correction exemplaire, rappelant l'ancien supplice des femmes adultères !

Pour mieux savourer ma vengeance, je m'arrê-
tais ironiquement devant elle, moins pour jouir,
comme Pâris, des beautés secrètes de cette Vénus,
que pour continuer son supplice, tout en ayant
l'air de m'apitoyer sur la situation étrange de la
belle captive.

— Oh ! pardon, madame, m'écriai-je, les mains
devant les yeux, en venant vous arrêter comme
ayant vendu des secrets d'Etat, je ne m'attendais
pas à vous trouver dans ce simple appareil ! En tous
les cas, je suis innocent de cette surprise à la Vul-
cain. Ce n'est pas moi qui vous ai exposée ainsi
à mes regards. Du reste, par nos diverses relations
d'autrefois, il n'est pas extraordinaire que je vous
voie aujourd'hui nue du haut jusqu'en bas !

Pendant que je lui lançai ces sarcasmes en m'in-
clinant à distance respectueuse, Mme C*** se tor-
dait comme un ver.

Son beau corps d'albâtre, en voulant se dérober
à mes yeux, frémissait de la tête aux pieds, sa
bouche crispée me lançait des blasphèmes ! De ses
dents, elle mordait les cordelières qui la liaient
jusqu'au sang.

Les ondulations de sa croupe harmonieuse
avaient des inflexions désespérées sous mes regards
et mon sourire impitoyables qui la rendaient déli-
rante de rage !

— Misérable ! hurlait-elle, en grinçant des dents.

Ah! je devine tout ! c'est toi, infâme Claude, qui as vendu mes secrets aux officiers! Tu attendais le supplice qu'ils m'ont infligé, ces lâches, en me mettant toute nue, pour me flageller, tu l'attendais avant de te montrer et d'achever ton œuvre. Ah! c'est une vengeance bien digne d'un policier. Dépouiller une femme pour la frapper, pour la jeter ensuite dans un cachot, voilà bien la vengeance d'un sbire. Mais tu payeras de la vie mon humiliation et ton inqualifiable lâcheté !

Les paroles incohérentes de la flagellée m'apprirent une partie de la scène qui venait de se passer, au moment où je sonnai à la grille de la villa de Mme C***.

Voici comment avait eu lieu cette scène, telle que je l'appris plus tard, de ceux qui lui avaient infligé cette correction.

Le capitaine, son amant, après les révélations d'Œil-de-Lynx. les remontrances de son chef, au bureau de la guerre, n'avait eu qu'un but : se venger de Mme C***, qui l'avait compromis comme elle avait compromis son colonel.

Il avait imaginé, de concert avec ses camarades de régiment, l'idée de flageller celle qu'ils méprisaient tous, parce que tous plus ou moins avaient été ses amants.

Une fois qu'ils avaient appris que Mme C*** n'était qu'une espionne dont les délations avaient coûté la vie à l'un d'eux, ils résolurent de la punir de la façon qu'on vient de voir.

Répondant, quelques jours après, à l'une de ses nombreuses invitations à dîner, ces officiers s'étaient empressés de s'y rendre, avec la ferme intention de ne pas goûter à ses plats, de faire subir à leur amphitryon en jupon une correction dont elle se souviendrait pour le restant de ses jours.

Une fois réunis dans la salle à manger, les militaires, au nombre de sept, avaient enfermé de force les domestiques dans leurs chambres. Ils s'étaient rués ensuite sur Mme C***, ils l'avaient garrottée comme je venais de la voir, en lui expliquant pourquoi ils lui faisaient subir ce châtiment et cette humiliation.

Une fois liée dans la salle à manger, ils avaient refermé les portes. Chacun à tour de rôle, en lui reprochant ses trahisons et ses crimes, l'avait frappée de verges, autant de fois qu'elle comptait de victimes dans sa vie.

La correction n'avait cessé qu'au moment où je sonnai à la grille.

A la vue des gens de police, les bourreaux de Mme C*** s'étaient empressés de déguerpir, de laisser la place aux hommes de la loi.

Mon arrivée faisait croire à cette victime que la punition ne s'arrêtait pas à cette punition corporelle, que moi aussi j'étais d'accord avec ses bourreaux.

Sans répondre aux invectives de Mme C***, je pris en pitié son humiliation et sa rage, je ne voulus pas l'exposer plus longtemps aux regards lubriques et aux propos grossiers de mes agents, groupés autour de moi pour mieux jouir du tableau de ce délicieux et irritant chef-d'œuvre de la nature, et je dis à mes inspecteurs :

— Dégarrottez cette femme ! Qu'elle s'habille devant nous, pour nous suivre chez le commissaire.

— Te suivre, misérable? me répondit-elle, pendant qu'on la délivrait, mais c'est toi, râla-t-elle, en voulant se débattre contre mes agents, qui lui desserraient ses liens, comme si leur contact l'eût souillée, te suivre? mais c'est toi bientôt qui suivras mes vengeurs pour te conduire à la mort que tu n'éviteras plus, comme il y a cinq ans.

Encore une fois je ne répondis pas à ces menaces, je me contentai de répliquer :

— En attendant, madame, veuillez m'accompagner au parquet où est libellé, pour vous, un arrêt d'expulsion et un *bon pour partir*, hors de France !

— Qui, plus tard, fit-elle en se rhabillant et en me lançant un mauvais sourire, sera un *bon pour revenir*. Alors malheur à toi, Claude !

Dix minutes après, Mme C*** était rhabillée, elle avait hâte de dérober, moins ses beautés secrètes dont elle était fière, que les stigmates qui les avaient si ridiculement profanées !

Entourée de mes agents, vêtue déjà tant bien que mal, elle s'apprêtait à nous suivre, à quitter le vestibule, à gagner le fiacre qui lui était destiné quand une dame apparut sur le seuil.

C'était la sœur de Mme C***, elle revenait de Paris, après avoir appris l'accusation qui pesait si gravement sur sa parente.

Devant sa sœur entre les mains de mes agents, en ma présence surtout, elle eut un frémissement de colère. Ses regards me lancèrent des éclairs qui se croisèrent avec ceux de sa parente, comme pour multiplier ainsi leurs flammes et mieux me foudroyer.

Je ne laissai pas à cette dame le temps de me menacer par la parole, comme elle le faisait par les regards, je lui dis ironiquement en la saluant :

— Madame, désolé de ne pouvoir vous permettre de voir ici madame votre sœur, elle ne vous appartient plus, elle appartient à la loi. Je suis heureux, du reste, que vous ne soyez pas venue un instant plus tôt ! Vous auriez été trop peinée de voir les traces de la correction manuelle, que madame a reçue. Il paraît que c'est de tradition chez vous ; en 1848, au club Bonne-Nouvelle, comme en 1855, à Ville-d'Avray, on reçoit toujours le fouet dans votre famille ?

— Lâche ! s'écria la sœur de Mme C***, en s'échappant du vestibule, en me lançant un regard dont la flamme avait l'éclat de la foudre.

J'entraînai dans le fiacre Mme C*** qui, après avoir été conduite chez le commissaire de la localité, partit avec mon escorte pour Paris.

Cette fois la justice eut son cours, Mme C*** reçut un ordre d'expulsion. Les représailles de la destinée voulurent que la meurtrière de Mme de X*** fût punie par moi, plus intéressé que tout autre à la venger.

Cette vengeance me plaçait de plus en plus sous les coups de mes nombreux ennemis.

Je n'avais fait éloigner de la France ma plus implacable ennemie, que pour m'en donner une autre, et la sœur de Mme C*** épousait son humiliation parce que j'avais tout fait pour la rendre plus amère.

CHAPITRE XIX

LA MORT DE M. THIERS.

Enfin j'étais à la retraite. L'arrestation du parricide Roques et de l'ancienne espionne de Forbach avaient été mes dernières affaires.

J'avais quitté la préfecture, j'habitais, comme un modeste bourgeois, une maison de campagne située à Vincennes, je la devais à mes économies amassées durant ma longue carrière.

Ces économies faillirent être englouties avec la Commune, dont j'eus particulièrement à souffrir. Sans la Compagnie d'assurances qui sauva mon capital du naufrage, je serais sorti de la préfecture à peu près comme j'y étais entré.

Pour vivre encore, après ma retraite, moi et ma famille, il me fallut accepter le tribut de reconnaissance du directeur de la Compagnie des Petites-Voitures. Il est vrai que ma fierté naturelle m'obligea à rendre encore quelques services à cette administration qui me doit un peu sa réorganisation.

L'exercice des devoirs ne mène pas à la fortune.

Sans la reconnaissance qui, à notre époque d'égoïsme et de *grandes affaires*, n'est pas éteinte dans tous les cœurs, je serais mort de faim, après avoir exercé le plus rude des métiers, qui a plus de peine que d'honneurs!

A quoi bon récriminer ?

La satisfaction que j'éprouve aujourd'hui en possédant une fortune, une aisance au delà de mes besoins, grâce à la reconnaissance de gens que j'ai sauvés de la ruine et de la honte, est ma plus douce récompence.

Ce que je redoutais, moi qui, par tempérament autant que par position, ai toujours tenu à m'effacer, c'était de rester oublié pour les autres, comme je m'étais oublié moi-même, à toutes les époques, en rendant les plus grands services à la magistrature et à la société.

Ce que je craignais par-dessus tout, après m'être engagé imprudemment avec un ancien chef de l'Etat, c'était son retour de fortune, son retour au pouvoir.

Hélas! je n'avais pas autant de confiance en M. Thiers qu'il en avait en lui, malgré la maladie qui le minait, malgré les amis qu'il se donnait pour ressaisir l'autorité.

Lorsque, dans la retraite, je vis s'accomplir le complot du 16 mai, ce coup d'État avorté, je tremblais autant pour mon ancien protecteur que pour moi.

Je savais que si les conservateurs pouvaient s'entendre pour la défense ils ne s'entendraient pas pour le triomphe.

Je tremblais plus pour les vainqueurs que pour les vaincus.

Sans m'être jamais mêlé de politique, il ne m'é-pas difficile de prévoir que ceux qui ne devaient pas bénéficier de leur victoire, allaient donner une puissance énorme à leurs ennemis. Ces derniers ayant le prestige du martyre, devaient en profiter pour reprendre leur revanche, au nom de l'opinion, contre des hommes très unis devant le danger, mais très incapables de s'unir, une fois le danger passé.

Après le 16 mai, chaque parti voulut exclusivement en avoir les profits. Après le 16 mai, la royauté était faite. Les hommes de l'ex-empire firent tout pour la défaire.

M. Thiers, sorti du rang des conservateurs, devint le bouc émissaire des revendications populaires pour abattre toutes les têtes qui avaient conçu ce coup de force; coup d'Etat avorté sous les rancunes des partis et devant des adversaires disciplinés pour la revanche.

Pour ma part, j'avais peur de la puissance que cette nouvelle défaite du septennat allait donner à M. Thiers.

Je voyais que mon illustre protecteur aurait alors besoin de moi, qu'il me rappellerait ma promesse arrachée dans un moment de compassion.

Alors je me souvenais, lors de l'arrestation de Mme C***, les regards de haine que m'avait lancés sa sœur. Et j'étais sûr que les dangers que j'avais évités, en quittant la présidence, reparaîtraient plus menaçants, plus terribles pour moi, en reprenant mes fonctions à la préfecture, telles que les avait autrefois rêvées M. Thiers.

Je ne me voyais sous-chef ou sous-ministre de la police, que pour aller me replacer devant les chassepots des vengeurs de la Commune, ennemis de M. Thiers qui ne l'acceptaient lui aussi que pour le faire tomber de plus haut qu'il n'était tombé avec les ducs.

J'étais à même de connaître le caractère de l'illustre homme d'Etat, je savais que son esprit absolu, entêté, n'avait d'égal que son énorme confiance en lui.

Il croyait, en redevenant chef de la République, reprendre une éclatante et définitive revanche. Moi je ne voyais dans cette revanche à laquelle il m'associait à l'avance que sa perte et la mienne.

Une circonstance imprévue déjoua malheureusement pour lui, heureusement pour moi, tous les calculs de l'ancien chef de l'Etat, redevenu chef de parti.

Comme je l'ai constaté dans ma dernière entrevue avec M. Thiers, sa santé depuis dix-huit mois s'altérait sensiblement.

Mme Thiers secondée de Mlle Dosne ne le quittait plus et elle le voyait s'affaiblir, décliner rapidement, surtout après les événements du 16 mai.

Quoique ces événements fussent très favorables à son ambition, il était obligé parfois de s'en désintéresser, pour s'occuper de sa santé ébranlée.

Depuis que je l'avais quitté, il était allé à Dieppe, *soigner*, disait-il, *ses oppressions*. A Dieppe comme

à Paris, il se sentait en proie à une agitation ner-
veuse qui troublait toutes ses fonctions !

Au retour des bains de mer, il prit le parti de
s'installer à Saint-Germain, parce que partout il
avait *besoin d'air*.

Depuis longtemps, M. Thiers était sous le poids
d'une lourde somnolence, avant-coureur de la paralysie foudroyante qui devait l'abattre.

De 1871 à 1872, ceux qui ont assisté, comme moi,
aux soirées intimes de sa présidence, ont été témoins des assoupissements de M. Thiers.

Lorsque ces syncopes passagères l'envahissaient,
Mme Thiers renvoyait poliment son entourage. Elle
le livrait endormi à ses serviteurs qui connaissaient
ses habitudes et son tempérament.

On le couchait comme un enfant.

A ses repas, M. Thiers s'assoupissait à l'exemple
d'un baby qu'on tire de son berceau, et qui, mal
éveillé, se rendort sur sa bouillie !

Or, le dimanche 4 septembre, date fatidique pour
lui et qui, à sept ans de distance, lui promettait le
triomphe sur la défaite de ses adversaires, M. Thiers
se rendait à Poissy pour faire visite à M. Meissonnier. Il devait faire son portrait.

N'ayant pas rencontré Meissonnier, il était revenu de bonne heure à Saint-Germain où il avait
passé la soirée en compagnie de quelques amis.

Le lundi, M. Thiers, qui fut toujours très matinal,
s'était levé à cinq heures, parce qu'il devait venir à
Paris.

Son fidèle Barthélemy Saint-Hilaire avait pré-
venu, en son nom, M. Gambetta de le rejoindre, le

soir, à trois heures, à son hôtel de la place Saint-Georges.

Après avoir travaillé à Saint-Germain jusqu'à sept heures du matin, M. Thiers avait fait une promenade de deux heures sur la Terrasse, en se plaignant d'une lourdeur de tête, que l'air vif ne dissipa pas.

Néanmoins il rentra pour se remettre au travail. A midi, il descendit de son cabinet pour déjeuner.

Il n'avait alors que deux [personnes composant d'ordinaire sa maison dans ses déplacements, une femme de chambre et un domestique.

Ce jour-là, il leur avait commandé le repas plus tôt que de coutume, parce que M. Thiers devait se rendre à Paris par le train de une heure moins cinq.

Avant de prendre son repas, la gérante de l'hôtel où il occupait le premier étage, l'arrêta au moment où il allait prendre son déjeuner. Elle lui présenta un de ses portraits photographiés en lui demandant d'y apposer sa signature.

— Je n'aime pas cette épreuve, avait-il répondu, je vous en rapporterai une autre d'après mon portrait peint par Bonnat, et je vous promets d'y mettre une dédicace dont vous serez contente.

Il était écrit que cette dame ne posséderait pas le précieux autographe.

Dès que M. Thiers avait quitté la maîtresse d'hôtel, il s'était attablé dans le salon qui servait de salle à manger, en compagnie de Mme Thiers et de Mlle Dosne.

Il déjeuna de bon appétit; mais au dessert, en

avalant un quart de pêche, il resta immobile, comme pétrifié, puis il s'écria, à l'exemple d'un homme égaré, qui répète ce qu'il voulait dire au moment de la plénitude de ses facultés physiques :

— Tiens ! je me sens mal à l'aise... J'ai du mal à respirer, j'étouffe.

Immédiatement les gens de service secondant Mme Thiers et Mlle Dosne ouvrirent une fenêtre donnant sur la terrasse, on roula un fauteuil où il s'étendit.

La paralysie lui ôtait déjà la parole, ses lèvres remuaient à peine.

Il exprima par signes qu'il voulait parler.

Sa main devenue inerte indiqua par les mouvements des doigts qu'il voulait écrire et qu'il ne le pouvait pas.

Alors il se sentit mortellement atteint, car il perdit connaissance et toute conscience de son état.

On crut d'abord à une syncope comme il en éprouvait tant depuis une année, personne n'osa prévoir la gravité du mal ; Mme Thiers, ne croyant aussi qu'à une indisposition passagère, pensa cependant, vu ses appréhensions, à recourir à une énergique médication qui pouvait avoir raison de cet engourdissement général.

Elle expédia ensuite un télégramme à Paris pour appeler le docteur Barthe ; elle fit déshabiller M. Thiers que son valet de chambre porta dans son petit lit légendaire, on plaça ce lit dans le salon et on l'étendit sur cette couchette très étroite, garnie d'un matelas et d'un traversin, qui le suivait dans tous ses voyages.

X. 17.

A cinq heures, arriva de Paris le docteur Barthe, qui confirma le verdict de ses confrères appelés en toute hâte à Saint-Germain, c'était qu'il n'y avait rien à espérer,

M. Thiers respirait encore mais faiblement et son pouls devenait de plus en plus faible, de plus en plus rare.

A six heures vingt-trois minutes, il passa presque sans transition de vie à trépas.

M. Barthélemy Saint-Hilaire, seul avec Mme Thiers et Mlle Dosne, veillèrent la nuit auprès du corps déposé sur le petit lit de camp où il avait été porté.

Le salon où mourut M. Thiers est situé à l'extrémité du pavillon neuf de l'hôtel et donne sur la Seine.

Le lit où reposait M. Thiers était placé devant la fenêtre. La tête légèrement inclinée regardait le jour. Il était revêtu d'une simple chemise, dont la gorge était déboutonnée et les bras étendus hors du drap.

Sur les pieds était placé un châle-tartan gris et rouge, dont il se servait journellement depuis le traité de paix pour se couvrir les épaules, quand il sentait la fraîcheur.

Ce châle ne l'avait pas quitté après le siège; c'était un cadeau de Bismarck; il le lui avait donné la nuit où, tombant de sommeil, M. Thiers, après une longue discussion pour arracher Belfort à l'ennemi, avait été paternellement enveloppé de ce châle par l'homme de fer. Ce châle, autrefois son trophée, devenait son linceul.

Le peintre Meissonnier, le lendemain du jour où il lui rendait sa visite, ne revenait le voir que pour le trouver mort et retracer son image à son lit mortuaire!

On se rappelle que, ce jour-là, M. Thiers avait devancé l'heure de son déjeuner pour se rendre à Paris, où il devait tenir un conciliabule secret avec Gambetta.

Quelle était la nature de ce conciliabule, depuis que le coup du 16 mai avait été manqué, depuis que les lièvres levés par le septennat donnaient raison aux lapins timides, qui se réunissaient en conseil pour rendre coups pour coups aux malheureux lièvres qui avaient commencé? Que devaient être ces entretiens secrets entre Thiers et Gambetta?

Je l'ignore.

En tous les cas, à cette époque, ce que je redoutais le plus, après ma dernière entrevue avec M. Thiers, arriva.

J'avais reçu de la main de l'ennemi personnel du septennat une lettre confidentielle. Elle m'engageait à venir le trouver, le lendemain de sa conférence avec M. Gambetta, à ce même hôtel Saint-Georges.

Dans quel but? Je l'ignore et je veux l'ignorer.

En tous les cas, le lendemain j'appris dans les journaux le récit de la mort imprévue de M. Thiers. Il me dispensait de me rendre à son rendez-vous, comme la mort de Napoléon III l'avait dispensé de se rendre au rendez-vous qu'il m'avait assigné à Calais.

Sa mort, qui me laissait dans la retraite, d'où je désirais ne pas sortir, me sauvait peut-être la vie?

Et la mort de M. Thiers, qui me délivrait d'une

grande inquiétude, devenait, pour ses ennemis acharnés, l'objet d'une grande joie.

Ils ne craignaient pas de s'exprimer ainsi, le lendemain de sa mort, par l'organe du journal le *Pays*, sous la signature de Paul de Casssagnac :

« Cet homme n'est plus ; tant mieux ! C'est la seule fois qu'il ait réellement *libéré le territoire*.

« Pourquoi nous laisserions-nous aller à d'hypocrites attendrissements ?

« Sommes-nous donc tellement dégénérés en France, que les fortes passions, les haines vigoureuses soient hors d'état désormais de se produire ?

« Déjà on ne savait plus aimer, maintenant ne sait-on plus haïr ?

« Un homme est mort qui a exercé une influence *néfaste* sur la France.

« Ministre d'une royauté parlementaire, il a *tué* cette royauté et nous a précipités dans la République de 1848.

« Il s'est rapproché de l'Empire juste assez pour l'empoisonner par son contact et pour l'emprisonner aussi.

« Enfin, il nous a livrés à la *Révolution*, dont il s'était fait, par ambition personnelle, l'adepte et le disciple intéressé.

« Renégat du passé, il était là, ce vieillard tremblotant, comme une menace sur la France honnête, sur la France conservatrice.

« Mais ce n'était que la vanité faite homme, autour de laquelle gravitaient toutes les vanités et au bout de laquelle est le bonnet rouge où *l'on fusille*.

« Il était la revanche de la Commune en rendant

Gambetta possible avec sa légion. Il était la République aimable, c'est-à-dire la République maquillée, fardée, trompeuse, la République des Girondins, qui conduit à la République de la Montagne.

« Et cet homme est tombé par le doigt de Dieu.

« A quel moment?

« Au moment où il *partait pour Paris*, afin de rédiger le *Manifeste des gauches* et d'exciter toutes les fureurs de la Révolution.

« Il choisissait le *quatre* septembre!

« Mais il comptait sans Dieu.

« Dieu l'avait oublié et il le lui avait rendu. »

Cette joie intempestive, exprimée en pareils termes sur un cadavre à peine refroidi, n'était rien moins que décente. La politique n'a pas d'entrailles.

Si la peur qu'inspirait M. Thiers aux partisans du gouvernement, était une excuse à cette joie malsaine, une autre excuse pouvait absoudre encore le véhément journaliste.

Je me rappelle que, le 9 janvier 1873, la mort de Napoléon III fut annoncée et expédiée par le télégraphe à M. Rouher. Elle fut accueillie de la même façon par les adversaires de l'Empire.

Par une manœuvre de police, la dépêche fut remise à cette époque à M. Thiers, qui s'écria en se frottant les mains devant plusieurs de ses amis :

— *Vous savez, il est mort! Il est mort enfin, ce tueur de république!*

La joie de M. Thiers en 1873, et la joie de l'organe du bonapartisme en 1877, ne prouvent qu'une chose, que les hommes d'Etat n'ont rien... d'humain.

Hélas ! par les fautes de M. Thiers, qui, jusqu'à son dernier jour, fit parler plus haut ses rancunes que son patriotisme, la politique détruisit jusqu'à la majesté de sa mort !

La politique s'empara de son cadavre. Elle en fit un trophée de la France révolutionnaire !

Lorsqu'il fut question de faire aux frais de l'Etat les funérailles de M. Thiers, sa veuve, inspirée par les hommes du Quatre-septembre, déclina cet honneur. Elle déclara que les frais des funérailles devaient demeurer à sa charge.

La haine des partis ne désarmait pas sur sa tombe. Amis, parents, politiques, piétinaient sur le cadavre d'un homme d'Etat dont le centre gauche regrettait la mort dans l'intérêt de sa fortune, dont les conservateurs se réjouissaient avec une joie aussi indécente qu'immodérée.

M. Thiers, de son vivant, avait préparé ainsi son enterrement, en faisant de la destinée de la France sa propre fortune, en l'incarnant dans sa personnalité, orgueilleuse et tracassière.

Ses funérailles furent célébrées non par la patrie qu'il avait relevée par son amour de Français, mais par une coterie qui, secrètement, ne lui pardonnait pas de placer à sa taille la France, dont il n'acceptait les préjugés que pour s'en faire encore une arme contre ses adversaires.

M. Thiers, l'homme des révolutions, n'eut qu'un enterrement de factieux !

CHAPITRE XX

UNE ÉVASION

On se souvient de *Pifsoif*, ce voleur *coqueur*. A l'insurrection de Mars, il s'était fourvoyé à dessein dans les rangs des fédérés ; il m'avait sauvé la vie à la prison de la Santé, parce qu'il avait été payé pour accomplir sa dangereuse mission, par la police de Versailles.

On se rappelle comment il se rendit indigne de ma reconnaissance et de mes bienfaits. Après le rétablissement de l'ordre, il abusa du poste administratif que je lui confiai, malgré ses indignes antécédents.

Un voleur de profession, autant par ses instincts que par son funeste entourage, revient toujours à son premier métier.

Pifsoif déshonora jusqu'à la police. Il fut condamné, comme on l'a vu précédemment, pour détournement de fonds au préjudice de la Ville.

Il fut surpris aux Champs-Elysées, au poste qu'il occupait comme inspecteur des locations de chaises publiques, au moment où il complotait un nouveau larcin avec un voleur en cravate blanche.

Ce dernier individu était, comme je l'ai signalé dans le cours de mes nombreuses recherches, un de ses complices, chef redoutable dans l'internationalisme du vol et du crime.

Une fois Pifsoif arrêté pour la quatrième fois et jugé autant pour son dernier vol que pour ses antécédents se rattachant aux *affaires de Limours*, il fut condamné à subir sa peine à la prison centrale de Melun.

Dès qu'il y fut incarcéré, mon adroit bandit se promit de ne pas y rester longtemps.

Comme il me l'avait dit, lorsqu'il avait été transféré à Paris, dans une prison préventive, il avait le *bras long*.

Après son jugement, dès qu'il partit de la capitale pour se rendre à Melun, la police des voleurs se mit à agir en faveur de ce récidiviste.

L'ex-sergent des fédérés, l'ex-mouton de la Santé et de la Roquette usa de tous les moyens dont disposaient ses puissants acolytes, tant en France qu'à l'étranger, pour travailler à son évasion.

Pour Pifsoif, une trop longue détention était un supplice insupportable, un supplice de Tantale. Ce qu'il aimait le plus, c'était moins la liberté que la bouteille. A Melun il soutenait devant ses gardiens qu'il *faisait trop soif dans sa cage*.

Comme il était aussi retors qu'ivrogne, une fois en prison, il eut l'art de faire savoir, par sa police occulte, qu'il était la victime de l'infâme réaction.

Tous les crimes de droit commun qu'on lui imputait, prétendait-il en correspondant avec des protecteurs politiques, dupes eux-mêmes de l'internationalime du meurtre et du vol, n'étaient qu'un moyen pour le perdre.

Et moi, dont il avait sauvé la vie, parce qu'il avait été grassement payé par la police de Versailles, je fus accusé de la plus noire ingratitude par ce misérable.

Il ne dit pas que, si j'avais été obligé de le faire arrêter pour la quatrième fois, c'était parce qu'il avait tourné contre la société mes faveurs et mes bienfaits. Il me posa, au contraire, comme un être cruel, qui, en s'acharnant à sa perte, se dispensait ainsi de toute reconnaissance. Selon lui, je n'étais que son bourreau.

Il eut soin de faire valoir ses services aux yeux de mes adversaires, avec lesquels sa police était parvenue à correspondre. Il prétendit que j'avais agi contre lui, un martyr politique, comme savait agir le chef des *anciens argousins de Bonaparte.*

On pense, dans la situation où je me trouvais après le septennat, si les calomnies de ce bandit devaient être bien accueillies par les ennemis acharnés à ma perte.

Cependant les crimes de Pifsoif, malgré son adresse hypocrite, étaient patents. Les *politiques,* tout en trouvant en Pifsoif une précieuse recrue, s'adressèrent à leurs coreligionnaires pour savoir si ce prisonnier était digne d'être cru, digne de leur intérêt?

On parla de cet homme à la famille de Mme C***, mais cette famille ne perdait pas une occasion de me nuire. Elle se garda de dire, pour mieux préparer ma perte, le mal qu'elle pensait de ce Pifsoif, qui cependant, à la prison de la Santé, avait failli se liguer avec Mme C*** afin de me tirer des griffes des fédérés.

Mme C*** apprit par sa sœur ce que disait de moi ce misérable, qui aurait mérité les galères à perpétuité s'il n'avait mis ses crimes sur le compte de la politique. Elle n'eut garde, dans l'intérêt de sa vengeance et de celle de sa parente, de dessiller les yeux de ses amis.

Elle leur en imposa en s'avouant la complice de ce misérable, lorsqu'à la prison de la Santé elle s'était unie à lui, pour me sauver. En ceci elle ne leur en imposait qu'à demi, puisque le fait était vrai, puisqu'elle ne dissimulait que le but qui m'avait fait repousser le salut qu'elle m'offrait.

Cela se passait quelques jours avant que je ne rencontrasse cette espionne, fustigée par ses amants pour la punir du rôle infâme qu'elle avait joué jadis à Forbach.

Sans connaître précisément les menées de mes ennemis, j'en savais assez par la police indépendante de mon administration. Or, je me doutais trop des trames ourdies contre moi pour ne pas être sur mes gardes, pour ne pas essayer de paralyser les bras qui essayaient de m'atteindre et de m'étouffer, avant de s'armer du chassepot qui n'avait pu me fusiller six ans auparavant.

Mais, si je veillais, mes ennemis veillaient aussi.

Lorsque Mme C***, fustigée par ses amants, fut obligée, par un ordre d'expulsion, de s'exiler de France, la rage que sa sœur nourrissait contre moi ne connut plus de bornes.

Elle ne doutait plus, en me rencontrant dans la demeure de Mme C***, après la scène ridicule et odieuse dont celle-ci fut victime, que j'eusse été pour beaucoup dans sa correction exemplaire et dans son bannissement. Mes paroles, en revoyant sa sœur à ce moment critique, n'avaient pas été faites pour la désabuser.

Aussi tous les moyens lui parurent-ils bons pour se venger de moi; ce moyen fût-il celui qu'employèrent ses amis pour armer un forçat contre ma personne.

Dès que je donnai ma démission à la préfecture, la sœur de Mme C***, ne pouvant plus m'atteindre dans ma fortune, résolut de me frapper autrement.

L'évasion de Pifsoif, qui se disait mon plus mortel ennemi, fut convenue.

Voici comment eut lieu, à la prison de Melun, l'évasion de ce bandit, rien que bandit pour ses complices de *Limours;* politique, rien que politique pour ses anciens compagnons d'armes de la prison de la Santé,

Un des concierges de sa prison venait d'être mis, par les intrigues de ses protecteurs *politiques*, dans le complot de son évasion.

Un jour Pifsoif trouva dans sa cellule, sur l'avis du concierge passant à côté de lui dans le préau, un papier roulé en boulette sous son lit.

Profitant du moment où son gardien ne regardait pas dans sa cellule, il déroula le papier et le lut.

Il y trouva un plan d'évasion que lui adressait le concierge; il lui indiquait aussi la marche à suivre pour l'exécuter.

Voici en quoi consistait ce plan d'évasion auquel ce concierge avait travaillé depuis un mois, secondé par les aides de la prison.

Un long couloir en forme de souterrain avait été creusé dans les murs de son cachot. Ce couloir, dont l'orifice n'était bouché que par quelques pierres du côté de son lit, conduisait le prisonnier à une première cour.

Là était la loge du concierge. Il devait, la nuit, après avoir atteint l'autre côté de l'orifice, et en évitant les sentinelles, arriver à cette loge.

Une fois là, le portier lui donnait, en échange de son uniforme, le costume d'un fournisseur de la prison qui, régulièrement, regagnait la ville, une fois ses fournitures faites.

Ainsi déguisé, il arrivait au premier guichet. Aidé de son déguisement, il se faisait ouvrir la grille par le portier, de connivence avec lui. Les autres surveillants, trompés par les hardes du faux fournisseur, ne s'inquiétaient plus de Pifsoif. Vu la saison avancée, il devait avoir le soin, pour mieux se dissimuler, de mettre, par-dessus ces habits d'emprunt, une limousine dont le collet lui aurait masqué le visage.

Une fois couvert de cet immense manteau, il pouvait arriver, de guichet en guichet, se faire ouvrir la porte d'entrée, pendant que, toujours accompagné du portier, celui-ci se serait avancé vers le guichetier principal. Il lui causait, c'est-à-dire il l'occupait pendant que le guichetier aurait ouvert à Pifsoif la dernière porte qui devait le donner à la liberté.

Tout ce qui avait été indiqué dans le plan du complice de Pifsoif s'exécuta à la lettre.

Là ne se bornait pas ce qui avait été conçu par les sauveurs du bandit. Une barque attendait le prisonnier à la pointe orientale de l'île où s'élèvent les bâtiments de la prison.

Elle recevait l'évadé, elle le déposait à l'autre bord, bien loin de la ville.

Le lendemain, Pifsoif, avant d'accomplir contre moi les actes de vengeance conçus par mes ennemis, prenait le chemin de fer ; il gagnait la frontière de la Suisse.

Pifsoif était sauvé. Mais, le lendemain, le portier qui avait travaillé à son évasion et à sa fuite était inquiété, il était accusé d'être l'auteur de son évasion.

Il était destitué, puni. Peu lui importait. Il avait été grassement payé par les auteurs de ce plan.

Lorsque la police fut avertie de ce qui s'était passé, l'entourage de la sœur de Mme C***, ayant des amis jusque dans la haute administration, mit tout en usage pour entraver les recherches de la sûreté générale.

Voici les moyens qu'ils employèrent pour permettre au fugitif de gagner la frontière : deux amis de la sœur de Mme C*** allèrent trouver, aux environs de la capitale, un docteur tenant une maison de santé.

Ce médecin était précisément un de ces directeurs de maison de malades dont les séquestrations intéressent les familles qui tiennent 'plus à leur héritage qu'à leur santé.

Par sa position équivoque, ce directeur avait tout intérêt à se mettre en règle avec la police.

Ce n'était pas sans malice que les amis de la sœur de Mme C*** s'étaient adressés à lui pour lui faire cette fausse confidence.

— Monsieur, lui avaient-ils dit, nous vous amènerons un détenu politique qui est parvenu à s'échapper de sa prison. Dans l'état où l'a mis sa captivité, il ne peut encore s'exiler. Si on le soignait à domicile, sa retraite ne tarderait pas à être découverte. Voulez-vous sauver un malheureux victime des rancunes du gouvernement? Nous connaissons votre humanité. Vous ne voudriez pas, faute de soins, qu'il mourût entre nos mains après avoir tout fait pour qu'il soit rendu à la liberté. Quant à votre discrétion, nous la connaissons, nous savons qu'en le plaçant chez vous pour le guérir, vous nous garderez le secret que nous vous confions, en vous confiant aussi la liberté, la vie, le salut de notre ami.

Ces hommes quittèrent le directeur, qui leur jura de bien accueillir le malade et de garder un secret d'Etat qu'on lui confiait.

Le soir même, le directeur, qui avait tout à redouter de la police, s'empressa de se rendre à la préfecture, pour annoncer que l'évadé de Melun était attendu dans sa maison. Et il se mettait à la disposition du préfet pour lui rendre cette importante capture.

Immédiatement, la police locale fut avertie, des agents furent sur pied ; ils en furent pour leurs frais d'investigations et d'observations. Pifsoif ne parut pas dans la maison suspecte et suspectée.

Par la nouvelle ruse qu'avaient employée les protecteurs de Pifsoif, celui-ci put momentanément sortir de France.

Pendant que la police l'attendait pour qu'il se livrât à la souricière que ses protecteurs avaient ouverte dans le vide, l'évadé de la prison de Melun filait tranquillement en Suisse.

Il descendait à Genève.

Par le baptême qu'il reçut de la démocratie socialiste, trompée par deux femmes, l'évadé de Melun n'était plus, pour les *frères* qui l'attendaient en Suisse, qu'un *sublime*.

Un sublime, en termes d'atelier, c'est un ouvrier pochard ne travaillant que les deux tiers de l'année, consacrant l'autre tiers à *boulotter* dans les *clubs* ou sur le zinc, histoire de racoler des *cheulards* (ivrognes), qui, comme lui, considèrent les ateliers comme des *boîtes*, les outils comme des *clous*, les patrons comme des *exploiteurs*, et les contre-maîtres comme des *cafards* ou des *muffles!*

Le sublime n'a qu'un but, dès qu'il entre chez un nouveau patron, sur des instructions secrètes : le *couler*. Il attend le moment d'embaucher sa flotte dans une grève générale dont le mot d'ordre part de la frontière, où campe l'état-major de l'ancien internationalisme.

A peine arrivé à Genève, deux socialistes, qui avaient reçu le mot de Paris, par les amis de la sœur de M**me** C***, entraînèrent Pifsoif dans un établissement très connu des anciens pontonniers. Cet établissement s'appelait la *Marmite*; il était très fréquenté par les têtes du parti. Il est peut-être encore aujourd'hui, comme il l'était jadis, le rendez-vous des plus farouches sectaires se communiquant de Genève à Bruxelles et de Bruxelles à Londres.

Pour le commun des révolutionnaires, la Marmite était un établissement philanthropique où étaient établis des fourneaux économiques délivrant presque pour rien, aux frais de l'association, des aliments à tous les prolétaires sans ouvrage.

Derrière cet établissement philanthropique se dissimulait un comité ignoré des profanes composé des conspirateurs les plus ardents de la démocratie universelle.

Là étaient reçues les sommités des anarchistes, des nihilistes, des athées, des régicides, hommes les plus énergiques et les plus influents de ces associations. Là n'étaient écoutés que les sublimes appelés à devenir leurs terribles instruments, soit en fomentant des grèves, soit en provoquant l'incendie ou l'explosion des ateliers mis à l'index par le comité de la Marmite.

Chaque sublime présenté au président de la Marmite, entre deux récipiendaires, ne s'annonçait qu'en offrant une nouvelle victime des revendications sociales que le comité avait la prétention de satisfaire sur tous les points de l'Europe.

Lorsque l'évadé de Melun parut à son tour devant ce tribunal qui rappelait celui du Vieux de la Montagne, il n'hésita pas, poussé par ceux qui avaient travaillé à son évasion, à exposer le but criminel qu'il poursuivait, au prix de sa liberté et dans un bref délai.

Ce but, je devais l'apprendre, c'était ma mort, conçue par des femmes que j'avais tant humiliées et défiées !

Pour que le coup fût plus terrible et plus prompt, on se servait de l'homme qui m'avait sauvé la vie pour de l'argent, et qui, pour de l'argent, n'hésitait pas à travailler maintenant à ma mort.

Cette fois Mme C*** et sa digne sœur avaient visé juste en se servant d'un homme comme Pifsoif pour en finir avec ma vie.

Cet assassin, qui m'avait autrefois défendu contre les chassepots de mes gardiens, n'avait plus qu'une pensée, depuis que j'avais été obligé de le livrer de nouveau à la justice : en finir avec moi.

Du reste, Pifsoif, pour boire, aurait tué son père. A plus forte raison n'hésitait-il pas à s'attaquer à un homme qui, par devoir, après la Commune, n'avait pu rester son sauveur.

Ce que je mettais sur le compte du devoir n'avait été pour Pifsoif qu'un moyen jésuitique de me débarrasser de lui.

Et il m'en voulait personnellement de sa détention de Melun.

Lorsque le tribunal secret apprit de la bouche de Pifsoif le nom de l'ancien chef de la sûreté, qu'il voulait tuer, disait-il, pour venger ses frères dont on m'imputait la mort, ce fut de la part des juges un cri de vive satisfaction.

Huit jours après, Pifsoif repassait la frontière et

il se dirigeait sur Paris... J'étais loin de me douter que j'étais de nouveau un condamné à mort, que celui qui me devait tant de reconnaissance, était l'homme désigné par mes ennemies pour me donner le trépas.

Cette mort, que j'avais cru éviter par ma démission, menaçait ma tête au moment où je croyais l'avoir sauvée, après les offres ambitieuses que m'avait faites M. Thiers.

J'étais tranquille dans ma maison, après ma retraite de Vincennes.

Peut-on être jamais en sûreté lorsqu'on a à compter avec la vengeance des femmes ?

CHAPITRE XXI

LA FIN D'UN POLICIER.

Ma vie a été un véritable roman.

Forcé par état à poursuivre à tous les degrés les hommes les plus abjects ou les plus dangereux, j'ai dû tourner leurs ruses contre eux. J'ai dû même en découvrir de nouvelles pour mieux traquer, déjouer, livrer à la justice ces ennemis de la société.

En dépit de mes aptitudes et de mes efforts, mes luttes contre les criminels, dont le nombre augmente chaque jour, n'ont pas toujours été couronnées de succès. Cela tient à nos conditions sociales, qui ont paralysé mes efforts, surtout à l'instabilité de nos institutions, dont j'ai failli, sous la Commune, devenir la victime.

Par la faute du pouvoir, je n'ai pu mettre la main sur les complices de Troppmann, et Jud restera un personnage légendaire!

Par la faute des adversaires de l'ancien régime,

j'ai failli, à l'exemple de ceux qui l'avaient servi, devenir le martyr de toutes les revendications politiques.

Aussi mon existence n'a-t-elle pas moins été, malgré mes agissements discrets et mystérieux, une suite non interrompue d'épopées en action.

Plus j'avançais dans ma carrière de policier, plus les dangers que j'avais mission d'écarter, revenaient me menacer et se tourner contre moi.

En haut mes chefs, jusqu'à l'ancien chef de l'Etat, m'accusaient de poltronnerie ou d'indifférence; en bas, ceux que je frappais décrétaient ma perte.

Quand je vis que ces derniers me cernaient de tous les côtés, par la faute de mes chefs, je donnai ma démission. Je l'avoue, je craignais d'être repris par ceux qui revenaient au pouvoir en profitant des faiblesses de mes protecteurs. Ma perte, jusque dans la retraite que je m'étais choisie, ne devait pas moins se faire sentir.

On le verra dans ce dernier chapitre, qui termine ma carrière si agitée et si tourmentée!

En prenant ma retraite, je n'abdiquai pas pour cela, — malgré ma vie intime qui fut toujours très rentrée, — mes habitudes de chasseur d'hommes.

Par l'emploi supérieur que j'occupais dans l'administration des Petites-Voitures, il n'eût tenu qu'à moi d'en faire une sinécure. Il n'entrait ni dans mon caractère ni dans mes habitudes d'émarger sans agir.

Comme la préfecture a une action directe sur tous les inspecteurs de cette importante administration, j'y employai mon expérience d'ancien chef de la sûreté.

J'ai indiqué précédemment les réformes que j'y établis, elles me mirent encore en communication avec la police dont j'avais été si longtemps l'âme et surtout le bras.

Je profitai des relations indirectes que j'avais avec mon ancien préfet de police, M. Renault, pour lui soumettre un plan de réforme policière, motivé par les abus engendrés par la routine et par le défaut d'expérience des nouvelles recrues de la police.

Ces abus, je n'aurais jamais osé les signaler à mes chefs, tant que je restais leur subordonné, ils auraient peut-être vu dans mes observations une attaque directe à leurs attributions. Maintenant que je ne faisais plus partie de l'administration, on ne pouvait croire de ma part à une pensée ambitieuse, pas plus qu'à une pensée malveillante.

D'abord je ne craignais pas, en raison du cosmopolitisme des assassins et des pick-pockets, de faire justice du vieux système tant en honneur encore dans la police : la *filature* et l'*îlot*.

La filature, qui consiste à ne pas plus quitter que son ombre un homme suspecté ou dénoncé, est impraticable ; car le nombre des vauriens, voleurs et meurtriers est devenu incalculable, et le nombre est de plus en plus restreint des bons limiers, depuis les changements et mutations opérés par l'administration préfectorale.

Quant au système de l'îlot, consistant à faire garder par des agents en bourgeois et en uniforme, un groupe de maisons entre plusieurs rues, où ces agents doivent tourner constamment comme l'écureuil dans une cage, ce système a pu être excellent du temps de Vidocq ; il est détestable aujourd'hui.

Devant la filature il y a le chemin de fer ; devant le classement restreint de l'îlot il y a le cosmopolitisme. Le bandit se partage les continents.

Aussi qu'arrive-t-il pour la filature, depuis que, par nos bouleversements politiques, le recrutement des agents ne se fait plus comme autrefois chez de vieux soldats. Ces anciens agents, solides au poste, esclaves de la discipline, ont été remplacés par des jeunes gens mous, incapables de soumission, prenant le métier uniquement pour poser en uniforme avec sabre au côté ! Au lieu de surveiller leur quartier, au lieu de filer l'individu dont on leur a donné le signalement, ils *lâchent le poste*, ils se perdent le plus souvent dans l'allée d'une maison, pendant que, dans la rue, les bandits font leur coup ou que les rôdeurs se livrent à leurs ébats mystérieux.

Qu'advient-il pour ces gardiens parqués dans leur îlot ? Les malfaiteurs, qui connaissent leur système, attendent qu'ils soient d'un côté des maisons pour se livrer, de l'autre côté, à leur commerce nocturne ; ils calculent le temps qu'il faut pour ne pas être inquiétés par le retour de la *rousse* qu'ils filent à leur tour ?

Autrefois c'était un point d'honneur pour les agents, la *terreur des voleurs*, d'être envoyés dans les quartiers les plus malfamés, et d'y faire une chasse aussi héroïque qu'abondante ; c'est par punition aujourd'hui que sont envoyés les agents incapables dans les quartiers les plus dangereux.

Et que font ces agents timorés ou suspects qui maintenant redoutent d'être les victimes des terreurs de ces quartiers excentriques?

A deux heures du matin, à l'heure où les attaques commencent, ces agents ont le soin de se planter, par prudence, vers un café, un débit de vins encore éclairé, pour ne pas se hasarder dans les rues noires adjacentes, aux boutiques fermées, où les gens attardés regagnent encore leur domicile. Ils se gardent de s'y hasarder. Comme autrefois les anciennes patrouilles de la garde nationale, ils ne passent jamais là *où il y a du danger!*

Quand un meurtre ou un vol se commet, loin de ces agents trop prudents; quand, le lendemain, on s'étonne que la police n'a pas agi, on fait une enquête, on déclare solennellement que les gardiens de la paix *n'ont rien vu!*

Voilà les déplorables abus que j'ai signalés vers la fin de ma carrière, lorsque les changements de préfets causés par les évolutions de la politique venaient bouleverser de fond en comble mon administration, éliminer mon état-major d'agents, composé de vieux soldats n'obéissant qu'à ma consigne; mais ils avaient servi l'Empire! Sur les derniers temps, il *n'en fallait plus!*

Cependant les chemins de fer apportent de plus en plus à Paris des légions de voleurs et d'assassins fournies par la province et par l'étranger. Aujourd'hui ces misérables se comptent par vingt mille.

Veut-on savoir le chiffre réel des agents employés à la sécurité de Paris? Ils sont de deux à trois mille, en défalquant le personnel des commissariats, des

grandes administrations financières ou administra-
tives, et en mettant hors d'activité les agents qui se
relayent et qui ne permettent qu'à un tiers du personnel actif d'agir à la fois.

Deux mille gardiens de la paix en permanence
contre vingt mille scélérats en activité, en vérité
c'est trop mince.

Encore ces agents n'agissent-ils que d'après les
rouages d'une machine détraquée dont le système
n'était bon que du temps de Vidocq et de Canler.

En signalant à mon ancien préfet les abus engendrés par la routine, perpétués par l'incurie, je dres-
sai un plan de réforme qui semblait être, à première
vue, une contradiction avec ma démission.

Je demandai que la police, pour se généraliser au
lieu de se localiser, fût rattachée à l'Etat, que la
sûreté ne fût plus divisée et que la politique, une
fois pour toutes, en fût exclue.

N'est-il pas puéril, en effet, lorsque tous les héros
du crime et du vol ont le monde pour théâtre, la
capitale pour point de réunion, lorsque les assassins
ou les voleurs, pour mieux se mettre à l'abri des
lois, viennent commettre leurs méfaits à Paris, de
voir ce qui se passe? Une police locale qui ne peut
dépasser les limites d'une ville étrangère à ces malfaiteurs, et qui, pour agir contre eux, a besoin d'en
référer aux autorités de la province dans un temps
plus ou moins long, permettant aux malfaiteurs
de se soustraire à toutes les poursuites.

Loin d'éliminer les conseils municipaux qui, par
la faute de la politique, sont aujourd'hui les anta-
gonistes de la police, j'admettais dans mon plan

leur contrôle administratif, en les centralisant dans la police même.

De cette façon ils marchaient de pair ; par cette mutuelle confiance, ils inspiraient, en doublant leur force, une confiance plus grande au pays, parce qu'ils devenaient une force unique contre la malversation universelle.

Les esprits étroits et haineux voient peut-être dans les deux polices actuelles, l'une locale, l'autre départementale, un moyen de les supprimer à la fois ; mais, pour un esprit désintéressé, il est utile de les réunir devant l'invasion du mal qui grandit, menace de plus en plus la masse des honnêtes citoyens sans appui.

Aujourd'hui, les malfaiteurs forment légion, comme je l'ai indiqué dans le chapitre de l'*Internationalisme du vol et du meurtre.*

A l'étranger, à Londres, le vol s'est élevé à la hauteur d'un commerce international. Il existe, de New-York à Londres, des fabriques de faux billets de banque dont les directeurs valent comme importance des directeurs d'usine ! Les sociétés de pick-pockets forment, comme les plus honnêtes capitalistes du continent, des compagnies d'assurance et des *caisses de dépôt* dont les chefs sont devenus millionnaires.

Les directeurs des voleurs étrangers se moquent de la police, dont ils soudoient les agents ! En France, ils prennent en pitié leur impuissance.

Quant aux assassins, cosmopolites comme les grands voleurs, le théâtre de leurs meurtres se divise en plusieurs scènes, dont les unes et les autres

ne se passent jamais dans la même ville; d'ordinaire Londres, Paris, Bruxelles ou New-York se
partagent leurs exploits. L'une sert au prologue,
l'autre à l'acte principal, la troisième au dénoue-
ment.

Comment veut-on qu'une police locale, qui ne
dépasse pas les limites d'une ville, qui ne peut
s'étendre au delà de la frontière qu'avec la permis-
sion de l'autorité ministérielle et l'accord de deux
pays, puisse atteindre celui qui est libre d'agir et
de se mouvoir sur tout un continent?

La police en face d'un criminel est dans la position de son agent tournant autour du cercle de son
îlot, quand celui qu'il pourchasse, court déjà à travers le monde!

La police devrait être un bureau d'affaires pratiques, exempt, avant tout, d'*agents secrets politiques*, un centre universel de *gardiens de la sécurité publique*. La police devrait être *préservatrice*
et non *provocatrice*. Tel est le plan, en substance,
que j'envoyai à mon ancien préfet. Qu'est-il devenu,
si toutefois il lui est parvenu? Je l'ignore.

En tous les cas, il est devenu ce que deviennent
les projets utiles. Il a été oublié, sacrifié à la politique, comme son auteur l'avait été, avant l'élucu-
bration de ce projet! Les rêves formés en vue de la
concorde humanitaire et des intérêts sociaux ne se-
ront que... des rêves!

Par ce plan, on voit que j'utilisais les loisirs de
ma retraite, si toutefois j'avais des loisirs. Car je
ne restais pas inactif dans le conseil d'administration des Petites-Voitures.

Mon ancienne position de chéf de la sûreté fut d'un grand secours à cette Compagnie.

J'y fis des réformes nécessaires en y combattant des abus dont mon expérience de policier m'aida à faire table rase. Je réformai des inspecteurs qui ne s'entendaient que trop bien avec les cochers pour fermer les yeux sur leurs soustractions quotidiennes. Je signalai au conseil de surveillance certaines femmes que je ne connaissais que trop à la préfecture, qui, sous le nom vulgaire de *rouleuses*, avaient trouvé le moyen de frustrer la Compagnie par un nouveau genre de galanteries. Voici le moyen ou le procédé de ces rouleuses, la plupart des hétaires surannées.

Elles avisent un jeune homme qu'elles font monter avec elles dans un fiacre dont le cocher est un complice. Une fois en voiture, elles engagent avec leur dupe une conversation *très* expressive qui exige le huis clos, c'est-à-dire la fermeture des stores. Elles ont soin de provoquer une longue course avant d'arriver avec leur adorateur de passage, au moment psychologique.

Là, les attendent et le cocher et la *rouleuse*.

Le cocher descend de son siège par un signal que donne sensément par mégarde, dans le combat de la pudeur, l'adroite rouleuse.

Le cocher ouvre brusquement la portière, il menace les amants de les dénoncer comme commettant sur la voie publique des attentats à la morale.

La fille fait mine d'avoir peur, elle répand des torrents de larmes; le galant, pour apaiser la fureur du cocher et pour continuer son galant commerce, promet un pourboire que l'automédon fixe lui-même dans l'intérêt de la dame et de la morale publique.

Le cocher feint de se laisser attendrir. Moyennant une prime qu'il empoche séance tenante, il remonte sur son siège, il reprend sa [course pendant que les galants recontinuent leurs conversations galantes.

Une fois cette course à Cythère achevée, la farce est jouée. Dès que le galant heureux et dévalisé est remis sur le trottoir, la rouleuse et le cocher se partagent le prix de cette course *supplémentaire*. La compagnie n'y voit que du feu.

Je ne tardai pas, connaissant bien avant mon entrée dans la compagnie ce trafic clandestin des *rouleuses*, d'en faire prompte justice. Et, par un procédé qui m'a toujours réussi, ce fut aux parties que je m'adressai directement, pour faire cesser leurs abus.

Je fis de ces *rouleuses* des *coqueuses*. Moyennant une récompense prise sur leurs odieux trafics, je les transformai en *inspectrices* des cochers infidèles. Elles-mêmes, dans la crainte d'être dénoncées à la police, se chargèrent de me vendre tous les cochers dont elles avaient été autrefois les associées.

Ainsi je restais dans mon rôle de policier, je le continuais même au profit de ma nouvelle administration.

Je n'étais pas tranquille, malgré ma mise à la retraite, après ma dernière arrestation sur la personne de Mme C***. Je me rappelai ma précédente entrevue avec elle à Ville-d'Avray. Je voyais encore les yeux menaçants de sa sœur qui, en la trouvant entre mes agents, m'avaient assez prouvé qu'elle ne désarmait pas.

Je l'avoue, même au fond de ma retraite, j'avais toujours peur de cette femme; et j'avais raison.

Au moment où je me croyais à l'abri de mes ennemies, elles travaillaient à la fuite d'un misérable Pifsoif se sauvant de la prison de Melun, pour devenir dans un temps rapproché, l'instrument de leur vengeance.

De mon côté, je ne perdais pas de vue celle qui travaillait principalement à ma perte. Après OEil-de-Lynx et Requin, je la faisais observer, sans qu'elle s'en doutât, jusque dans son intérieur intime.

J'avais placé près d'elle une femme de chambre qui m'était toute dévouée.

C'était une ancienne belle petite. Autrefois elle avait été figurante au théâtre du Châtelet, au temps où les femmes nues trônaient avec autant d'avantage que de bénéfices dans les plus attrayantes féeries de l'empire.

Cette ancienne hétaïre me devait quelque reconnaissance.

Autrefois elle avait eu pour amant un voleur. C'était un joueur effréné, grec et voleur, qui, pris au moment où ses tours pendables étaient découverts, avait compromis assez sa maîtresse pour l'entraîner dans sa chute.

A cette époque, par mes liaisons avec le directeur du théâtre du Châtelet et ses nombreux amis,

je connaissais tout le personnel de ses artistes ;
je savais cette dame, en sa qualité de figurante
pour les stalles et les avant-scènes, très légère,
mais incapable d'une mauvaise action.

Dans mon rapport sur son grec, j'écartai toutes les
apparences qui pouvaient nuire à sa maîtresse ; je
parvins aux yeux des magistrats à la mettre hors de
cause. Elle apprit que c'était par moi que je l'avais
sauvée des griffes de la justice, et elle m'en avait
gardé une éternelle reconnaissance.

Lorsque l'âge vint, comme elle avait été trop honnête femme, ou trop franchement courtisane pour
s'être fait des économies, elle vint me trouver, en-
couragée par ce que j'avais déjà fait pour elle. C'é-
tait précisément à l'époque où je donnai ma démission en me plaçant une fois de plus sous le coup
des vengeances de mes deux euménides.

En apprenant par la police et par l'entourage
de la sœur de Mme C***, qu'elle désirait une femme
de chambre, je lui expédiai ma figurante du théâtre du Châtelet.

Il va sans dire que je lui recommandais bien de
ne pas lui parler de moi et je lui en dis la raison.

L'ancienne figurante qui trouvait ainsi une occasion de me prouver sa reconnaissance, employa tout
au monde.pour se faire agréer de la sœur de Mme C***.
Elle y parvint parce que les anciennes courtisanes
ont un art pour entraîner et charmer, que n'auront jamais les femmes vertueuses.

De cette façon, j'avais à toute heure, à toute mi-
nute, une intelligence dans la place. Et cette femme
me fut d'un grand secours, comme on va le voir,

pour sortir d'un guet-apens où ma vie était en jeu.

Comme on le pense bien, les *coqueuses* de tous les genres que j'employais, autant dans l'intérêt de ma compagnie que pour ma propre sécurité, ne pouvaient être reçues dans mon domicile privé.

Quoique je ne fusse aux yeux des habitants de Vincennes qu'un modeste petit propriétaire, j'étais resté, autant pour mes intérêts personnels que pour ma sauvegarde, un homme de la police.

Ma vie était partagée, comme autrefois, entre les affaires et la quiétude d'une existence bourgeoise.

L'homme de police, retiré du mouvement parisien, et se recueillant dans les habitudes des habitants de Saint-Mandé, honnêtes joueurs de boules à leurs heures, et qui, comme eux, pouvait passer pour la créature la plus inoffensive, se réveillait parfois encore.

Lorsqu'il me fallait recevoir, le soir, ces différentes coqueuses, autant dans l'intérêt de ma nouvelle administration que pour ma propre conservation, je leur donnai rendez-vous dans un restaurant très en renom, et fort connu des viveurs de Paris.

La médisance qui a la voix haute dans les petites localités, où mon ancienne profession n'était pas inconnue, ne m'épargnait pas, lorsque je me rendais clandestinement dans cet établissement.

En voyant monter au premier, à l'escalier des cabinets particuliers, des femmes fardées et plâtrées, aux toilettes tapageuses, aux chapeaux empanachés pour prendre place à ma table chargée d'un succulent souper au champagne, mes charitables voisins ne manquaient pas de dire :

— Oh! ces gens de l'empire, toujours les mêmes! Ils continuent, sous la République, à mener une vie de polichinelle!

Et mon hôtelier, qui jugeait aussi sur les apparences, répondait quelquefois, à ceux qui le questionnaient sur moi:

— Je ne sais si c'est un polichinelle? En tous les cas, il paye bien et ne recule pas devant la dépense, c'est mon meilleur client.

Heureusement j'avais pour étouffer ces calomnies, qui auraient pu troubler mon foyer, un de mes vieux serviteurs qui me servait de tampon.

C'était un ancien fort de la halle. Il m'avait suivi depuis trente ans. Lorsque, sous la fin de l'empire, j'avais aussi failli donner ma démission, et entrer dans l'administration des marchés, je l'avais spécialement attaché à mon service.

Esprit fidèle et dévoué, c'était, au physique, un athlète. Par sa stature et sa carrure, il eût servi de modèle à un tambour-major. Lorsque je réorganisai le service des halles, je le mis à la tête d'un syndicat de forts. Il me rendit un compte détaillé de ce qui se passait dans le service de ses compagnons, ainsi que des faits et gestes des inspecteurs, dont la vénalité causait un si grand préjudice à l'administration de la ville. Je fus alors obligé de faire plusieurs exemples, qui amenèrent sous l'empire un procès scandaleux.

L***, l'ancien fort, me désigna tous inspecteurs qui, d'accord avec les approvisionneurs des halles, frustraient la ville, détournant à leur profit le prix de leurs droits de vente et d'emplacement. Je le récompensai de son zèle, en l'attachant à ma personne.

A l'époque de la Commune, lors de l'incendie de ma maison, il sauva ma famille d'une mort certaine, il la fit fuir à temps, il se laissa incendier plutôt que de me dénoncer et de me désavouer.

L*** habitait à Vincennes une petite propriété qu'il avait achetée sur ses économies. Quand je me retirai, il reprit à côté de moi son poste intime. Il n'était pas positivement mon concierge, puisqu'il était propriétaire de sa modeste habitation contiguë à la mienne ; mais pour la fidélité, le zèle et l'attachement dont il m'entourait, je pourrais dire qu'il était presque mon caniche.

Une fois avec lui à Vincennes, il ne me quittait pas plus que son ombre ; malheur à ceux qui eussent devant lui médit de moi. Sous la Commune, il s'était ruiné, il avait exposé sa vie pour sauver la mienne, à toute heure du jour, il en eût fait autant.

Ce fut lui encore qui réduisit à sa plus simple expression la méchanceté de mes voisins, qui expliqua à ma famille ma conduite, en me forçant, à Vincennes, dans l'intérêt de ma fortune et pour ma sécurité, à partager la vie facile de mes *coqueuses*.

L*** fut cru d'autant plus facilement que depuis que j'habitais Vincennes, des gens de mauvaise mine ne cessaient de tourner et d'errer autour de ma maison. Etait-ce la présence d'un ancien chef de la sûreté qui les attirait ?

Le proverbe dit : qu'on n'attire pas les mouches

avec du vinaigre. A mon sujet, le proverbe mentait. Car elles paraissaient se grouper autour de l'ancien chasséur de scélérats, naguère attaché à leur poursuite, et s'acharner après moi avec une intention marquée.

Sans la présence de L***, qui me suivait toujours de loin, j'eusse été attaqué plus d'une fois par ces misérables, en revenant la nuit, du restaurant où j'avais établi, pour mes *coqueuses*, mon nouveau cabinet d'affaires.

Du reste cet ancien colosse, même dans les ténèbres, était bien fait par sa figure sinistre, au teint glauque, montée sur un grand corps étique et voûté, pour épouvanter ceux qui l'approchaient.

Ce vieil Hercule décharné, usé par les veilles de son ancienne profession, avait plus de six pieds. Il n'avait pas perdu, avec son embonpoint, la force musculaire de ses longs bras et de ses longues jambes; ils paraissaient, au moment de sa caducité, supporter tout le poids de sa poitrine rentrée et de ses épaules voûtées.

En m'accompagnant à distance, avec la discrétion d'un surveillant en fonctions, il était armé d'un long bâton-gourdin qui cherchait toujours quelqu'un autour de lui, sous la direction de ses petits yeux louches. Ses yeux, habitués à la nuit, juraient avec sa bouche énorme, aux lèvres blêmes. Sa face glabre, aux grandes oreilles, souriait avec une expression rappelant celle de Méphistophélès.

C'était L*** qui, en secret, recevait les rendez-

vous que me donnaient les différentes espionnes at-
tachées à ma sûreté ou à mes intérêts. Or un jour
qu'il m'avait annoncé la visite de la femme de chambre placée auprès de la sœur de Mme C***, elle me fit
une sinistre révélation. Elle m'apprit que, furieuse
des rigueurs de la justice qui retenaient Mme C*** en
exil, et sur l'idée préconçue que j'étais un obstacle
à sa rentrée en France, ma perte avait été résolue.

Alors cette fille, qui m'était toute dévouée, et qui
ne cessait d'écouter aux portes de sa maîtresse, avait
surpris les terribles menées ourdies par cette femme
fatale!

Elle me fit connaître, d'après la narration que
j'ai relatée et qu'avaient faite à sa maîtresse ses
complices *politiques*, la fuite de Pifsoif de la prison
de Melun et son retour en France. Ils n'avaient qu'un
but, me frapper avec l'arme aiguisée par une vengeance féminine.

— Le temps est proche, plus proche que je ne le
pense moi-même, acheva-t-elle, et si vous ne vous
mettez en garde contre ma maîtresse, vous êtes un
homme mort!

A peine avait-elle terminé cette confidence, qui me
faisait profondément réfléchir, qu'elle s'était élancée
de la table où nous étions en tête-à-tête un instant
auparavant.

Pleine de son sujet, comme si mes ennemis étaient
déjà acharnés à mes pas, elle s'était élancée vers la
fenêtre de notre cabinet particulier.

A peine s'en était-elle approchée qu'elle poussa
un cri de terreur, et se recula jusque vers moi.

Elle me dit, en désignant d'un air effaré la fenêtre :

— Regardez ! regardez ! Peut-être au moment où je vous avertis, peut-être est-il trop tard.

A mon tour je m'élançai de ma place pour regarder par la croisée.

Dans la pénombre de la vaste chaussée déserte, qui faisait suite au restaurant, j'entrevis des hommes allant et venant. Leurs habits sordides, leurs figures cachées en partie sous le collet de leurs vêtements, ne me disaient rien de bon.

Puis j'aperçus plus loin d'eux un homme dont les allures me rappelèrent celles de Pifsoif, mon sauveur à la Santé, maintenant mon assassin à Vincennes.

Sa figure était entièrement dissimulée comme celle de ses compagnons arpentant la chaussée, comme s'ils y attendaient quelqu'un. Il causait avec deux gaillards dont la carrure d'Hercule, les blouses longues m'indiquaient à première vue deux terreurs recevant les instructions de leur chef pour assommer leur homme.

Le misérable qui, autrefois, avait été payé pour me sauver la vie, qui aujourd'hui était payé pour me tuer, c'était donc Pifsoif.

La femme de chambre avait dit vrai en s'écriant qu'elle m'avertissait trop tard.

Il était près d'une heure et demie du matin ; je ne pouvais prolonger, sous peine d'inquiéter ma famille, cette causerie avec cette femme de chambre.

Malgré ses supplications pour me retenir, je la priai de me laisser partir, et je la forçai à rester à son tour dans le restaurant, tant que je ne serais pas sorti, autant pour qu'elle ne fût pas reconnue de ces misérables que pour ne pas être compromis avec elle.

Je partis, non sans toutefois avoir mis la main dans la poche où je tenais en réserve mon revolver.

Je n'avais pas fait deux pas sur la chaussée que je fus pris par derrière par des hommes blottis derrière le mur du restaurant. Ils sautèrent sur moi comme des tigres entrant leurs ongles dans mes épaules, ils appelèrent par un sifflement significatif les autres voyous devant moi.

Ceux-ci vinrent se joindre à eux pour m'enlacer, m'étouffer, me terrasser. Je pliai les genoux et je tombai.

Tout cela se fit en moins d'une seconde.

Aussitôt je vis bondir sur moi les trois hommes dominés par celui qui avait le visage masqué.

En ce moment suprême, entre la vie et la mort, je me rappelai la scène où j'avais failli succomber trente-cinq ans auparavant, dans le cabaret du Lapin-Blanc.

Comme au début de ma carrière, j'allais mourir sous les coups de la vengeance d'un forçat!

En vain j'essayais de me débattre contre la force musculaire des deux terreurs, qui ouvraient tranquillement, après m'avoir terrassé, mes habits, à la place de la poitrine où mon assassin devait frapper!

En vain j'essayais d'appeler au secours, des mains se mettaient sur ma bouche; vingt bras de fer me tenaient à la merci du poignard levé par le bras de l'homme masqué.

x. 19.

Et cet homme avait beau être masqué, je le reconnaissais à ses yeux, à son front, à la couleur de ses cheveux, c'était l'infâme Pifsoif !

Une seconde de plus, son poignard m'entrait dans la chair et dans le cœur, à l'aide des deux terreurs me retenant par terre, pendant que d'autres voyous s'écartaient pour faire le guet.

Le fer de l'assassin effleurait ma peau ; je fermais les yeux pour ne pas voir l'instrument mortel qui allait me frapper, quand tout à coup le fer tomba.

En même temps Pifsoif, qui en était armé, poussait un rugissement qui s'éteignit dans un râle ; il chuta, couvert de sang, le crâne fracassé, à côté de moi.

Lorsque je rouvris les yeux, la scène changeait. Encore par terre, j'avais à mes côtés le corps sanglant de mon meurtrier. Quant à mes autres bourreaux, ils venaient de s'éclipser sous un coup de sifflet donné par un colosse, mon sauveur, debout devant moi, le bâton tout sanglant.

Ce sauveur c'était mon fidèle L***, qui, durant les manèges des assassins, n'avait cessé de monter la garde autour du restaurant où l'on m'avertissait de ce guet-apens nocturne.

Lorsque je me relevai pour l'embrasser, pour lui témoigner ma vive reconnaissance, les agents de paix accouraient au coup de sifflet de L***.

Mais il était trop tard, tous les meurtriers, sauf Pifsoif agonisant, avaient pris la fuite.

Lorsque les agents arrivèrent, ils ne furent utiles qu'à transporter avec nous le misérable qui agonisait le crâne fracassé.

L***, d'un coup de son gourdin, lui avait partagé le crâne, laissant une portion de sa cervelle sur le bâton de mon vengeur.

Les agents s'empressèrent d'emporter le moribond au restaurant que je venais de quitter. Plusieurs d'entre eux me reconnurent et reconnurent L***, pour ce que nous avions été autrefois, l'un leur supérieur, l'autre leur collègue.

Immédiatement je fis transporter ce moribond dans le cabinet où, un instant auparavant, je soupais encore avec la femme de chambre de celle qui avait ordonné ce meurtre.

Elle venait de partir lorsque les agents et moi nous transportions Pifsoif dans le cabinet.

Une fois porté sur un divan, j'ordonnai à L*** et aux agents de me laisser seul avec l'assassin.

Il n'avait plus que quelques instants à vivre.

Une fois enfermé avec le Pifsoif au crâne fracassé, au corps couvert de sang, il se passa une scène muette, terrible entre lui et moi.

Avant qu'il rendît le dernier soupir je le regardai dans les yeux ; les siens, déjà éteints par la mort, essayèrent de se détourner des miens.

Je surpris, dans leur expression douloureuse, un sentiment de terreur et de prière qui me fit peine.

L'âme la plus endurcie a des retours au repentir au moment de s'envoler vers l'éternité.

Je saisis ce moment suprême pour placer sa main vers un papier que j'avais demandé à mon hôte, avant de monter avec le moribond.

Je lui dis, en saisissant un crayon de mon calepin,

en le plaçant dans la main défaillante du misérable :

— Si tu te repens de ta criminelle ingratitude, écris ce que je vais te faire dénoncer pour mon repos.

Il fit retomber sa tête sanglante sur sa poitrine en signe d'assentiment.

Et je lui fis écrire, en conduisant ses doigts déjà raidis par la mort :

« Je meurs victime du guet-apens que Mme C*** m'avait fait concevoir pour tuer par surprise M. Claude.

« PIERRE LEDRU, dit PIFSOIF. »

Il n'avait pas signé qu'il poussa un long soupir. Les efforts que je lui avais fait faire avaient hâté son trépas ! Il retombait sur le divan pour ne plus se relever.

Dieu avait tourné contre Pifsoif, par la fidélité de mon ancien fort de la Halle, les machinations de la sœur de Mme C***. Et mon ancien sauveur succombait en apprenant ce qu'il en coûte à vouloir devenir mon assassin.

Je me gardai bien, le lendemain de ce terrible événement, de dire à qui que ce soit le secret de la mort de Pifsoif.

Il ne fut dévoilé ni par moi ni par mon fidèle L***.

Sa mort passa sur le compte d'une attaque nocturne dont le but n'était que de me voler.

Mais, le lendemain, je me hâtai de me rendre chez la terrible femme dont les représailles étaient désormais connues de sa victime.

Et pour qu'elle ne les recommençât plus à l'avenir, je lui montrai le papier accusateur du forçat son complice ; je lui dis en la quittant :

— Madame, jusqu'au dernier jour ce papier ne me quittera plus. Si vous tentez encore de m'assassiner, je fais connaître ce secret à la justice. Alors vous et les vôtres vous n'éviterez plus le châtiment ! Songez-y, ce châtiment-là vous fermerait toutes les portes que vous espérez ouvrir à votre ambition et à votre fortune.

Depuis ce jour je n'entendis plus parler de la sœur de Mme C*** ni de sa dangereuse vengeresse.

Cette fois ma carrière d'aventures était bien finie. Aujourd'hui je suis, pour tous les habitants de Vincennes, un modeste rentier perdu sur un cottage qui n'est pas la ville et qui n'est plus la campagne.

Je suis venu y chercher le repos, comme le recherchent tous les Parisiens, vivant encore, du côté de Paris, de son activité fiévreuse à laquelle je regrette de ne pouvoir plus prendre part ; aspirant, du côté de la campagne, à cette quiétude qui prépare à l'éternel sommeil.

On ne reconnaissait plus en moi ce redoutable policier dont le vif bonheur consiste aujourd'hui à se réchauffer au soleil, à assister, lui qui a présidé aux drames les plus sanglants de ce siècle, aux parties de boules des inoffensifs joueurs de cochonnet !

Si, dans les loisirs de ma retraite exigée par l'âge et les ennemis que je me suis faits malgré moi, j'ai écrit ces mémoires de ma vie, ce n'est ni dans le but d'exciter la curiosité, ni dans celui de faire du bruit autour de moi.

La célébrité, je ne l'ai jamais recherchée ; l'ambition, on l'a vu durant le cours de ce récit, n'a jamais été le guide de ma conduite. Je ne l'ai pas plus caressée que la fortune.

Dans ces Mémoires, j'ai évité de parler de certains secrets professionnels qui, dévoilés par moi, eussent été une *mauvaise action*.

En racontant simplement ce que j'ai vu, ce que j'ai appris, ce que j'ai souffert, je n'ai eu d'autres prétentions que de faire connaître les dangers auxquels s'exposent ceux qui sont sur la pente du mal et ceux qui, en le redoutant, peuvent encore s'arrêter sur cette pente.

Voilà l'idée moralisatrice de mes Mémoires. Elle n'en a pas d'autres.

Cette idée-là n'eût pas été assez puissante pour me faire publier cette longue confession si, à côté de l'avertissement qu'elle donnait à l'homme, elle n'en avait une autre plus défensive que moralisatrice.

Aujourd'hui la société est sur un abîme.

La conscience publique, oblitérée, tourmentée par la Révolution, hésite entre le passé, qui lui rappelle ses devoirs, et l'avenir, qui fait justice de ses croyances !

Entre ces deux écueils, ma vie publique est un terrible exemple.

Ces Mémoires n'ont pas la prétention de donner aucune solution au problème posé par ceux qui encourent les rigueurs de la justice et ceux qui les appliquent ; ils n'ont qu'un but, éclairer les consciences, les raffermir et les consoler.

Si je n'avais pas été moi-même à la veille d'être sacrifié par les adversaires de la société comme par ceux qui la protègent, je n'aurais pas écrit ma vie.

Je devais au public ma confession, pour lui exposer la conduite d'un honnête homme qui, en faisant son devoir, rien que son devoir, en a été si mal récompensé.

Je devais ma vie au public, mon juge.

Ni l'orgueil, ni le désir de faire du scandale n'a dirigé ma plume, si ce n'est l'orgueil du devoir accompli, le désir d'instruire les autres en m'absolvant.

Telle est ma dernière confession en fermant ce livre : celle d'un homme simple qui, après avoir écrit ces dix volumes de Mémoires, n'est rien et ne désire rien... pas même l'honneur de faire partie de la *Société des Gens de lettres*.

FIN DU TOME DIXIÈME.

TABLE DES MATIÈRES

DU TOME DIXIÈME

FIN DE LA TABLE DU DIXIÈME ET DERNIER VOLUME.

Imprimerie D. BARDIN et Cie, à Saint-Germain.